昭和文化のダイナミクス

表現の可能性とは何か

中江桂子［編著］

ミネルヴァ書房

昭和文化のダイナミクス——表現の可能性とは何か

目次

プロローグ

第Ⅰ部 表現——その魅力の源泉をたぐりよせるために

エピローグ

プロローグ

いま、表現を考えることについて

中江桂子

1　自由と閉塞感が同居する時代

経済の発展は人間の自由に寄与しているのか、という問いは、私たちが繰り返し自らに向ける問いの一つである。日本では戦後七〇年以上を経て、その間に経済成長は十分に達成され、私たちの意識のなかでは先進国といわれるのが当たり前になり、戦後の復興のさなかに夢を見てきた社会がある程度まで実現されているといっても過言ではないだろう。かつてと比べると国境や文化の垣根は低くなり、情報はグローバルに駆け巡り、現代の私たちは、「知ろう」とすることが実に簡単になったかにみえる。現代の豊かさとは、物や人や情報の流通がグローバルにめぐりかつその量が極端に大きくなった、ということであり、確かにこれは、それが叶わなかった時代からはまったく異なる時代のフェーズに入ったといえるのかもしれない。

しかし、奇妙なことに、この量の大きさと変化の激しさに揉まれるにつれ、かえって、自ら自分の周囲に壁を作らなければ自分を守れないという不安を人々の間に確実に膨らませていった。皮肉なことだが、溢れるような情報と目まぐるしい社会変化のなかで、直感的に不必要だと感じる事象や情報はできるだけまず拒否し、いわば自閉症的な状況を作る以外に、人は自分の存在を確実に守ることができないという状況が一般化しているのである。かれこれ半世紀前にパーソナルメディアが若者世代に普及しはじめたとき、外の世界との接触に常にメディアを介在させ、かつその関係を簡単にオン・オフする若者風俗を「カプセル人間」といったが、拡大一方のグローバル化と情報社会はその自閉症的なカプセルの一般化を推し進めた。そして今や、一般化したカプセル人間は、カプセルの孤独から逃れられるツール、インターネットやSNSなどをも手にしたのだ。そうなるとカプセルたちはフラットな共感を通じて互いにつながり、自らがカプセルの中にいること自体をあっという間に忘れることができる。そのうえ、身の回りにはコマーシャルで魅惑的な表現があらゆるところに溢れている。生きていくに十分な豊かさを得ても私たちは、次なる欲望やもっと幸せになれる方法を必死に探すように追い立てられ、それに対応するように既に実にたくさんの選択肢を、望まなくても与えられてしまっている世界がある。知らないこともネット検索で、ほとんどのことは「わかった気」になれる環境がある。

少なくとも、温かいリヴィングルームでメディアを所有し、多様な選択肢やツールの内側でそれらを駆使できる社会階層として生きられるなら、彼らの世界から問題は消えていく。常識や普通にたいする問いかけが必要とされず、未知なるものは奪われ、未知なるものへの欲望をも奪われる環境が、気づかないうちに人々を閉じ込めている。そこではすでに、私らしさや個性という言葉すら、画一化された呪文と化すしかない。「みんなちがって、みんないい」という言葉は、もともと暖かなまなざしの交錯の中で詠われた金子みすゞの言葉だが、これは現代社会のなかでは良心的無関心ともいわれるものに変容させられる。つまりそれは、中流階層以上の人間たちの世界への無関心を正当化する、耳さわりの良い呪文となってしまったのだ。二〇世紀末の平和も自由も、未知なるもの・不調和なものを意識下で無視する習慣を身につけた豊かな人々の、カプセルのなかの想像の帝国でのみ実現されることとなったともいえるだろう。

しかし、そのような世界を私たちが幸福な世界の到達点だと考えているかといえば、おそらく、そうでもないのだ。

既存の制度や技術に圧倒的に依存するという予定調和のもとでの自由は、現在も未来も予測可能で退屈な日常しかもたらさない、ということは薄々気づかれてはいる。とはいえ、退屈を打破するような予定調和を乱す他者に対する恐怖、制度の揺らぎや崩壊にたいする恐怖だけは、安全で透明な檻のなかで拡大させるしかなく、人々は無自覚のまま共同して、躊躇なく排除に向かう。その結果、結局は出口の見えない迷路に入り込み、閉塞感が充満することになっていくのである。社会のさまざまな場面で、認識のレベル、発話のレベル、そして行為のレベルにおいても、また、個人のレベルから社会や国家のレベルにまで、この内向きのフラットな共感メカニズムが幅を利かせ、かつ外に向かっては他者への暴力として発露していることに、私たちは注意をしなければならないだろう。物や情報の流通量の拡大とその結果としての豊かさが、そのまま自由の拡大につながるほどことは単純ではない。

2　表現文化への影

そしてこの問題は、表現の世界にも大きな影を落とさないわけにはいかない。

中流階層以上の豊かな人々が、産業社会と消費世界の進展のなかでその創造性を危機に陥らせていることは、既にアメリカでは一九六〇年代に警鐘が鳴らされていた。エーレンライクによれば、一九五〇年代にはすでに世帯あたりに支出される広告費が公教育費を大きく上回っていたアメリカにおいて、消費が生活のあらゆる部分に満たされた中流階層の最も深刻な問題は、無気力の拡大と創造力の喪失、ということだった。ダニエル・ベルは自著の副題に「五〇年代における政治的理念の枯渇」と付けたが、それが政治のみならず、社会・文化の分野にまで拡張されたといってもよい。新しいものの創造への情熱や社会的大義などというものは、中心的価値として君臨する技術およびその技術的習熟と調整によって、克服され満たされるはずだった。しかしこのような時代のなか、マディソン・アベニューで広告マンたちが自分たちの「創造力の問題」について苦悩したのは、六〇年代初めであったという。既に二〇世紀後半になり、欲求の延期などとは無縁となった豊かな社会階層の若者たちは、根気のいる訓練や服従さえも強いられる厳しい知的探求心などを失い、冒険や、危険への挑戦や、間違いや回り道をすることには意味を見出さない。結局は、彼らの安住しているカプセルのなかで把握できることの再現としてしか、その創造性を生み出すことができなくなっていた。ところで中流階層が、その精神的基盤であった欲求の延期や規律訓練や努力の価値をみずから喪失してしまうと、彼らはやがて自らの階層を再生産できなくなる。私たちが直面している深刻な格差社会とは、中流階層の消失によってもたらされた社会のことなのだ。

さて、この創造力の問題は、二〇年前後の時差があったかもしれないが、日本においても同様の道筋をたどったのだと思われる。急速な高度経済成長は、華々しい豊かさの影に差別や貧困の問題を隠すことを可能にし、大義についての思考や批判精神そのものの力をも失わせていった。そのなかで、文化を創造することの必然性もマーケットからの見返りと無関係ではいられなくなり、アンダーグラウンドカルチャーやカウンターカルチャーが、サブカルチャーへといつのまにか変容させられてきた。五〇年代や六〇年代など過去のリバイバルが流行としてもてはやされ、技術の発展によってもたらされた新しい表現世界は二次制作もまたオリジナルとして認められていくのが普通の世界としてである。一見すると無数の多様性が渦巻いているようには見えるが、全部がフラットに平等になって、ひとつひとつの世界が大した広がりを持たないまま、交わらないままにただ乱立し、コマーシャルなメカニズムによって使い捨てられていく。二〇〇二年には、宮崎駿は「千と千尋の神隠し」によってベルリン国際映画祭の金熊賞を受賞したが、この際の受賞インタビューで、「この受賞は日本のアニメーションが世界に認められたことだと思うか」、という問いかけに対して、彼は「僕は、日本のアニメは今どん底にいると思っています。庵野（秀明）

監督が「自分はコピー世代だ。そして今の若い世代は、コピーのコピーだ。どれくらい薄まってきているか分かるでしょう」と言っていましたが、それは僕にも実感できる」と発言して、話題を呼んだ。しかし、現代において最も注目される創造の現場のひとつから世界に発信されたものとして考えるなら、これを一過性の話題として終わらせるには、あまりに根深い問題が潜む。

いま、あらためて「表現」について考えることは、この時代の閉塞感に向き合うことである。しかも二一世紀の世界のキーワードは間違いなく、多様性／多元性なのである。未知なるもの・不調和なもの・理解の外側にあるもの・隠されているもの――他者――と向きあうことが不可避なこの時代が、どのような可能性をもつのかを理解し学ばなければ、私たちは安全なカプセルの内側から外部を恐怖し憎悪するだけに終わり、新しい時代を創造する主体にはなりえないだろう。

3　表現者たちの挑戦と現在

このような漠とした思いが下敷きとなって、武蔵野市寄付講座二〇一四年度の成蹊大学における開講科目を担当することになった私は、「昭和のサブカルチャー研究」と題する連続講義を企画した。もっとも、ここでいうサブカルチャーとは、メインカルチャーとかマスカルチャーに距離がある文化という最も広義な意味での使い方をしており、カウンター／アンダーグラウンドカルチャーを内包する概念として使用している。今ではサブカルというと、アニメとかオタク文化とかをすぐに思い浮かべる若者たちが多いが、ここではその狭義な使い方をしない。常識という安全なカプセル（メインカルチャー）の外部にある世界に根をはる表現文化を、とりあえず、サブカルチャーとしておこう。サブカルチャーとは、伊奈正人の表現を借りれば「およそ由緒正しいものではなく、雑多で、しぶとく、たくましい魅力のあるもの、あるいは、裏の、怪しげで危険な魅力を発散するもの」という。常識的な日常の横たわるメインカルチャーからは、隠されている／排除されている／無視されているものだが、しかし人間が生きることにとって切実なものの何かが、サブカルチャーの鼓動である。その世界を白日の下に抉り出し、発見吟味して向き合いながら、その地点に立ってあらためて「人間とは何か」を表現していくという自由。それは同時代の可能性の実験であり、自由な人間であることを確認する作業でもあろう。そのような表現の現場に生きた人々、ないし表現者を研究した人々に、登壇してもらおうというこの講義の構想は、以下であった（順不同）。

「ゲテモノから女王へ——美空ひばりとその時代」市川幸一（明治大学教授）
「芸能の中の少年たち」篠田正浩（映画監督）
「少年探偵団の挑戦——ボーイスカウトとサーカス」浜田雄介（成蹊大学教授）
「昭和女装者列伝——トランスジェンダーカルチャーの昭和史」三橋順子（性社会・文化史研究者）
「漫画というメディアと昭和」夏目房之介（漫画評論家・漫画家）
「村上春樹とジャズのクールな関係」宮脇俊文（成蹊大学教授）
「アングラ劇団『天井桟敷』とサブカル雑誌『ビックリハウス』」榎本了壱（クリエイティブディレクター・元『ビックリハウス super』編集長）
「フォークソングのめざすもの——うたがつなぐ力」中川五郎（フォークシンガー）
「紙芝居の影響力——街角の娯楽から見る社会」鈴木常勝（紙芝居屋）
「『間—魔』のをどりを語る」麿赤兒（舞踏家・俳優・舞踏集団『大駱駝艦』主宰）
「宮崎駿＋スタジオジブリ——その魅力は何か」千葉伸夫（映画評論家）

以上一一名の登壇者を招き、このほか、私が講義の間に数回の中間のまとめとして「不気味さの可能性について／

常識を覆すアイディアの守り方」といったタイトルでの講義を挟み、講義全体が組まれた。

本書は、基本的にこの時の講義をきっかけとして編まれたものであるが、同じものではない。

相違点のひとつは、残念ながら篠田正浩氏と磨赤兒氏がご多忙のため執筆に加わっていただけなかったことである。しかし映画と舞踏はどうしても欠かせないテーマであると考えていたので、本書にあたっては代わりに強力な執筆者に加わっていただいた。実験映画作家である萩原朔美氏と、舞踏家の山田せつ子氏である。講義においでいただいた方、執筆に加わっていただいた方いずれも、私自身にとって大いなる憧れであり、その活動のひとつひとつには深い敬意を持っている。いや、敬意という言葉では何か足りない。彼らの強烈な存在感と活動にたいし、私は畏怖の強い印象を与えられ、自分が吹き飛ばされそうな怖さを感じつつも離れることができず、皆さんのネットワークの端っこに繋がらせていただいている、というのが正しい。

相違点のふたつめは「サブカルチャー」というタイトルを外し、「表現者たち」に変えたことである。その理由はふたつある。

まず、表現の創造現場における当事者にとって、それがサブであるかということは大した意味をもたないという理由である。隠された内部、あるいは未知なる外部と向き合うことの難しさと、その創造性と対峙する人間の生きざま、その結果として新しい表現が拓く世界とその力を、できるだけ私たち一人一人が自分の生身の身体を通じて感じることが、何よりも大切なことではないかと考えたからである。それがなければ、カプセルに守られた人間が、他者——常識の立場からは隠された不可解な存在と、危険で、不効率で、摩擦をおこすものとの関係をつくる勇気は、到底、持ち得ないだろうからである。理由のふたつめは、サブカルチャーという概念でくくることの危うさを見逃せなかった、言い換えれば、概念の暴力のもとに個々の表現活動を置きたくなかった、ということである。近代合理主義に慣らされている私たちは、理解するという行為の際になにがしかの概念の枠組みを援用して納得しようとしがちである。しかし、常に新しい表現の可能性を模索しながら、時代／社会／自己と対峙している営みそのものにたいして、理解の効率化を図ろうとしてしまう常識的感情はそれ自体が暴力となる。そもそも本来、生きることも創造することも、それ自体を枠で決めてしまうことはできない。それを枠の中にすっぽり入れてしまおうとする圧力が広義の意味での政治である。しかし表現活動は、未知なる世界や隠蔽された世界をも「生きること」の姿として見出し、それにふさわしいかたちを与えて、具体的に人々に提示することである。そこに一般性や普遍性などは、あまり意味を持たない。表現とはどこまでも具体的な身体や具体的な感性として実体化するものである。もちろん、具体性の深化の先になにかしらの普遍性をみいだすことはあるだろうけれど。

サブカルチャーのひとつひとつなど「あってもなくてもよいもの」という発言をする学者もいないわけではない。しかし私たちが、これまでのように制度に依存した内向きの自由に満足せず、多様性のある外部に拓かれた自由を求めて社会を構想しようとするなら、まずは、今まで捨て置かれていた摩擦・不効率・計算不可能性を引き受け、みずからの自閉症的な殻を破ることを真剣に考えなければならないだろう。人間の創造する表現が、人間の生きざまを人々に伝えるのはもちろん、文化を実験し続けることなくしては、私たちは結局のところ文化を制度の縮小再生産として貶め、死なせてしまうことになる。メインカルチャーによってサブカルチャーが利用される時代を終わりにしよう。むしろ、多様で異質なものが不協和音を鳴らしながら無数にひしめき合っている、そんなサブカルチャーのひとつひとつが交錯しながら、全体としてメインカルチャーを飼いならしていく。そういう時代が求められているのである。

4　昭和から現在へ

はじまりの最後に、表現者たちを考えるのになぜ昭和という時代を取り上げるのか、という問いについて、あらかじめ触れておかなければならない。表現者はいつの時代にもいるからである。

結論から言ってしまうと、昭和という時代区分には大きな意味があるわけではない。実際ここに編まれている論考のなかには、明治大正期、あるいは更に遡った時代から論じたものもあるし、昭和から平成への時代をとりあげたものもある。とはいえ、そのまんなかの時期にある昭和は、日本の歴史の中で短期間に激しく時代転換を経験した、特異な時代である。関東大震災の後の都市の再興は、大正デモクラシーの強い影響のもとにあり、ここに昭和がはじまる。その後、戦争の時代と占領期の時代があり、そして民主主義の時代と移行していく。さらに、高度経済成長を実現し、消費社会が花開くが、そこまでが昭和という時代に入り込んでいる。たった六四年ほどの間に社会が経験した出来事としては、あまりにも密度の濃い、度重なる変容といってもよいであろう。そしてその激動の時代の末に、現在の社会があることは誰もが納得することである。しかしその激しい変化を、たんに年表の行数の多さとしてのみ受け止められるのは、貧しい。激動の歴史とそのなかで生まれ続けた文化とは、何より、生きることの真実を常に新しく求め続けた多くの創造者や表現者の活動の結果であり、政治力や経済力との間で激しくひしめき合う葛藤の結果であり、制度化されたものにたいする突破への努力の結果でもあり、突破の失敗の結果でもある。漫画も、推理小説も、音楽も、演劇も、パフォーマンスの数々も……、今では、あるのが当たり前であるそれらの文化も、最初から当たり前に私たちの社会に登場したわけではない。それが表現として生み出されるには、表現者が他者あるいは外部なるものとのどのような関わりを持ったのだろう。それを知ることなしに、これらの文化を理解したとはいえない。

私たちの現在にいたる少し前の歴史を、その具体的な表現のひとつひとつの根底にあるダイナミズムを知らずして、激動を語ることはできないし、その激動の時代を基礎に現在があるということを、現在進行形で理解しなければならない。その創造のダイナミズムおよび、その表現者たちの向き合い続けた他者あるいは外部とは何だったのか、そしてだからこそ発露するその魅力の理由について私たち自身が感じることは、結局のところ、私たちの当たり前にしている文化の根っこを確かめることに他ならない。そして、それを確かめ受け止めることなしには、私たち自身の自画像も、また、次なる時代に目指すべき自画像も、描くことは不可能だからである。

参考文献

中野収・平野秀秋（一九七五）『コピー体験の文化』時事通信社。
B. Ehrenreich, (1989) *Fear of Falling: The Inner Life of the Middle Class*, Pantheon Books.（B．エーレンライク（一九九五）『「中流」という階級』晶文社）。
宮崎駿（二〇〇二）ベルリン国際映画祭金熊賞受賞記念緊急記者会見、二〇〇二年二月二九日、於：帝国ホテル。

伊奈正人（一九九九）『サブカルチャーの社会学』世界思想社。

松田素二（一九九六）「都市と文化変容――周縁都市の可能性」『都市と都市化の社会学』岩波書店。

第Ⅰ部

表現——その魅力の源泉をたぐりよせるために

漫画，映画，推理小説。
私たちには既に馴染み深いものばかりだ。
しかし，それらの文化表現が実現したことの背後には，
一般的には被差別とされる側からのものの見方，
前衛的な芸術運動や社会運動との共振，
新しい技術や社会環境との交錯，
政治情勢や政治権力との対峙，
などが横たわっている。

現代社会では
コミュニケーションとメディアは不可分のものになりつつある。
メディアによって伝わる世界が広がるのか狭まるのか，
誰も実験しないままに，
「メディアを介在させないこと」を戦略とする表現は，
表現者とそれを受け止める人間たちとの関係，
および表現内容の質という側面において，
どのような世界を拓くのだろうか。

見たくないものや気づきたくないものを，
私たちは普段の生活の中でしらずしらず意識の下に隠してしまう。
何かのきっかけで隠されたものを意識したとき，
実はそれこそが生きる営みの
いかに深い部分に触れるものであるかを
理解しないわけにはいかないし，
そこから離れられなくなる。
表現のもつ力が，生きる力となるときである。

生きるために不可欠なもの
——性であり，笑いであり，からだであり——のなかの，
社会と激しく不協和音を引き起こすものを，
そのまま表現して発信することには，
覚悟が必要だ。
しかしその覚悟さえあれば，
広く人々に訴える強い力をもちうる表現となる。
内なる外部を覚醒し
ふんぞりかえる常識を瓦解させ，
なお残される自分の姿に向き合おう。

第1章

昭和前期の漫画メディアと漫画家たち

夏目房之介

1　明治―大正の漫画

幕末―明治初期、C・ワーグマン『ジャパン・パンチ』の諷刺画の影響と、江戸期戯画の流れから「ポンチ」（パンチの転訛）と呼ばれる戯画・諷刺画の流れが生まれた。明治前期には、まだ江戸期の制作方式（戯作者と絵師の協働）や表現様式（大量の文字が絵と混合する）を色濃く残したメディアだったが、次第に新聞・雑誌は近代印刷による媒体となり、美術教育の浸透とともに「画家」が戯画・諷刺画を描き、文字は黙読の浸透などもあって整理され、絵を中心としたジャンルとして確立してゆく。その時期、画家たちが「ポンチ」ではなく「漫画」という言葉を復活させて使用し、いわば「絵画」の一ジャンルとしての自己主張を始めたのが近代の漫画であった（宮本 二〇〇一）。いいかえれば、日本の社会の近代化とともにメディアとしての質を変え、制作工程、制作集団、伝達様式を変容させたものが日本の近代漫画であった。

大正時代になると、日本社会はさらに変貌し、都市大衆社会を生み出す。第一次世界大戦を契機に重工業化が飛躍的に進み、貿易収支も黒字に転じる。明治期末に整備された出版流通（流通会社の寡占化、鉄道網整備）を基盤

上　図１　「正チャンのばうけん」（東風人＝樺島勝一・画，織田小星・作）『アサヒグラフ』1923（大正12）年１月25日連載初回
下　図２　単行本『お伽 正チャンの冒険 壱の巻』朝日新聞社，1924年

に、関東大震災後には出版文化が飛躍的に拡大した。デパートで買い物をし、都会的娯楽を享受する都市の社会的中間層が消費層として登場し、同時に「女・子供」の消費文化が発展する。漫画もまた新聞、雑誌に掲載され、浸透する。一九二三（大正一二）年から『アサヒグラフ』の子供頁に連載された「正チャンのぼうけん」（東風人＝樺島勝一・画、織田小星・作）（図１）の大ヒットは、子供漫画という領域の台頭と成功を意味する。横並びの連続コマの中に吹き出しを使って描かれたこの作品は、一九世紀末から米国で盛んになる帯状（ストリップ）の新聞連続コマ漫画の形式を踏襲している（連続コマの形式によるポンチはこれ以前からある）。コマの横に文字を入れた絵物語形式と吹き出しのあるコマの混成表現である（図２）。「正チャンの冒険」はまた中産階級向けの上質な単行本として刊行された。

「正チャン」連載開始直後に起きた大震災で、媒体は『朝日新聞』に移るが、この時期、朝日新聞など全国紙は一〇〇万部を越えつつあった。こうして、家族で読む新聞の連載漫画というメディアとして、大衆向けの大量生産・大量消費娯楽の一部に漫画はなってゆく。正チャン帽が売り出されたことに象徴されるように、「正チャン」

のヒットは「キャラクター」画像を通じた商品市場の展開でもあった。今なら「マーチャンダイジング」「キャラクター文化」「メディアミックス」などのタームで語られる現象の走りである。

2 昭和期モダニズムと漫画

昭和に入ると、映画が歌舞伎などにかわって浸透し、トーキー化によって庶民娯楽の中心を占めてゆく。都市給与生活者を中心に中産階級が充実するこの時期、都市「遊民」的な感覚の文化が花開く。

一九二〇年代後半からの都市には、映画館やカフェ、デパートやダンスホールが立ち並び、街頭での文化が一挙に花開く。ターミナルがつくられ、郊外生活が本格化されるなど、都市化が進行し、それに伴うあらたな生活スタイルが開始された。和洋折衷で、流しを備えた台所や廊下で仕切られた部屋を有し、ときには子ども部屋も持つ文化住宅が建てられた。また、断髪で洋装のモガ（モダンガール）が東京・銀座や横浜・伊勢佐木、大阪・御堂筋の大通りを闊歩し、大衆社会が眼に映るようになった（成田 二〇〇七：一八五―一八六）。

映画、ジャズ、ダンス、スポーツなど、輸入物のモダンを消費し、刹那的感覚に浸るといわれた都市の若者たるモガ、モボとともに、ロシア革命（一九一七年）の影響でマルクスボーイ、エンゲルスガールが流行する。大衆社会化の中で若者集団が自己主張を始めるのである。これはまた教育の普及に伴う知的大衆化現象でもあった。都会で出会う若者の目に映る風景、ファッション、行動、そして映画などの娯楽により視覚的快楽が呼び起こされ、雑誌、新聞、広告のグラフィックな展開が進む。これらの流行文化はまた世界に開かれ、同時代的に進行する大衆消

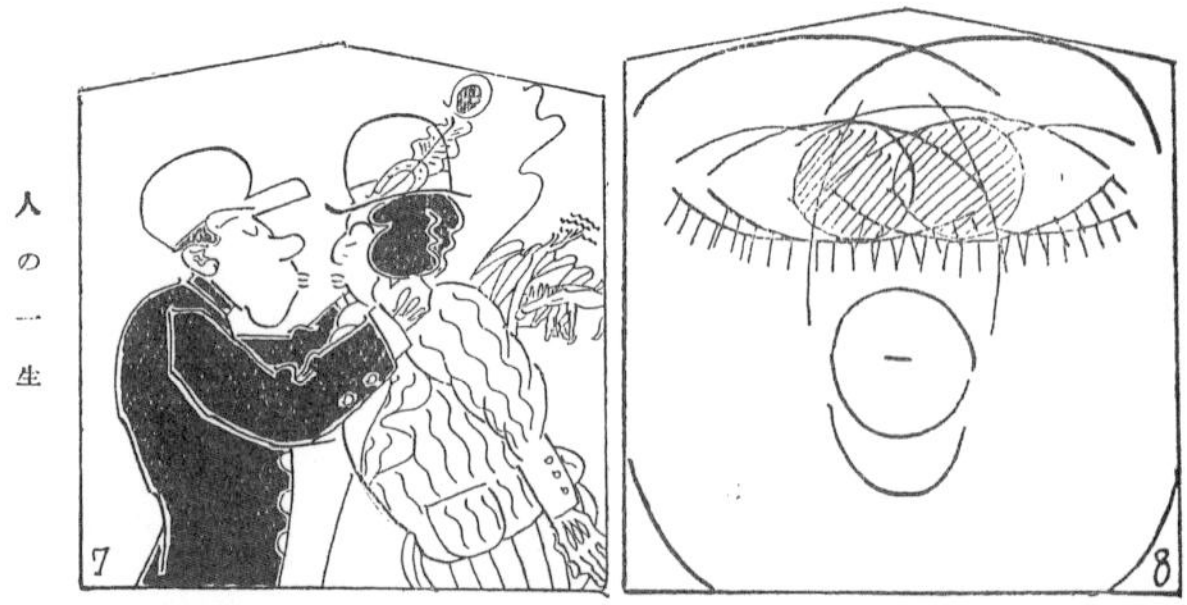

上　図3　岡本一平「人の一生」のキスシーン
下　図4　「親爺教育」こと George McManus の「Bringing up father」1941年7月10日掲載。アールデコ風の都会的なデザインの画風は大きな影響を日本にも与えた

費社会的現象でもあった。この趨勢は戦後さらに徹底し、モガ、モボについていわれた文化的流行は、異なる様相で繰り返される。

大衆社会規模の市場を形成した出版では、講談社『キング』（一九二五（大正一四）年創刊）一〇〇万部をはじめ大部数の大衆雑誌が出現し、改造社『現代日本文学全集』（一九二六（昭和一）年）から「円本ブーム」が始まる。出版の隆盛は、また人気漫画家を生む。美術学校卒の岡本一平（一八八六（明治一九）年生）は、北沢楽天（一八七六（明治九）年生）に続く、一般に名の知れた人気漫画家であり、また朝日新聞漫画記者として当時の漫画家を集め、「東京漫画会」を組織した人物でもある。彼らの活動で漫画家は次第に社会的に認知され、「漫画」という言葉も一般化してゆく。岡本は啓発的な漫画論も残している。文章と絵を使った世相探求的な「漫画漫文」スタイルは時代を画し、昭和四―五年『一平全集』全一五巻は五万セットのベストセラーとなった。世相風俗中心に生活する個人を視覚化する岡本の目は時代に合っていたのであろう。

岡本の「オギアより饅頭まで」は一九二一（大正一〇）年『朝日新聞』に連載を始め、同一三年から『婦女界』で「人の一生」と改題継続し、一人の普通人の生涯を描いている。また、女性諷刺の名の差別的表現の多かった当時の漫画の中で、岡本の視線は女性に寄りそうところがあり、それも彼の人気を支えたのかもしれない（清水・湯本 一九九四）。同作中のキスシーンのクローズアップ（?）は、主観ショット的な視覚の対象化として実験的な面白さを持っていただろう（図3）。

大正─昭和初期には新聞雑誌による欧米の新聞漫画などの翻訳紹介も多くあった。一九一三（大正一二）年創刊の『アサヒグラフ』に連載を始めた「親爺教育」（原題 *Bringing up father* 一九一三年─）は横山隆一、杉浦幸雄ら、のちの「新漫画派集団」をはじめ、幼少期の手塚治虫にも影響を与えた（図4）。ほかにも「時事漫画」日曜版（のち「漫画と読物」）に一九三〇（昭和五）年から紹介された「黒猫フェリックス」（原題 *Felix the cat* 一九一七年─）、戦後にも大きな反響をもたらした「気まぐれブロンディ」（原題 *Blondie* 一九三〇年─）も『国民新聞』に一九三三（昭和八）年から連載されている（小野 二〇〇五）。「黒猫フェリックス」はアニメーションが漫画化されたもので、ミッキーやポパイ同様に日本でも上映されていた。またチャップリン、ロイドなどの映画の人気者を漫画化したものもあり、当時から映画、漫画の関係は深く、同時代的な世界性を感じさせる文化であった。

図5　N.T.P. PRODUCTION（松野一夫？）「くろがね島」『新青年』博文館　1935（昭10）年春号，冒頭頁。映画のカットをコマ割りに落とそうと試みている

同時期、都市のインテリ青年は博文館の『新青年』（一九二〇（大正九）─五〇（昭和二五）年、江戸川乱歩、夢野久作ら）の都会的な探偵小説、推理小説に夢中になる。これも米国の小説雑誌、パルプマガジンなどの文化と

の同時代性を感じさせる。同誌には、米国のハードボイルドなコミックスに影響を受けた連続コマによる一六頁漫画も登場している（図5）。編集後記には「松野一夫画伯」の編集になるこの映画的な様式を「パテントとして、国際特許をとらねばなるまい」とあり、実験的革新的なスタイルとして押そうとしていたようだ。

かくして都会的消費文化発展の中で、世界同時的に開かれたモダニズムの「自由な雰囲気」が溢れつつあった。大衆文化の発展は、映画、小説、漫画、ラジオなどのジャンルを越えて、相互反映的に影響しあいつつ多様化していたと思われる。戦後まで活躍する漫画家の多くは、この中で活躍を始める。

3　芸術運動と漫画

左翼運動が若者たちに影響して生じた「マルクスボーイ」的な流行は、同時代欧州の芸術運動の輸入と展開としても現象する。モダニズムの一環として、前衛芸術運動が日本でも勃興するのである。

図6 「踊り」「マヴォ」3号, 1924（大正13）年

ドイツで前衛芸術に触れた村山知義が一九二三（大正一二）年、関東大震災の年に帰国、「意識的構成主義」を標榜し、「ＭＡＶＯ（マヴォ）」を結成する。そこには左翼マンガ家として活躍する柳瀬正夢、のち「のらくろ」で戦前マンガに一時代を画す田河水泡（高見澤路直）らが参加した。彼らの新しい芸術がどんな性格であったかは、一枚の写真が想像させてくれる（図6）。既成の

概念を覆そうとする、奇矯なパフォーマンスには、いずれもまだ二〇代前半の若者の、世界最先端の「革命」を体現しようとする気分が感じられる。

村山知義（一九〇一（明治三四）年生）は、一九二二―二三（大正一一―一二）年渡独、帰国し、一躍当時の前衛美術運動のヒーローとなって大正期の「新興美術運動」を加速させた。マヴォの活動、グラフィックデザイン、建築デザイン、演劇など幅広く活躍し、戦後は忍者ブームに乗り小説『忍びの者』（『アカハタ』一九六〇―六二年）を執筆、映画化されてブームとなる。いかにも大正―昭和初期の才気走った「若者」らしい過激さと軽さを感じさせる人物である。彼が妻と作った子ども向け絵本をみると、あきらかに連続コマ漫画を思わせる（図7）。漫画史記述にはめったにあらわれないが、当時の絵本には連続コマの漫画、あるいは漫画とみなされるだろう絵柄の表現も多い。漫画という領域の曖昧さを示すとともに、その浸透が広範囲にわたっていたことを思わせる。

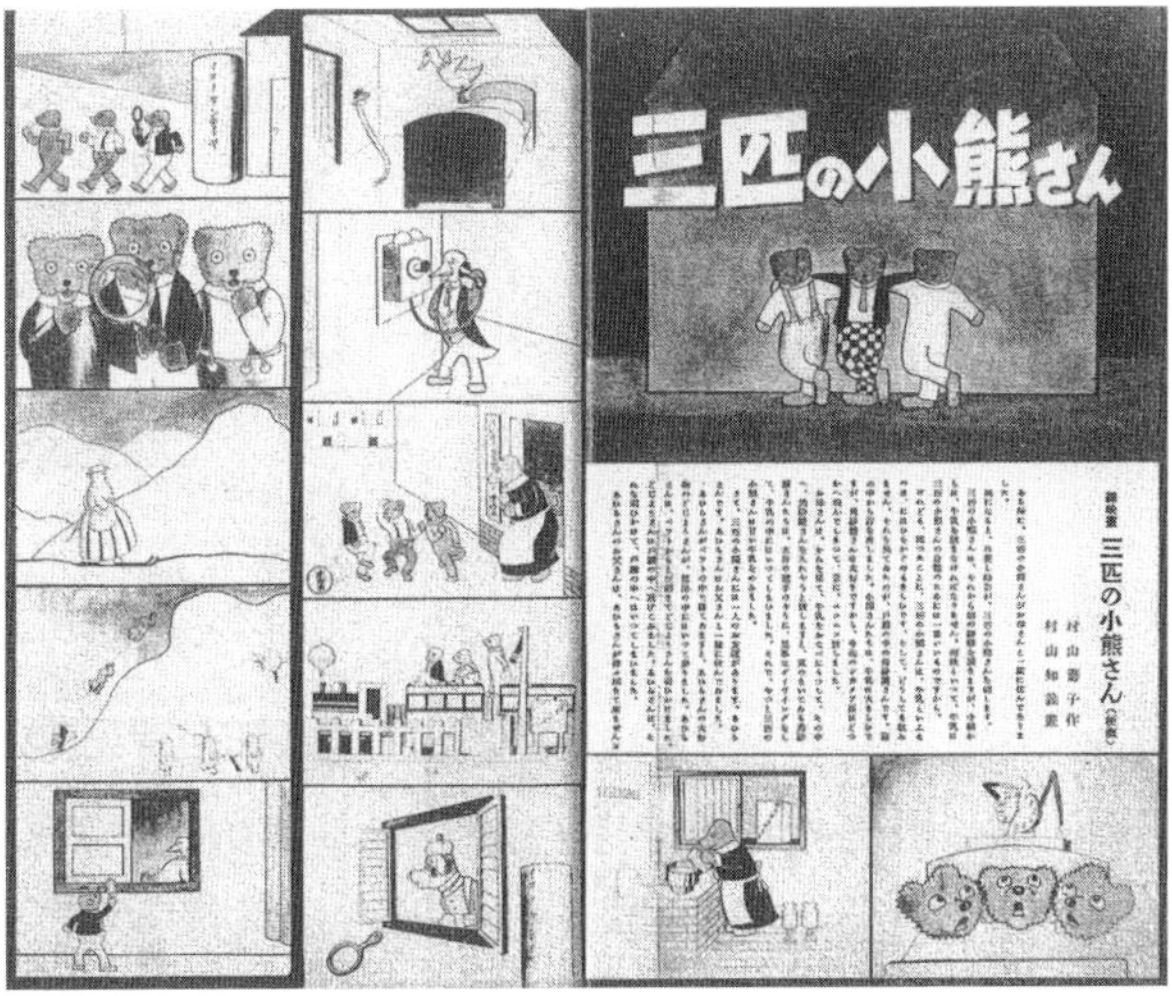

図７　村山籌子文，村山知義絵「線映画 三匹の小熊さん」『婦人之友』1931（昭和６）年

柳瀬正夢（一九〇〇（明治三三）年生）は、一五歳で院展に入選し、二〇歳の頃「未来派美術協会」に参加。同時に新聞に政治諷刺漫画を掲載し始め、一九二五（大正一四）年「プロレタリア文芸連盟」創立に参加。生涯左翼漫画家として活動した。ロシア革命後の宣伝美術は、日本のデザイン、映画、漫画にも影響を与え、柳瀬はその組織者とし

図８　柳瀬正夢「川崎造船部三千の労働者立つ」『無産者新聞』1927（昭和２）年

ても活動している。もともと諷刺漫画には宣伝的、あるいは啓蒙的な側面が強いが、マルクス主義とロシア革命の影響は、画家、芸術家、漫画家の組織的運動を促し、宣伝啓蒙機能としての漫画をあらためて自覚的に選び取る思想を与えたのかもしれない。柳瀬の政治漫画にはそのひとつの典型がみられる（図８）。

子どもを含む大衆教化のための視覚文化として絵本や漫画が選ばれたことは、「人民のなかへ」という意識で大衆文化を認識し、大衆メディアとしての漫画を自覚する強い契機となった可能性がある。社会主義、ファシズムともに、世界的に映画を宣伝メディアとして重視したが、漫画にもそうした側面はあっただろう。

4　エロ・グロ・ナンセンスと新漫画派集団

前衛美術運動が、他方で大正―昭和期のモダニズムを特徴づける「エロ・グロ・ナンセンス」の流行とも交差していたことが指摘されている。

昭和の初頭は、謹厳実直なプロレタリア美術の運動と軽佻浮薄なエロ・グロ・ナンセンスの流行が交差する時代だった。プロレタリア美術とは、共産主義思想に基づき、美術を階級闘争や革命の手段として用いたものであ

図９　小野佐世男「Ｘ光線にか丶つたモダンガール」『東京パック』1929（昭和４）年。男を手玉にとるモダンガールの体内には金銭，ダイヤ，イモリの黒焼き，焼き芋，胎児のような男女が透視されている

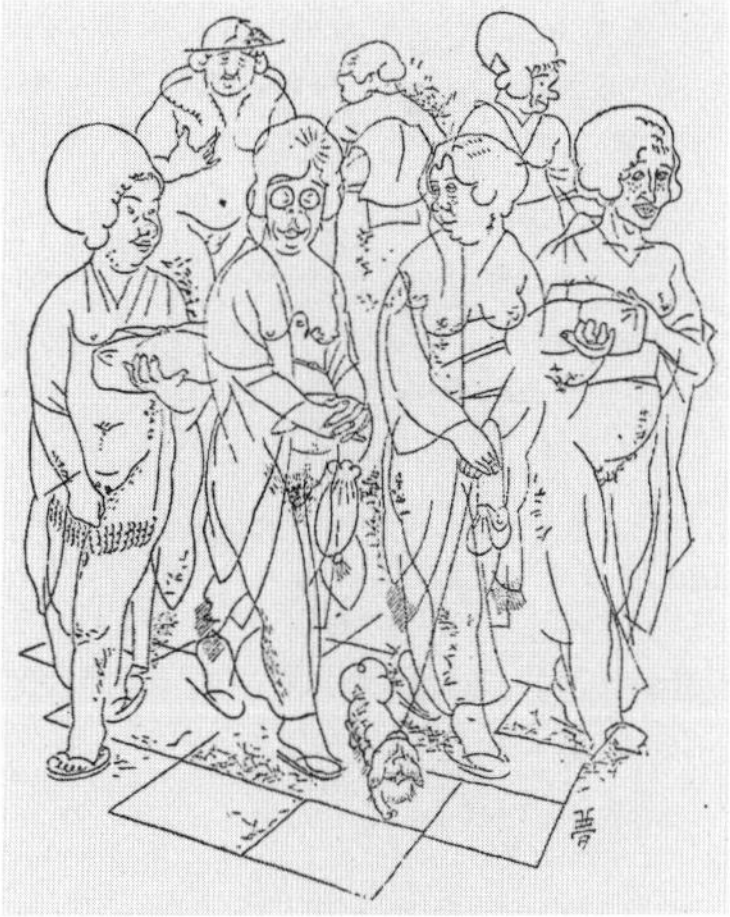

図10　柳瀬正夢「彼等の銀座を視る（習作の一）」『変態・資料』1927（昭和２）年。銀座のブルジョア婦人を透視する

り、［中略］三科の分裂以来の離合集散から大同団結、そして弾圧による消散に至る左翼の組織的な運動の中で行われた。エロ・グロ・ナンセンスとは、江戸川乱歩の小説、小野佐世男の漫画、都市のいかがわしいカフェーに代表されるような、性的、醜悪的、歓楽的な性質のイメージが、雑誌や劇場などのメディアに氾濫した現象である（足立 二〇一二：一四七）。

小野佐世男（一九〇五（明治三八）年生）は、北沢楽天や岡本一平はもちろん、マヴォの村山知義、柳瀬正夢、田河水泡らより少し若い世代である。彼の描くグラマラスで白人的な女体には、欧米モダンへの憧れと、そんな女体を描けることへの陽性の喜びがあふれているように感じられる。また彼の「Ｘ光線にか丶つたモダンガール」（図９）にはＸ線を比喩にした透視イメージが描かれている。レントゲン撮影は一九〇九（明治四二）年に国産化されたといわれ、その透視イメージはまだ新しい視覚経験であったと思われる。肉

図11　下川凹天「銀座はうつる」『東京パック』誌表紙。1929（昭和４）年。銀座をかっ歩するマルクスボーイ，エンゲルスガールを描いている

体や物質を透過して窃視する視線は、同時に都市生活における窃視の欲望をイメージさせ、小野はそのイメージを比喩的に視覚化することで、モダンガールの内面を覗き見る快楽を提示している。現在からはいささか差別的にもみえる視線だが、モダニズムの陽性な喜びを感じさせるのも事実である。

透視する視線は柳瀬正夢も利用している（図10）。銀座のブルジョア的な女性たちを諷刺したこの漫画をエロとみるかグロとみるかは微妙だが、ここで重要なのは透視する視線そのものへの興味や欲望だといえるだろう。「流行」に対する敏感な反応は、視覚的な比喩へと転化され、それはまたナンセンスな表現でもありえたのだろう。

風俗流行への視線は、マヴォ世代や小野らよりやや上の下川凹天（一八九二（明治二五）年生）にもみられる（図11）。銀座をかっ歩するマルクスボーイ、エンゲルスガールを描写したこの絵は、モガ、モボにかわって登場した彼らをひとつの「流行」として紹介しており、それを揶揄する視線が感じられる。当時の都市の若者たちの文化の一側面だったのだろう。北沢門下の下川は自らエロを描くと自認していた漫画家だが、日本初のアニメーション映画を作ったとされる。「男やもめの巌さん」（一九三〇（昭和五）年―「読売サンデー漫画」『読売新聞』）は映画化もされた連続コマ漫画だが、なかなか色っぽい女性（図12）から戯画化された女性まで、さまざまな女性造形を試み、都市の食堂の喧騒などに独特なナンセンスの味があるようだ（図13）。やもめで子持ちの失業者という疎外された巌さんは、世界恐慌時の閉塞感の中、日本の「生命線」としての満州が語られる時代に連載されている。

図13　下川凹天「男やもめの巌さん」。前川千帆・下川凹天『あわてものの熊さん 男やもめの巌さん』アトリエ社 1934（昭和９）年

図12　下川凹天「男やもめの巌さん」。色っぽい女性の造形

「エロ・グロ・ナンセンス」は当時の流行をあらわそうとした言葉で、現在からはつかみがたいニュアンスがあるが、時代的なキイワードであることも間違いないだろう。「男やもめの巌さん」連載開始は小津安二郎の映画「大学は出たけれど」公開の翌年であり、大学卒業者の就職率が三割といわれた時代の疎外感と一種アナーキーなナンセンス気分があったのかもしれない。

そんな時代に、二〇代前半の若手漫画家たちが仕事を請け負うための互助組織を結成する。近藤日出造（一九〇八〈明治四一〉年生）、横山隆一（一九〇九〈明治四二〉年生）、杉浦幸雄（一九一一〈明治四四〉年生）、横井福次郎（一九一二〈明治四五〉年生）らを中心とする「新漫画派集団」（一九三二〈昭和七〉年結成）である。すでに岡本らの集団があり、職業としての漫画家は世間的にも認知されていたようだが、昭和初期の不況の中、左翼運動の影響もあって、一種の組合運動として始まったようだ。杉浦幸雄は後年、マルクスボーイを気取っていた当時の自分を語りながら「あれ（新漫画派集団）はアナルコ・サンディカリズム（無政府組合主義）ですよ」と筆者に話してくれた。彼らは「ナンセンス漫画」を標榜し、岡本やその系統の、上の世代中心の漫画業界への割り込みを策した。同集団の中心的漫画家たちのその後の活躍は著し

図14　横山隆一『江戸っ子健ちゃん』中央公論社，1936（昭和11）年

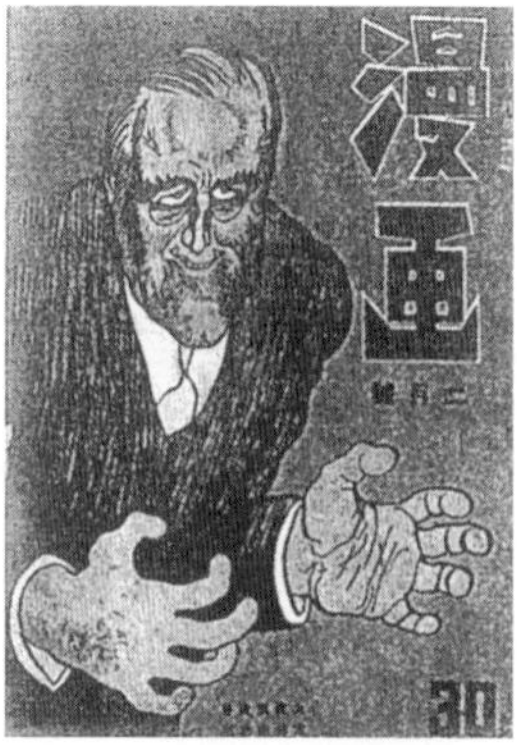

図15　近藤日出造『漫画』1943（昭和18）年２月号表紙。ルーズベルト大統領

い。欧米、ことに米国漫画の影響を感じさせた彼らのモダニズムはやがて漫画の領域で大きな存在感を持ち、戦後も六〇年代までは中心的位置を占めてゆく（戦後は「漫画集団」と改名）。左翼運動、前衛芸術運動、漫画は、いわば昭和初期の若者文化でもあった。

　とりわけ横山隆一は『江戸っ子健ちゃん』（一九三六（昭和一一）年―『東京朝日新聞』）（図14）から派生した『フクちゃん』で人気を博し、戦後はアニメーション制作にも乗り出し、手塚治虫にも大きな影響を与えたことで知られる。戦後も一九七一年まで連載され、国民的な人気をたもった漫画だが、戦時中は翼賛的なアニメーション『フクちゃんの潜水艦』（一九四四年）などが制作された。近藤日出造は一九四〇（昭和一五）年、新日本漫画家協会の会長となり、協会機関誌『漫画』を通じて積極的に翼賛的政治諷刺漫画を発表し、戦中の漫画家の国策協力的な活動は戦後厳しく批判されることになる（石子 一九七〇、梶井 一九九九）（図15）。

　新漫画派集団の世代は、第一次世界大戦後の経済恐慌、二〇年代後半の争議や銀行取り付け騒ぎ、就職難の時代に一〇代を過ごし、金解禁という経済失策（一九三〇（昭和五）年）、満州事変（一九三一（昭和六）年）の頃には成人している。日本の人口は明治以来増え続けていたが、一九二〇年頃から出生率が低下し始めたという説があり（速水・小嶋 二〇〇五）、それ以前の世代ではある。都市人口が急激に増える時期でもあり、相対的に人口比は高い世代で、若い頃から大衆文化を楽しみ、しかし時代的閉塞感の中で危機感も持ち得る世代だったかもしれない。

5　戦争期の漫画家たち

モダニズムの洗礼を受けて出発した若い漫画家の集団は、やがて国家意志に迎合せざるをえない状況の中で、日本の漫画界の中心を担う。戦後、「大人漫画」と呼ばれた彼らは、手塚や劇画など、戦後世代の支持した戦後物語漫画に押され、七〇年以降衰退する。

図16　田河水泡「目玉のチビちゃん」『漫画の缶詰』大日本雄弁会講談社，1930（昭和５）年

マヴォが数年で解散したのち、田河水泡（一八九九（明三二）年生）は落語作家などをへて大人向け漫画から子供向けに移り、『漫画の缶詰』など単行本を出版。翌一九三一（昭和六）年から講談社『少年倶楽部』に「のらくろ」連載を開始する。『漫画の缶詰』の絵には未来派を感じさせる車の疾走シーン（図16）や、構成主義を思わせるデザイン（図17）などが見られる。「のらくろ」も連載当初はチャップリン的な浮

図17　田河水泡「人造人間」扉絵

図18　田河水泡「のらくろ」『少年倶楽部』1931（昭和６）年。連載初回 のらくろはまだみすぼらしくやせた野良犬

浪者に近い疎外された者だが（図18）、三〇年代の時流の中で次第に現実の日中戦争を反映し、階級上昇をとげて洗練され、変容してゆく。

のらくろの黒と白の擬人化造形は、あきらかにミッキーやフェリックスとの相似が感じられるが、当時のチャップリンをキャラクターに使ったアニメーションをみると、同様に白黒対比を強調した造形で描かれている。フェリックスも当初は疎外された存在の側面があり、のらくろもこれらとの同時代性を担保していたと思われる。ただ、彼は初回から入隊し、軍という集団の中で当初はドジを重ね、次第に出世することで人気を得た。これが当時の少年たちの「立身出世」イデオロギーの体現でもあったことはいなめない。

山口昌男はのらくろの「道化性」の背景に村山知義経由の「ダダおよび表現主義運動」の影響をみている（山口一九九〇）。周縁的な疎外された道化としてののらくろに、若者の芸術運動が社会的にもった周縁性を重ねたのだろうか。しかし、日中戦争の進展とともに「のらくろ」には中国大陸での戦線の「現実感」が反映され始め、出世したのらくろからは「道化性」が失われ、英雄化してゆく。軍をやめた彼は大陸の資源開拓へと向かうのである（図19）。これもまた当時の「満州」＝「日本の生命線」イデオロギー、日中戦争に活路を見出そうとする国家および国民の思想と感情の反映であった。

宮本大人は大陸に「雄飛」したのらくろに「社会」から逃れるかのように大陸に向かう「盛期を過ぎた存在」をみている（宮本 二〇〇二）。たしかに迷走と失速を感じさせる過程だが、現実の世界、社会を反映しようとする描写は「のらくろ」に限らず漫画に及んでいた。当時多くの「戦争漫画」が存在したが（秋山 一九九八）、そこには首や胴が飛んでも平然としゃべっているようなナンセンスで「荒唐無稽」な世界観が多く、また中国への差別的な表現も多く見られた。

図19 『のらくろ探検隊』講談社，1940（昭和15）年。「五族協和」思想を反映し，大陸の羊族や豚族と協力して資源開拓に乗り出すのらくろ

国家総動員法が公布された一九三八（昭和一三）年、内務省は「児童読物改善ニ関スル指示要綱」を出し、荒唐無稽なもの、戦争物を排除し、科学的で日常的な表現を推奨する。満州事変以降の戦時体制下、当時のむしろ革新的な教育学者によって、子ども向け出版の統制と刷新が図られたのである。以後、周縁的な子ども漫画は抑制され、出版社は「指示要綱」に沿った出版を模索することになる。じっさいに「科学」と「日常」は子供向け読物の中に浸透し、戦後の児童文化にも深い影響を与えたものと思われる。

同時期、経済の集中管理が進む。たとえば太平洋戦争開始の一九四一（昭和一六）年、日本出版配給会社設立による出版取次一元化がおこなわれる。これは戦後ＧＨＱによって分割されたものの、戦後出版の中央集権的な流通インフラを準備し、後

図20　松下井知夫『推進親爺 突貫編』漫画社，1943（昭和18）年

年の戦後漫画の急速な発達にも寄与したと思われる。戦争を至上命題とする国家意思による社会均質化の一環であり、一九四〇（昭和一五）年の「大政翼賛会」発足などもその運動であった。漫画映画制作者、漫画家も国家意思に奉仕をすることで生き延び、奉仕団体から外れた者は排除される。社会的な集中と効率化が進むこととなる。「周縁性」はひっそくし、大衆文化にとっては息苦しい時代に突入してゆく。

　多くの漫画家が報道員として派遣され、戦争が激しくなれば動員された。新漫画派集団のメンバーも、近藤日出造のみならず戦時色の強い作品を描き始める。杉浦幸雄の連載漫画「銃後のハナ子さん」（一九三八（昭和一三）年―）や松下井知夫「推進親爺」（一九四〇（昭和一五）年―）（図20）などがヒットし、松下や那須良輔は軍に要請されて対敵宣伝ビラ「伝単」の制作にかかわっている。「伝単」には、敵兵の士気をくじくためか、しばしば扇情的な女性の絵が描かれているが、そこには小野同様の「喜び」が感じられて興味深い（図21）。「エロ・グロ・ナンセンス」の意外な連続性をみる思いがする。

　漫画家の集団は、この時期に国家に統合され、属さないものは排除されたとみていいだろう。柳瀬ら一部の漫画家は抵抗し、弾圧され、多くの漫画家は国家の戦時イデオロギーに寄りそうことで生き延びる。戦後、ＧＨＱの規制もありつつ、雨後のタケノコのように広まった大衆的なメディアの中で、漫画の生産を支えたのはまちがいなく生き延びた漫画家たちであった。

この時期の漫画家たちの行動を戦後の目から批判するのはたやすい。彼らが漫画を戦時イデオロギーの宣伝媒体として活用し、国民意識に影響を与えたといえば、たしかにいえそうだからだ。しかし、仮に積極的に協力したにせよ、彼らが時代社会のもつイデオロギーの埒外に立てた可能性のほうがはるかに低い。ましてそれが大多数の「正義」であった時代には、国民ごとそのイデオロギーに染まっているといってもよく、漫画家個人を批判攻撃するだけで問題が解けるようにはみえない。

図21　伝単「You are wanted—」。米兵向け厭戦気分醸成を目的とした宣伝ビラ。『日本週報』1959（昭和34）年，臨時増刊「未公開 戦時伝単大特集」より

呉智英は「マンガは民衆の武器であるといった類の通俗論」に対し、この時期の漫画を総括して「[民衆の武器論が：引用者註]何の根拠もないことを事実として立証している」（呉 一九八六）とするが、たしかに漫画はその宣伝機能をもって国家イデオロギーを推進したのであり、それはそもそも漫画（とりわけ政治諷刺漫画）の大衆啓蒙的な性質によっている。国家と社会がウルトラ・ナショナリズムのイデオロギーで一体化していた時期、国家膨張策は国民感情としてもむしろ自然なものだったとすれば、問題は漫画家たち、芸術家たちの戦争協力だけではなく、国民的なイデオロギーによるウルトラ化の構造にあると考えるべきかもしれない。漫画家たちもまた、その時代社会

に内属する国民、民衆だったのである。

ただ、女性の立場からここまでの歴史をみなおせば、そこには「立身出世」から排除された女性誌、少女誌や「宝塚」などの流れがあり、これはまた別の観点からとらえかえす必要があるだろう。

6　戦後漫画との断絶と連続

戦後、モダニズムの中で育った手塚治虫、戦前の前衛美術に触れた杉浦茂など、昭和初期の自由さをＳＦや荒唐無稽な表現に昇華した作家や、戦争体験を反映した水木しげるなど、昭和前期の時代と文化は戦後マンガにとって巨大な伏流であった。昭和前期—戦争期—戦後のあいだに「断絶」だけではなく、「連続」を検証する試みが今後の課題であろう。トーハン、日販による出版二大流通制度のように、戦争期の集中が戦後の体制を準備し、やがて高度成長期—高度消費社会のマンガ市場の拡大を支えたはずである。連続と変容の検討は「戦前」と「戦後」で断絶させられているわれわれの歴史観をみなおすことにつながる。

また、近代の大衆社会化とともに発展した漫画というメディアが、諷刺漫画であれ物語漫画であれ、大衆によりそう構造をもつ以上、そこには大衆宣伝の性質が隠されている。戦後、物語化の発展とともに、ことに高度消費社会化（七〇年代以降）の中で物語内の虚構レベルの自律化が進み、「宣伝」要素は単純な宣伝メディアよりは複雑な過程をたどる。けれど大衆自身の願望を時代的に反映する側面と、それが大衆に影響し宣伝メディア化する側面は、現在でも両義的に存在していると考えていい。もっとも、ここでいう「大衆」そのものがもはや「分衆」化し、一枚岩ではないため分析は単純ではないが。

参考文献

秋山正美編著（一九九八）『まぼろしの戦争漫画の世界』夏目書房。

足立元（二〇一二）『前衛の遺伝子――アナキズムから戦後美術へ』ブリュッケ。

石子順造（一九七〇）『現代マンガの思想』太平出版社。

小野耕世（二〇〇五）「「ブロンディ」が日本に紹介されたのはいつか？」『アメリカン・コミックス大全』晶文社、二三三―二四〇頁。

梶井純（一九九九）『執れ、膺懲の銃とペン』ワイズ出版。

呉智英（一九八六）『現代マンガの全体像――待望していたもの、超えたもの』情報センター出版局。

清水勲・湯本豪一（一九九四）『漫画と小説のはざまで――現代漫画の父・岡本一平』文藝春秋。

成田龍一（二〇〇七）『大正デモクラシー――シリーズ日本近現代史④』岩波書店。

速水融・小嶋美代子（二〇〇五）『大正デモグラフィ――歴史人口学で見た狭間の時代』文藝春秋。

宮本大人（二〇〇二）「ある犬の半生――『のらくろ』と〈戦争〉」『マンガ研究』vol 一〇、日本マンガ学会、五〇―七一頁。

宮本大人（二〇〇一）「不純な領域としての成立――『漫画』の起源」『週刊朝日百科世界の文学110 マンガと文学』朝日新聞社、一一 二九二―二九五頁。

山口昌男（一九九〇）『のらくろはわれらの同時代人 山口昌男・漫画論集』立風書房。

第2章

少年探偵団の生き物の愛しかた

ボーイスカウトとサーカス

浜田雄介

江戸川乱歩の少年探偵団シリーズは、連載開始から八〇年、終了から五〇年以上を経て、今日なお版を重ねている。幼少期に愛読した作品に大人が郷愁を覚えるのは珍しいことではないが、ことあるごとにテレビドラマやパロディが生まれ、一種のお祭り騒ぎになるのはやはり特別な現象であろう。今日の年少者の直接の愛読はさすがに多くはないとしても、さまざまなジュブナイルのルーツとしての受容、影響は多方面に及ぶ。本章はこの少年探偵団シリーズがいったい何だったのか、という問いを、ボーイスカウトやサーカスを参照枠として考えてゆこうという試みである。

1　探偵団以前の少年探偵たち

江戸川乱歩によるシリーズ以前の少年探偵について、いくつかのトピックを振り返ると、たとえば松居松葉の『紫美人』（一九〇一年）には、伝坊なる「小探偵」が登場する。「無頼少年の一団体なる魚腸《わた》拾ひの小僧」で、「今年十五とはいへど、打見たる処十一二歳」という風貌ながら、「八歳にして放火を覚え、十歳にして仲間の小僧を殴殺し、三たび養育院を脱走し、五たび警官の手に捉へらる」（松居 一九〇一：一一〇―一一一）という経歴を持つ不良少年である。不良は不良だが、かつて月元探偵に救われた恩を忘れず、探偵の手助けをして尾行や内偵をし、褒美に酒をふるまわれたりする。キャラクター設定としてはドイルの『緋色の研究』の翻訳『血染の壁』（一八九九年）で、ホームズにあたる小室探偵が「僕の秘密の部下なる紙屑拾ひや腸拾ひの小僧」（川戸・新井・榊原 二〇〇一：二四五）という弁坊、すなわちベイカー街遊撃隊のウィギンスに近いと言ってよいだろう。もとより『紫美人』は大人向けの娯楽作品で、伝坊は基本的には大人の探偵に使われる存在である。

一方、少年小説の世界を見れば、もともと友情や冒険の物語は多く、右の『血染の壁』や『紫美人』と同じ頃には森田思軒訳のヴェルヌ『十五少年』（一八九六年）や押川春浪の『海底軍艦』（一九〇〇年）が発表されている。『少年世界』『探検世界』『冒険世界』などの雑誌を中心に冒険や探検というドラマツルギーはさかんに少年たちの心を躍らせたが、謎解きの要素は必ずしも多くはなかった。明治末から大正に入ると、主にフリーマンを翻訳した三津木春影「呉田博士」シリーズ（一九一一―一五年）が現れる。主人公の探偵は法医学者の呉田博士だが、時としてはその息子の勇少年も探偵を行っている。とはいえ、春影の場合も、少年たちが活躍する作品のドラマツルギーの多くは冒険やスパイ、宝探しであった。

少年たちの探偵行為が本格化するのは、春影の死に前後して登場する森下雨村（佐川春風）からであろう。[1] その作品の中に、たとえば次のような会話がある。

「今朝来たお巡査さんはね、賊はこゝを下りて裏門の方の塀から逃げたもんだつて。さう云へば足跡が彼方へ向いてるわね。それに塀にも泥が着いてるのよ。」

昌一はそれには答へもせず、庭の彼方此方を見廻してゐたが、

「いや、どうもそれは嘘らしい。入つたのは裏門かも知れないが、逃げたのは表門の方だ。」

「だつて足跡が裏門の方へ向いてるぢやないの？」（森下 一九一七）。

いかにも探偵小説的な捜査である。大正中期の雨村はさまざまなジャンルの少年小説を執筆したが、足跡の捜査は多くの作品に描かれる。それは少年少女の身体能力でも大人たちと互角に捜査することの可能な行為であって、右の引用でも、彼らは既に「お巡査さん」の助手としてではなく、独立して捜査をしているのである。

もっとも、足跡捜索は子供に限らず探偵小説の常道ではあり、黒岩涙香の翻案でも、また呉田博士も同様の推理は行っているが、雨村の場合、同時期にこんな文章を書いている。

観察眼の収斂を積んだならば更に足跡追躡の習慣を養はなければならない。追跡といふことは斥候《スカウト》に必要なばかりでなく、山に鳥獣を追ふ猟師にも極めて必要なことである。獣の足跡を見て、その新古を判断し、新しい方の足跡を追ふて目的を達することは珍しくない。又路に迷ふた場合などは、特に自分の足跡を忘れないやうに心掛けねばならぬ。夫が為には先づ人間の足跡と、他の動物の足跡とを識別するだけの観察眼を養ふの要がある。次では自分の足跡を平常注意して研究して置かなければならぬ。即ち足裏の巾、長さ、形、靴の大きさ、靴の鋲の形等を充分に記憶に止めておくのである。と同時に人の歩調に就ても注意すべきである。普通の歩調で歩く時、急いで駈ける時等はその歩幅と、足の地上に着く具合とが自ら異つてゐる（森下 一九一六：二〇七―二〇八）。

森下岩太郎の本名で出した『少年団と青年団』の一節である。ベーデン・パウエルのボーイ・スカウト運動を中心にした少年団の教育方法が述べられた箇所で、パウエルの教本ほぼそのままの内容なのだが、右の足跡分析など、ここで教育されるスカウト術は、探偵術に近似的と言えよう。注目したいのは、右の足跡分析が人間の足跡を対象に想定しながら、それを自然界における動物の足跡分析に重ねている点である。

同書によれば「少年に関する新しい教育的運動」が欧米で注目されるようになったのは一八世紀のことで、工業の発展により人口が都市に集中し、人間の肉体や精神に大きな変化が生じたが、ことに「都市の少年は都会という変化に乏しい同一律の圏内に陶冶せらる、が為に、自然の勢として清新の気を失い、剛健の風を忘れて漸時浮華堕弱なる都会の悪風に感染して、体力は減退し、精神的に堕落の傾向を生じ」るに至った。そこで一八世紀末から一九世紀にかけて、社会改良の手段としてボーイスカウトを含む教育運動が興ったと言う。

ここで雨村の略歴を確認すると、土佐の佐川から上京して早稲田に学び、郷里に戻って結婚するが再上京してやまと新聞に勤め、やがて博文館に入社。『冒険世界』『新青年』等の編集に携わって江戸川乱歩をはじめ多くの作家を育て、また自ら創作や翻訳もこなして探偵小説というジャンルを日本に確立させた功労者である。少年団運動との関係は詳らかではないが、少年団教育が家庭教育、学校教育と独立した社会教育であるならば、青少年雑誌の編集や少年少女小説の執筆もまた、それに隣接する社会教育と言えるだろう。雨村は翻訳者、編集者、作家として八面六臂の活躍を見せながら、しかし昭和七（一九三二）年四三歳で博文館を退社、やがて土佐に帰り、以後は釣り三昧の生活を送るようになる。その生涯から見ても、自然との関わりを失った都市が、問題として見えていたことは推測に難くない。

ボーイスカウト運動のベーデン・パウエルはアメリカのアーネスト・トンプソン・シートンとも交友があったが、シートンのウッドクラフト・インディアンズの運動もまたボーイスカウト運動の淵源ないし同時代運動として知られ、先に記した足跡追跡などはシートンの影響が色濃いとされる。ただしシートンはボーイスカウトの特徴とされるパトロールシステム（班長を中心とする班単位の活動）など、その組織論については関心を示さなかったとされるが、雨村もまた、その作品に組織としての少年団を描くことはなかった。雑誌の対象読者の年齢層の関係もあるが、雨村の少年探偵小説は、大正末から昭和に進むにつれ、日本の置かれたリアルな国際情勢を反映し、新発明や諜報戦をめぐる物語になってゆく。それにともなって池上富士夫（『幻影魔人』一九二五—二六年）やフジー東郷（『謎の暗号』一九三三年）などの少年は初期作品の子供らしいキャラクターを離れ、スーパーヒーローに成長してゆくのだが、彼らは基本的には隊伍を組むことなく一少年として、大人たちに伍して探偵と冒険をしてゆくのである。

2　少年探偵団とボーイスカウト

先行の少年探偵、特に森下雨村の作品とボーイスカウトの関係を確認した上で、以下、江戸川乱歩の少年探偵団シリーズに考察を進めたい。

少年探偵団といって、すぐに連想されるキャラクターは団長の小林少年であり、探偵の明智先生であり、そして怪人二十面相であろう。しかし、少年探偵団を作ったのは、小林芳雄でもなければ明智小五郎でもない。団の創立者は、シリーズ第一作『怪人二十面相』（一九三六年）で二十面相に罠を仕掛け、傷を負わせた羽柴壮二君である。

壮二の兄壮一に変装した二十面相は、事前に予告した通りに羽柴家のダイヤを盗みだすが、壮二のしかけた鉄罠にとらえられる。罠をしかける時に壮二の感じている「鼠捕を仕掛ける時の、何だかワクワクするやうな愉快な気持」が、まず注目されよう。動物を罠にかけるためにはその動物の習性を理解する必要があり、実際にその動物が罠にかかった時に、自分の理解の正しさが証明される。その意味で、罠は動物とのコミュニケーションである。壮二のワクワク感には、大人たちが大騒ぎしている二十面相対策に関与する高揚とともに、二十面相という動物（？）とのコミュニケーションを求める気持ちが含まれていよう。ここには、先に見た足跡追跡に通底するものがある。必ずしも意図的な暗示とは断定できないが、壮二の仕掛ける罠は、父の友人の山林経営者が持ってきたアメリカ製の鉄罠だった。シートンがウッドクラフト・インディアンズの運動を展開させたアメリカの自然に、遙かにつながってもいよう。

壮二の罠で負傷しながらも逃走した二十面相は壮二を誘拐し、彼を人質に羽柴家の観音像を要求する。羽柴家の依頼を受け、明智不在のため自ら探偵を買って出た小林助手は、観音像に変装して二十面相の隠れ家に侵入。壮二は戻されるが、二十面相を捕えようとした小林が今度は虜になる。伝書鳩による通信で小林は救出されるが、逃走した二十面相は、次いで修善寺の美術収集家から名画を奪い、さらに国立博物館襲撃を予告する、という事件の展開の中で、満洲から帰国した明智は二十面相に拉致される。師を失って不安な小林のもとにやってきたのが、羽柴壮二と彼が作った少年探偵団である。

雨村の少年探偵が単独でスーパーヒーローとして活躍したのに対し、壮二は自らスーパーヒーローにはならず、活躍する小林団長のもとに少年探偵団を組織するのである。スーパーヒーローとつながりながら、一人一人がそれぞれなりの小ヒーローになって探偵に参加するというのは、少年たちにとって現実的であるが故に心躍る夢想であろう。以後今日にいたるまで少年読者の心をとらえ、探偵グッズを持って探偵気分を味わわせた理由はそこにあるはずで、誰もその名を覚えていないところに羽柴壮二の栄光がある。

だが、この作品の発表された昭和一一（一九三六）年前後は、少年団が国家的統制による組織へと急速に変貌しつつある時代でもあった。ボーイスカウト運動は明治末からさまざまな形で日本にも紹介され、大正期には都市部を中心に全国各地で少年団が発足、大正五（一九一六）年には少年団日本連盟が結成され、さまざまな組織を統合しつつ大正一一（一九二二）年にはボーイスカウト国際連盟に正式加盟する。もともと広義の少年団運動には、ベーデン・パウエルの創始したボーイスカウト運動の一翼を担う少年団と、特にそれとは関係なく、地域共同体の組織や学校教育に連動したさまざまな少年団とがあり、昭和三（一九二八）年に制定された日本連盟の三部制は、ボーイスカウトとそれ以外の少年団とを統合するための便法であったが、以後も対立分裂は繰り返されることとなる。そしてここに、国家の側から全国の少年の網羅的な組織化をめざす要請が加わり、たとえば昭和七（一九三二）年にはボーイスカウトの三つの誓いを表す三本指の敬礼が軍関係者から批判されるなど英米起源のボーイスカウト運動への風当たりが強まってゆく。昭和九（一九三四）年には帝国少年団協会が創立し、昭和一〇（一九三五）年には少年団日本連盟が大日本少年団連盟に改称するというように国家の要請に応じる方向への組織の組み替えが進行し、そしてやがて昭和一六（一九四一）年にはあらゆる組織が大日本青少年団に統合され、翌年大政翼賛会の傘下組織になる、というのが戦前戦中の少年団の展開と変質の概略である。

『怪人二十面相』の今日流布しているテキストでは削られているが、初出および初刊テキストは国家が軍隊と共にあった時代の文脈を随所に見せている。小林は、その若さに不安を持つ羽柴家の執事に「探偵なんて軍人と同じことで、犯罪捜査のために倒れたら本望なんです。」と語り、また伝書鳩通信を行う小林について語り手は「探偵の仕事には、戦争と同じように、通信機関が何よりも大切です」と記す。このような比喩は、昭和一一年というよりも、明治以後の近代にあって自然な現実だったと見るべきであろうが、しかしそのように軍と重なる仕事をしている小林は、壮二の少年団結成に対して「君達は僕とは違うんだから」と最初に伝えている（江戸川二〇〇三：五五、七二、一七六）。少年探偵団は軍隊でもなければ、国家により統制される全国組織でもなく、あくまで少年たちの自発的な参加に基づき、二十面相という悪と戦うグループなのである。もとより、参加は自発的であっても、少年たちは崇拝する小林や明智の指導と親の許可を必要とはしていたのだが。

少年探偵団というある意味では現実的な設定のグループに対して、敵対する二十面相は、被害者の家族や明智探偵をはじめさまざまなものに変装する。そこに生じるのは、もっとも身近で信用すべき者こそがもっとも怪しい、という逆説的な感覚である。少年探偵団シリーズは、その物語において、家族が愛し合い、お巡りさんに協力すべきことを訴える。しかしだからこそ彼らは二十面相の変装ではないかと、家族や警察を疑う感性も育てるのだ。これは、おそらく見かけ以上に危険なことであった。そのことは、戦争の拡大にともない少年探偵団シリーズの執筆が不可能になってゆくことが、逆に証明していよう。乱歩は、戦時において必ずしも反戦を叫ぶことはなく、基本的には国策にも協力的であったが、乱歩の筆名が使えず小松龍之介の名で書いた「知恵の一太郎」シリーズ（一九四二—四三年）などにおいても、科学的な思考や知識はあくまで守ろうとしていた。

3　少年探偵団とサーカス

戦後、ＧＨＱの認可を受けて新生のボーイスカウト日本連盟が発足する昭和二四（一九四九）年、江戸川乱歩の少年探偵団シリーズもまた『青銅の魔人』で復活を遂げる。そして二十面相は少年たちの身近な人間に変装するばかりではなく、猛獣やロボット、宇宙人など人間ならざるさまざまな生き物に変装するようになる。乱歩は戦前の『怪人二十面相』発表時についての回想で、「思い切った非現実」を描いたと言うが、この言葉を記すのは『宝石』誌上の連載「探偵小説三十年」の昭和三〇（一九五五）年三月の回である。「非現実」は、戦後のシリーズ展開が頭にあっての言葉だったかもしれない。

前節に述べたように、少年探偵団の基層をなしていた少年団、特にボーイスカウトの運動は、山林原野で自然と関わった記憶をもとにした都市対策であったが、都市の中で実際に子供たちが動物に接触する場はそれほど多くはない。ペットを別にすれば、動物園かサーカスで、ということになろう。少年探偵団シリーズにおいては、動物園が物語の中心的なモチーフや舞台になることはそれほどないが、サーカスのモチーフは頻出する。

『虎の牙』（一九五〇年）、『透明怪人』（一九五一年）ではサーカスのショーを思わせるマジックが披露され、『鉄塔の怪人』（一九五四年）には巨大なカブトムシが現れる。『灰色の巨人』（一九五五年）においては、サーカス団の大男と少女と一寸法師が二十面相の手先となり、『黄金豹』（一九五六年）では文字通り黄金の豹が、銭湯の煙突から空中ブランコを思わせるような曲芸を見せる。そもそも戦後第一作の『青銅の魔人』において、秘密の部屋を案内する道化師や、青銅の魔人のコスチュームを着せられた子供たちという構図が、すでにサーカスのものであった。少年探偵団が登場するほぼすべての作品が、何かしらの意味でサーカスに関わっていると言えそうである。そして何より、『サーカスの怪人』（一九五七年）において、二十面相の正体が明かされる。彼の名は遠藤平吉、グランドサーカスの団員だったが二代目団長の座を襲うことができず出奔した過去を持つ男だった。そのような情報が明らかになったからと言って、二十面相の正体がわかった気にならないのは、既に二十面相が日常的な現実性を失った存在になっていたからであろうが、しかしそれでも、もとサーカス団員という設定が不用意になされたものでないことは、以上の作品群からわかるであろう。

サーカスの代名詞ともなったイタリアのチャリネ曲馬が横浜で興行したのは明治一九（一八八六）年のことだが、その新聞広告（たとえば『読売新聞』明治一九年九月九日）を見ると、「大喝采〳〵世界第一チヤリ子大獣苑興行曲馬興行広告」として曲馬、滑稽踊、体操などの演目が記された後に「興行動物の名称」として「アフリカ獅子、印度国バナレスの虎、象、野猿、印度の神牛、北米国ブラジル産の大蛇、オースダリの大鳥、其他印度北方小島の猿類」と記されている。あるいは乱歩が「旅順開戦館」を堪能した明治四三（一九一〇）年の名古屋大共進会でも、虎やライオン、象、珍鳥が人気を呼び、少年探偵団シリーズ開始の三年前に来日して日本のサーカス概念にも一転機を画したとされるハーゲンベックのサーカスには黒熊、虎、アシカ、象、馬、北極熊、ライオン、グアナコ、ラマ、ポニーなどが出演したという（阿久根 一九七七：七六、一〇四、一二五三）。ハーゲンベックのヨーロッパ巡業では併設動物園に未開地の人間をも陳列されており、この世界中から集められた動物たちの羅列に「青銅の魔人、透明怪人、宇宙怪人、黄金豹、妖人ゴング、夜光怪人、鉄人Q、電人M、妖星人R」という具合に怪人たちを並べても、案外違和感は無いのではなかろうか。

ポール・ブーイサックは、動物園が「動物界を説明するための一般的システムに奉仕する教育的ディスクールの一種」であるのに対し、サーカスは、「動物種の間に混乱をつくり出したり、動物に「不自然な」行動をさせようとする方向」に向かうと言う。サーカスでは、馬が首を振ってイエス・ノーを答え、象が鼻で棒の数を数える。チンパンジーは調教師をからかい、ライオンがレコードのクラシック音楽に聴き入る。こういうタイプの芸は動物園のシステムに対立する。なぜなら「動物園システムの最も基礎的な特質は、特権的な動物（見物客であるホモ・サピエンス）を他の種類の動物たちから厳密に分離することにあるから」である（ブーイサック 一九七七：一五八―一六二）。

檻の内外を分離するのが動物園システムだとすれば、『宇宙怪人』（一九五三年）の北村青年の言葉がそれにあたろう。「あいつの方では、博物館長をさらっていって、星の国の動物園のおりの中へ、いれようというのですから、こちらでもあいつをとらえて、上野の動物園のおりの中へ、とじこめてやりたいですね」（江戸川 二〇〇四a：四二八）。「博物館長」の語も含意するように、檻の中の生物は学問的客観的な分類整理の対象として観客からの一方的な視線にさらされることになる。だが、ここにおいてすら、檻の内外は入れ替わりうるゲームのように扱われているる。そのような動物と人間との越境は、乱歩作品ことに少年探偵団シリーズの特質であり、越境を象徴するものがサーカスなのである。

動物たちの人間的なしぐさ、すなわち「「不自然な」行動」に感興を覚えることと、逆に人間であっても人間業とは思われないような曲芸や異形の身体に驚くこととの間に、おそらくそれほどの差はない。いずれ観客は、芸を通して、そして驚きを通して、人間を含めた動物たちと自分たちとの越境的なコミュニケーションを楽しむのである。そして人獣の境界を越境するのがサーカスであるならば、猛獣使いであることと猛獣であることにも差はないかもしれない。時として猛獣使いとなり、時として猛獣それ自体となりながら、二十面相は子供たちのコミュニケーション願望に応えるべく、さまざまの扮装でパフォーマンスを行った。黄金の豹が人間の言葉を話したり（『黄金豹』）、怪人がカブトムシの格好で壁を這ったり（『鉄塔の怪人』）という楽しみは、少年探偵団シリーズの読者に馴染みのものだろう。そしてパフォーマンスを終えた二十面相は、物語の結末で曲芸に失敗（したふりをして逃走）するか、捕らえられて檻に帰って行く。このように見てくれば、少年探偵団シリーズはすなわちサーカス興行だったと言えるだろう。

だが、なぜ人獣は越境されるのか。前述のブーイサックは動物園とサーカスのアナロジーとして神話と儀礼の対比を当てはめ、「「世界」経験を社会が集合的に説明するシステム」である神話としての動物園に対し、サーカスを「特異性に積極的な価値づけを与え、執拗な反復をおこなう」儀式としてとらえる。すなわち「動物園は視覚化された神話ディスクールであり、動物を使ういくつかの芸においてサーカスはこの神話ディスクールを補完する儀礼」（ブーイサック　一九七七：一六三―一六六）なのである。

江戸川乱歩にあって、神話にあたる世界の説明原理は進化論であった。自伝的スクラップブック『貼雑年譜』の大学時代を記した「経済学ヘノ関心」の項に、「ダーウヰンノ進化論ニ感動シ」「最モ影響ヲ受ケタ本ハ何カト云ヘバ結局ダーウヰンデアツタ」とある（江戸川　二〇〇一：八四）。この前後の文脈自体はクロポトキンやマルサスを列挙して自らが経済学上の「自由主義者」だったことを記しており、またその後鳥羽造船所時代に『日和』を編集していた頃の乱歩は社会進化論系の論説を盛んに寄稿しているのだが、『芋虫』（一九二九年）、『孤島の鬼』（一九二九―一九三〇年）、「人間豹」（一九三四―一九三五年）といった作品の存在を考えれば、進化論の衝撃が社会科学にとどまるものでなかったことは疑いない。人間を相対化する発想は、乱歩の大人向けの作品にも常に潜行している。少年探偵団シリーズはそのおぞましいともいとおしいとも言える人間相対化のモチーフを、冒険心と正義感に添えて提供する。二十面相がくりかえし脱走脱獄し、新しい怪人となって人間世界の襲撃を反復するのは、進化論的な人獣闘争を想起させて世界と人間をめぐる認識を活性化し、私たちがどのようにして成り立っている存在なのかを突きつけているのである。

4　チンピラ別働隊と動物愛護

『サーカスの怪人』の結末における二十面相と明智の乗馬レースは、両者の動物に対する姿勢の違いを如実に表している。骸骨男に扮装した二十面相はサーカスの馬で逃走し、明智も乗馬してそれを追う。だが、時間の経過とともに、次の通り。

骸骨男のウマは、すこしつかれてきたようです。めちゃくちゃな乗りかたをして、むやみにムチでひっぱたくものですから、ウマがよけいにつかれるのです。
明智はなるべく身を軽くして、ウマが走りやすいようにしていました。ムチもつかいません。ですから、こちらのウマは、まだつかれていないのです。元気いっぱいに走っています（江戸川 二〇〇四b：五〇三）。

先に記したハーゲンベックはメディアのインタビューに答え、サーカスの訓練者はまず素直な性格を持ち、学校に入って動物の病気や健康法を学ばなければならないとして、『虎や豹や獅子等の猛獣の檻にはいる時は小さな鞭を一本持つてゐる、之は併し動物をやたらに打ちのめす為のものではなく、万一或ものが攻撃して来るやうな場合に備へるものです」と語る（ハーゲンベック 一九三三）。この点、まさに二十面相は訓練者として失格とも言えようが、逆説的に言えばことさらハーゲンベックにそう主張されるほどに、サーカスと鞭とは親和的なイメージでもあったのだろう。演出としては、二十面相の悪役ぶりは間違っていない。

では、一方の明智は、なぜかくも見事に馬を操縦するのか。二十面相が逃げて馬のいななきが聞こえた時、彼は迷わず馬で追うことを決める。「明智探偵は、どんなスポーツでもできるのでした。乗馬もお手のものです」という資質の説明は、最終的勝者たる設定ゆえのオールマイティと片付けることもできるが、続けて厩で「いちばん強そうなウマをえら」ぶという観察力が描かれ、そして右引用の「身を軽くして、ウマが走りやすいように」と動物の習性（？）を理解した上での乗馬技術を見せるのだ。その意味ではボーイスカウトの理念に重なる姿を見せているとも言えるだろう。だがここで馬を乗りこなしているのは明智であって少年探偵団ではない。

動物園的な認識を揺るがせることで活性化するのがサーカスのパフォーマンスだとしても、観客はやはり安全を担保されなければならない。二十面相は最後に敗北しなければ、そして明智は万能でなければ、読者は安心できない。そして怪しい世界を描くからこそ、少年探偵団に不道徳や危険が及ぶことは避けられなければならない。少年探偵団はすでに、作中に登場するだけではなく読者の投影なのだから。明智と二十面相の超人的なパフォーマンスが激しくなるほどに、少年探偵団のメンバーは観客席から出ることができなくなる。

サーカスを舞台とした『灰色の巨人』において探偵団メンバーが象や熊と戦い犯人を追い詰めることができたのは、事前に明智がトリックを見抜いていたからだ。『サーカスの怪人』の乗馬レースでは、少年たちは明智と二十面相を見ているだけしかできないのである。結局彼らにできるのは、将来の準備をすることである。『夜行怪人』（一九五八年）には少年探偵団員の日常が描かれるが、彼らが事務所で明智から教わっているのは、観察や推理のしかた、顕微鏡の見方や化学の実験などであり、その一方で彼らは柔道やボクシングで体を鍛えている。おそらくは、『サーカスの怪人』における明智の馬の扱いも、彼自身のこのような鍛錬があってのことであろう。その意味で探偵団の日常は重要な教育的意味を持っているが、危険と隣り合わせの動物や怪人との直接交渉は、厳しく制限されているのだ。

その少年探偵団に代わって、夜の仕事や危険な現場を受け持つために結成されたのが、チンピラ別働隊であった。少年探偵団とは異なり小林が呼びかけて結成したグループで、小林自身が説明するようにホームズのベイカー街遊撃隊がモデルとなっている。当初上野公園に集まりモク拾いなどで暮らす戦災孤児たちとされ、のちにアリの町に住むという設定になってゆく彼らは、松居松葉『紫美人』に登場した伝坊に近い位置にいる子供たちである。(2)親のない彼らに少年探偵団のできない仕事を担わせるという発想には批判も成り立とうが、現実の蟻の町が、行政の及ばない、あるいは見捨てた社会的矛盾を引き受けた側面は確実にあり、具体的地名を出すことで乱歩がその運動への支持を発信していたことも間違いないことであろう。

自分たちとは異なる環境を持つ相手とも隔意なく関係を築くことはボーイスカウトを参照枠とする少年探偵団にとって当然の理想の一つでもあったはずだが、動物との交渉も、彼らチンピラ別働隊が関わることによって別の意味合いが発生する。

別働隊の中でもめざましい活躍を見せるのはポケット小僧だが、彼はサーカス団の出身だった。身長に基づく愛称には乱歩作品でお馴染みの一寸法師が連想されようが、必ずしも身体に関する差別的な表現は見当たらない。『奇面城の秘密』（一九五八年）では単身二十面相の要塞に忍び込み、要塞探検中、番犬代わりに放たれていた虎に出くわす。

ポケット小僧は、いまにもこの虎にくわれてしまうのかと、生きたここちもありません。といって、逃げだそうにも、足が動かないのです。らんらんとかがやく大きな目で、じいっとにらまれると、電気にでもかかったように、身がすくんでしまうのです。

虎はもう、すぐ目の前にきていました。はっはっと、くさい息がこちらの顔にかかるほどです。するとと、ポケット小僧にだかれていた虎の子が、うでからとびだして、大虎のそばへかけよって、じゃれつくのでした。

大虎は、虎の子のからだをなめてやりながら、さもかわいくてしかたがないというように、目をほそくしています。

そのようすでこの大虎は、父親ではなくて、母親のように思われました。

しばらくすると大虎は、また、「ごうッ……！」とうなって、ポケット小僧のほうを見ました。しかし、べつに危害をくわえるようすもありません。なんだか、「ぼうやを助けてくださって、ありがとう」と、おれいをいっているように見えました。

ポケット小僧は、からだは小さくても、だいたんな子どもですから、それを見ると、すっかり安心して、そっと手をだして、大虎の頭をなでてみました（江戸川 二〇〇五：一三二—一三三）。

この場面の前に、ポケット小僧は蔦に絡まった虎の子を助けていたのだった。この後には、父親の虎も登場し、母虎から話を聞いたらしくやはりポケット小僧になつくことになる。少年探偵団のメンバーであったなら、いかになつかれても、大虎の頭を撫ではしなかったかもしれない。少なくとも、親の許しは得られなかったであろう。しかしポケット小僧には、万一の事故を悲しむような親はいないのである。そして自身が親を持たないゆえに、彼は幸福そうな虎の家族に、繋がりを求めて手を伸ばさないではいられない。

物語の中で、この大虎は三度現れる。一度目は右の場面。二度目は、ポケット小僧の手引きで二十面相の手下に変装した明智と恐らく警官とが、奇面城に侵入する時である。偽の手下に襲いかかろうとした虎は、間に立ちはだかったポケット小僧を確認するとおとなしくなる。そして三度目は、二十面相が逃走しようとした時、ねぐらを覗くと虎は何者かに毒殺されていた。殺したのは、明智であった。

シリーズ第一作『怪人二十面相』で羽柴家に忍び込む時、二十面相は番犬を毒殺していた。同じことを、ここで明智もしているのである。二十面相に窃盗の目的があるように、明智にも守るべきものがある。冷静に判断すれば虎はやはり危険であり、ポケット小僧の、生き物への繋がりの希求は、所詮感傷であろう。動物への愛護には限界があるという現実もまた、作品は突きつけているのである。

殺された親の虎にまとわりつく虎の子は、おそらくポケット小僧もそうであろう戦災孤児たちであったかもしれない。ポケット小僧も、また虎を殺した明智も、さまざまなものを失いつつ、そのような現実の中を生きてゆく。だからこそ、二十面相や明智、少年探偵団やチンピラ別働隊も含めた、それぞれの生き物の生は、それぞれにせつなく繋がってゆくのであろう。むしろその意味において、少年探偵団シリーズはおそろしく教育的な、大人になってからも繰り返し郷愁を覚えることになるジュブナイルであった。

注

（1）以下、森下雨村の少年探偵小説については拙稿「少年探偵小説における足跡」『『新青年』趣味』一一号（二〇〇三）の記載に一部重複する。

（2）蟻の街は、戦後、言問橋のたもとに集まった廃品回収に従事する人々の共同体。「魚腸拾い」の伝坊→「バタヤ」のチンピラ別働隊という連続性のほかに、作品の外側では松居松葉の子の松居桃楼が蟻の街の理論的支柱となったという縁も注目される。この点、小松史生子「「少年探偵団」の本当のヒーローは?」（『ＣＲＩＴＩＣＡ』一〇号、二〇一五年）にも指摘がある。

参考文献

松居松葉（一九〇二）『紫美人　上巻』金槙堂。

森下岩太郎（一九一六）『少年団と青年団』文会堂。

森下雨村（一九一七）「ダイヤモンド」『少女の友』実業之日本社、一―九月連載のうち、一月号、七四頁。

ハーゲンベック（一九三三）「猛獣使ひの心境」『読売新聞』読売新聞社、三月二二日。

阿久根巌（一九七七）『サーカスの歴史』西田書店。

ポール・ブーイサック／中沢新一（一九七七）『サーカス』せりか書房。

上平泰博・田中治彦・中島純（一九九六）『少年団の歴史』萌文社。

川戸道昭・新井清司・榊原貴教（二〇〇一）『明治期シャーロック・ホームズ翻訳集成　第一巻』アイアールディー企画。

江戸川乱歩（二〇〇一）『貼雑年譜』東京創元社。

江戸川乱歩（二〇〇三）『江戸川乱歩全集第10巻　大暗室』光文社。

江戸川乱歩（二〇〇四ａ）『江戸川乱歩全集第16巻　透明怪人』光文社。

江戸川乱歩（二〇〇四ｂ）『江戸川乱歩全集第20巻　堀越捜査一課長殿』光文社。

江戸川乱歩（二〇〇五）『江戸川乱歩全集第21巻　ふしぎな人』光文社。

平山雄一（二〇〇七）『江戸川乱歩小説キーワード辞典』東京書籍。

第3章

映画と彫刻は兄弟
映像表現とテクノロジーについて

萩原朔美

一九六六（昭和四一）年。

この年、映像表現の歴史にとって、まるで事件とも言える画期的な出来事があった。ソニーが民生用のビデオカメラ（DVC−2400）を世に送り出したのだ。ポータブル・ビデオ・カメラ、通称「ポーターパック」と呼ばれるようになった革新的な新製品である。それまで、ビデオといえば放送スタジオにセットされた巨大なシステムで、運搬不可能な重い機械群といった認識だった。それが、なんと一人の人間が手軽に外に持ち出せることが出来るような製品に生まれ変わったのだ。

ポーターパックの出現は、映像を表現の手段にしている者にとっては驚異的なことであった。誰もが夢に描いていた、ビデオによる東映や東宝、松竹、日活、大映などの劇映画ではない個人制作の映像作品が、本当に作れる時代がついに到来した。それが一九六六年だったのである。映像表現をたどりながら、テクノロジーが導いた一九六六年の衝撃の前後で経験した、表現の可能性について論じてみたい。

1　映画が拓いた実験

一九六六年のこの衝撃的な出来事は、別の見方をすれば、その七一年前の一八九五年一二月二八日（土曜日）の夜、パリのキャプシーヌ通りのレストラン、グラン・カフェで一般公開されたという、リュミエール兄弟のシネマトグラフから出発したフイルムとカメラを組み合わせた映像メディアの歴史の終焉を刻印したものだった。とはいえ、映像という表現が拓いたものも、もちろん忘れるべきでない。たとえば一九二〇年代のダダイズムやシュールレアリスムの美術家たちが試みた映画、ルネ・クレールの「幕間」やフェルナン・レジェの「バレエ・メカニック」、マルセル・デュシャンの「アネミック・シネマ」、ハンス・リヒターの「リズム」、ルイス・ブニュエルとサルヴァドール・ダリの「アンダルシアの犬」など、さまざまな試みがあげられるだろう。

新しいメディアが出現すれば、アーティストたちはそれを手段に新しい表現を試みる。先端的な美術家がフイルムによる作品に挑むのは当然のことだろう。

日本で、個人のフイルムによる映画が盛んに制作されるようになったのは一九六〇年代からだ。アメリカと日本では、アンダーグランド映画、実験映画、日記映画、拡張映画、前衛映画、チカチカ映画、などと呼ばれた映像作品群がある。それに先立って、一九五〇年代に瀧口修造が物語映画ではない、良質な「美術映画」の出現を望んでいたあたりが出発点と言えなくもない。一九五一年に瀧口修造のもとに参集した武満徹、秋山邦晴、山口勝弘、駒井哲郎、湯浅譲二などの芸術活動「実験工房」の「実験」も新鮮で先端的なニュアンスがあった。

そういったアーティストたちの影響も、もちろんあっただろうけれど、日本での個人映画の発生は、主に六〇年代に数多く作られたアメリカのアンダーグランド映画に強く影響を受けて、大きく開花したというのが実情ではないだろうか。現代美術の世界でも、ポップアート、コンセプチュアル・アート、ミニマル・アートなど次々に出現する潮流に影響されて多くの日本の作家が出現したことと足並みをそろえた感じである。

当時のアメリカの主な映像作家たちは、ジョナス・メカス、ペーター・クーベルカ、スタン・ブラッケージ、トニー・コンラッド、ホリス・フランプトン、ケネス・アンガー、マヤ・デーレン、スタンディッシュ・ローダー、パット・オニール、マイケル・スノー、ジョーダン・ベルスン、アンディー・ウオーホルといった人たちだった。日本の作家たちは、それらの作家の作品を文字情報で知り、草月会館、アートシアター、ジャズ喫茶などでの上映、あるいはアメリカンセンターでのイベントなどを通して体験し影響を受けたのである。

一九六〇年代の日本でも、企業が制作する巨額の資金を投入した劇映画ではなく、個人が制作するフイルム作品は数多く存在していた。一六ミリのフイルムと専用の一六ミリカメラ、あるいはその半分の八ミリフイルムのシステムを使い、やはり草月会館、アートシアターなどの劇場やイベント会場、公民館や学校などを借りて個人で発表する作家はいたのだ。

そのころの日本の主な作家は、後に劇映画の監督になる大林亘彦、森田芳光、松本俊夫、金井勝。写真家になった山崎博、飯村隆彦、足立正生、相原信洋、奥村順市、岡部道男、金坂健二、居田伊佐雄、瀬尾俊三。イラストレーターの田名網敬一、粟津潔、宮井陸郎、ふじいせいいち。詩人の鈴木志朗康、谷川俊太郎、寺山修司などである。

寺山修司が劇団を立ち上げた一九六七年では、「演劇実験室・天井棧敷」というネーミングはなにか新しさが感じられた。「実験」が先端的なニュアンスを醸し出していたのだ。個人映画は、映画というものが物語を物語る劇映画だけではなく、映像だけが持つ表現とはなんなのかを追求したものである。このことは、文章表現と対比させるとわかりやすい。文字の作品は、俳句、短歌、詩、エッセイ、純文学、大衆文学、などに枝分かれして共存している。映像も同じことだ。ともすると劇映画だけが映画と思われがちだけれど、映像にも詩や短歌やエッセイなど様々な形式があるというわけである。

『映画・日常の実験』（フィルムアート社、一九七五年）のなかで映像作家かわなかのぶひろは、

> アンダーグランド映画のどこがいいのかよくわからないという意見をよく聞く。なぜこんな退屈な映画が面白いのかと問いつめられて返事にこまることがしばしばである。たしかに、こういった実験映画は、商業映画のようにひとつの形式をあてはめることはできない。これといってくる括弧などもありはしない。アンダーグランド映画は、もっぱら個人的な感覚で作られる。詩や絵画や文学がそうであるように。百人の作家がいれば百通りの流儀があると言われるゆえんもそこにある。
>
> 商業映画のように不特定多数の観客にアピールする目的で作られるものではないからである。アンダーグランド作家は、例えば画家が絵具をパレットの上で調合するように、カメラとフイルムを自由にコントロールする。したがって絵具の一滴がそうであるように、フィルムのひとコマが作品の生命を左右する。
>
> （かわなか　一九七五：九四）

と書いている。

いわば、商業的劇映画の多くはフイルムとカメラは手段である。個人が製作する実験映画の多くはフイルムとカメラが目的なのだ。雑文にとって言葉は手段であり、詩にとって言葉は目的である。歩行にとって身体は手段であり、舞踊にとって身体は目的である。それと同じことなのである。

2　実験の消失と個人映画

実験や前衛の次に登場したのが、きわめて個人的な日常のドキュメンタリーのような映画である。題材が家族や友人などの自分の周辺だ。だから、六〇年代のように前衛映画とか実験映画という名称も、内容と遊離してしまい、似つかわしくなくなってしまった。もはや、前衛という言葉が消えてしまったのだ。実験という言葉もレトロ感をまとってしまったのである。

映像の世界だけではなく、芸術全体も同様だ。現代美術の世界で、前衛作品と呼べるものなどまったく無くなってしまった。芸術が芸能化し、逆に芸能が芸術化したような状況である。歌手のことを今やアーティストと呼ぶのである。舞踏や小劇団で、今でも実験という言葉を使っているグループはあるけれど、活動の内容が実験的なわけではないようだ。もしかすると、実験と呼べるような活動はもう登場しないのかも知れない。

実はわたしも、七〇年代に、多くのフイルムによる個人映画を製作した一人だ。上映時間と写し出される映像とが同一のものや、定点観測写真の動画版、一コマ撮影で、シャッターをバルブにしたものなど、やはり映像上の実験が主なテーマとなっていた。物語のない、俳優の出ない、観客にまったくサービスしない実験映画でもあった。

わたしも、現在はほとんど自分の身に起こったことをテーマにしている作品が大半だ。最近は左目が加齢黄斑変性になり失明したので、それを素材にして連作三部作を撮影した。劇作家の野田秀樹は右目が失明した時、やはりそれを出発地点にして戯曲を書いている。写真家の荒木経惟も片方失明して、片側を黒紙で覆った作品を展示した。いわば、わたし事をわたしたち事へと転化していく。それが表現活動の始まりなのである。

しかしこの個人映画の作品群によって、映画というシステムが作品として解体され再編成され、表現の可能性をとことん消費し尽くされていったのである。今や、この個人映画特有のアプローチは、アイデアとしてほぼ出尽くした感がある。二〇〇〇年代、映像上の実験を追求した作品がほとんど姿を消してしまった。

ところで、前記した一九六〇年代からの日本の個人映画は、機材の点から見ればやはり誰もが手軽に手を出せる安価で軽便なものではなかった。一六ミリはカメラや周辺機器、フイルムが高価で、ネガからプリント、あるいはサウンドをつけるにも個人が出費するにしては高額な予算が必要だった。

八ミリはそれに比べれば安価ではあったが、画質は一六ミリフイルムと比較すれば悪く、現像を会社に委託するので、当然表現に制約がかかる。完全に個人制作とは言えない面があったのだ。

その点、ビデオは現像というシステムがいらない。録音も同時に出来る。しかも、フイルムのような専門的な知識がいらない。素人がなんの訓練の必要もなくカメラを使いこなせる。ポータパックの出現はそこが画期的だったのである。

3　ポータパックのもたらしたもの

この一九六六（昭和四一）年の出来事を俯瞰すると、劇映画の世界では、東宝から黒沢プロが独立し、三船敏郎が個人スタジオを建設した時だ。巨大な興行システムから脱却して、一個人が自由に映画との関係を築けるような機運が高まった時、もっと自由に気ままに映像を個人の表現に取り込めるメディアが初めて登場したという訳である。

ポータパックは肩にかなり重いレコーダーを担ぐ。カメラはレコーダーと太いコードでつながれ、画面はカラーではなく白黒。テープは放送システムの一インチ・テープの二分の一のサイズで、カセットではなくオープンリールの磁気テープだった。

まだまだ、重く機動性に優れているとは言い難かったけれど、ともかく特別な訓練を必要としないところがフィルムと大きく異なる特徴だった。

マイケル・シャンバーグは、一九七一年に自著『ゲリラ・テレビジョン』（美術出版社）のなかでこう書いている。

一九六八年夏、日本の電子機器メーカーソニーは、安価で操作の簡単なポータパック（ポータブル・ビデオ・レコーダー）をアメリカ市場に送り込んだ。ビデオが初めて商業的に使われるようになったのは一九五六年頃である。

ポーターパックが世に出るまでのビデオ装置は、図体が大きく、移動不可能で、技術的にも複雑、コストも法外だった。

今日、文化の優性的コミュニケーション・メディアが、活字からテレビにとって代わったことはもはや明白な事実である。初期のビデオ装置をグーテンベルクにたとえるなら、ポーターパックはテレビのオフセット印刷にあたる。それは、印刷技術の発達が聖書ばかりでなく、もっと他のものにも手を拡げたように、分散化と利用の一般化へとむかうテクノ進化の必然的結果なのである。

当初はビデオテープを作る装置を手に入れるために数万ドル必要だった。今ではたったの一四九五ドルで手に入る。数百ポンドの重い機械と専用の動力線の代わりに、わずか二一ポンドの軽量システムを使って電源コードに頼らずとも、好きなところで自由にテープを作ることができる。必要なのはバッテリーを充電するための家庭用電源ひとつである。システム操作を神秘的な雲で隠してしまう専門技術にこだわらなくても良い。あなたが見るカメラの中の小さなテレビ・スクリーンには、正確な対象が映し出されている。あとはボタンを押すだけなのだ（シャンバーグ 一九七一：五）。

わたしは、このポーターパックを持って、一九六九年にドイツのフランクフルトで行われた世界前衛演劇祭（エクスペリメンタ3）に参加した。当時、わたしは寺山修司主宰の「演劇実験室・天井桟敷」に参加していて「毛皮のマリー」を演出し、「犬神」に出演したのだ。舞台下でビデオを回していると、ドイツの観客は一様に驚いていた。フイルムではなくテレビカメラだということがモニターでわかるのだ。まだ一般にはビデオの存在が浸透していなかったのだ。

ポーターパックの登場に作品制作ではない方向を見出していた人たちもいた。たとえば、アメリカの三大ネットワークのテレビと対抗して、自分たちでテレビ番組を試みる若いヒッピー達だ。ドキュメンタリー作品をCATV局で流したり、新しく自分たちのネットワークを構築し、草の根TVを作ろうとしたりした。

そうしたグループの一つを、わたしは一九七二年に尋ねたことがある。若者がテレビを大きく変革させるのではないかと思ったのだ。

彼らはサンフランシスコの郊外で七、八人の共同生活をしていた。平屋の一軒屋でビデオの編集をする一方、裏のひろい庭を畑にして野菜を栽培していた。まだビデオ制作だけでは生活が出来ず、食べるものは全部自分たちの手で生み出そうとしていた。作っていた番組は、無農薬野菜の心得、漬物の作り方、選挙運動の実態などだった。どれもかれらのライフスタイルが反映されているものだ。ソニーのポーターパックの出現は、新しい価値観や、新しいメディア環境を出現させるのではないか。彼らの制作態度を見て、わたしはそんな予感がしてわくわくしたのを覚えている。

ところが、どういう訳か、その後草の根ＴＶも出現せずコミューンもほとんど崩壊し、新しいネットワークはついに生まれなかった。

ポータ－パックの出現で、日本で生まれたのは、フイルムによる個人映画にかわるビデオ・アートだろう。フイルムによる個人映画の作家たち、あるいは現代美術のアーティストたちがいっせいにビデオで何が可能かと取り組みはじめたのである。

方向としては二つあった。一つは従来のように画面を観客が観賞するもの。もうひとつは、会場にまるで立体造形物を見るように接する、ビデオ・スカルプチャー、あるいはインスタレーションの作品だ。

現在、ビデオ・アートの大半は客席に座ってモニターやスクリーンで鑑賞するものではなく、空間を回遊して観るインスタレーション作品になってしまった。

映像の素材はフイルムから磁気テープ、そしてデジタル全盛へと変化していった。そのテクノロジーの変化に呼応するように、映像作品はフイルムの暗闇での鑑賞から、美術館などの明るい空間での体験に変容していったのである。

4　彫刻と映画にとっての「私」――他への接近をめぐって

このようにテクノロジーと映像表現との変容を論じてきたが、しかし、わたしは、映画とビデオは全く別のメディアであると思っている。映画とビデオは同じ文化の地下水脈に入っていないのだ。そのことは、絵画から写真を見るとわかる。

絵画の素材にとって作者自身は欠かせない対象だ。描くわたしは一体なんなのであろうか。その答えを求めて自画像が多く描かれている。ほとんどの画家は自画像を残している。レンブラントのように、なにかにつかれたように生涯自画像を描き続けた画家もいるぐらいである。想像するに、絵画の発生が自身の影を線で縁取りした行為から始まったという神話にとらわれているのかも知れない。

次に登場した写真はどうだろうか。

当然のように、セルフ・ポートレイトは重要なテーマだ。まるで写真が絵画の主要なテーマを自身の問題として引き継いだかのように盛んなのだ。ロラン・バルトは「明るい部屋」のなかで、写真ともっとも近いものは演劇であると書いている。死という問題から切りこむと共通の問題として浮かび上がってくるのだ。その意味では、あらゆる写真は遺影である。当然、ポートレイトも遺影である。しかし、なんといっても自画像を踏襲して、今も多くのアーティストたちが自身にカメラを向けていることが重要なことなのだ。

ところが、映画は動く写真であるにもかかわらず、自画像、セルフ・ポートレイトにはまったく関心を示さない。不思議な現象なのだ。キネトスコープのエジソンも、シネマトグラフのリュミエール兄弟も、ジョルジュ・メリエスも、エドウィン・S・ポーターもG・W・グリフィスも、テーマのひとつとして、自分自身にカメラのレンズを向けていない。理由はわからない。

絵画、写真と継続されてきた「私」とはなにかを問う姿勢、見る者と見られる者との関係を考察する姿勢が映画で途絶えたのだ。

ところが、フイルムの映画の次に登場したビデオはどうだろうか。

これが映画とは決定的に違うところだ。登場してからというもの、もう作家たちは殆んど自分自身にビデオカメラを向けっぱなしなのだ。

たとえば、ビデオ・アーティストのビル・ビオラなどは、初期のテープ作品から、最近の大規模なインスタレーション作品まで、まるで私小説の作家のように自分自身を登場させている。被写体として他人をモデルにして撮影するという姿勢ではない。自身を撮影することと、作品制作とが一体となっているようなのだ。ビデオの次が最近のカメラ付き携帯だろう。「自撮り」だ。「自撮り棒」なる道具もあるくらいだ。みんなこぞってセルフ・ポートレイトを追及する時代に入ったのだ。

つまり、絵画、写真、ビデオ、携帯。これらは兄弟のように、自身とメディアとの関係を問題にし続けたのである。

この変遷史のなかに、映画は入らないのだ。

そう考えると、映画の兄弟は彫刻であると言いたくなってくる。彫刻は絵画と違って、作者本人の人物像を作らない。みんな他人の顔や立像である。全て他者をモデルとして立体像を制作している。そういえば、彫刻の発生は壁に映った戦場に行く恋人の影を、娘が線で映した。その線描きを、後で娘の父親が粘土でかたどりレリーフにしたというのだ。つまり、神話の彫刻の発生場面ですら他人の姿として記述されているのである。

さて、この絵画、写真、ビデオ、携帯という流れと、彫刻、映画という流れ、この二つの交わらない変容を検証していくと、メディアのもつ本質が浮かび上がってくるだろう。

それは表現に潜む作者と作品との関係である。作者とはだれなのか、作者は作品にとってなんなのか。そんな質問の答えがこの二つの流れのなかにあるような気がするのである。メディアのもつ本質は実はこんなところに隠されているのではないだろうか。そう思うのである。

参考文献

かわなかのぶひろ（一九七五）『映画・日常の実験』フィルムアート社。

マイケル・シャンバーグ（一九七一）『ゲリラ・テレビジョン』美術出版社。
萩原朔美（二〇一〇）『劇的な人生こそ真実――私が逢った昭和の異才たち』新潮社。

第Ⅱ部 メディアを介在させない、という戦略

現代社会では
コミュニケーションとメディアは不可分のものになりつつある。
メディアによって伝わる世界が広がるのか狭まるか，
誰も実験しないままに。
「メディアを介在させないこと」を戦略とする表現は，
表現者とそれを受け止める人間たちとの関係，
および表現内容の質という側面において，
どのような世界を拓くのだろうか。

第4章
紙芝居が「俗悪」だった頃

鈴木常勝

1 「ルンペン文化」誕生

絵を一枚一枚引き抜きながら語る紙芝居屋は、一九三〇（昭和五）年頃の不況下に生まれた。

紙芝居で売る物が非衛生だとか、演じる紙芝居の内容が非教育的だとかいわれた上に、昨日まで食うや食わずの失業者だったバイニンは、その頃の流行であるルンペン――浮浪者のような恰好をしていた。当時の警官はなにかにつけて民衆に威張りちらした。ルンペン同様の紙芝居屋は警官が「オイ、コラ」と威張って優越感を感じるにはちょうどいい相手だった（加太 一九七一：四九―五〇）。

ほんの十年ほど前に木と紙と泥でできた小屋のひしめきあふ大東京の裏街に、紙芝居は生れた。大不況の到来とほゞ同時である。親からも、偉い人たちからも事実上見棄てられた街の子供たちが、失業者の口すぎに演ずる活弁調のわびしい演技のまはりに、一銭菓子をしゃぶりながら群れ集った（佐木 一九四一：一五六）。

一口に言へば今日の街頭紙芝居は、娯楽本位であり、内容的には、現代の社会悪によって子供（大人についてもさうであるが）の中に、発展させら（れ）た雑多な本能や感情——感傷主義、自己主義、非科学性、成功欲、偶然を期待する投機趣味等々に追随し、へづらっているものが大部分である。この点謂ゆる大衆小説と同様曲阿の芸術である。従ってその実演の方法も、絵の不自然な色彩、無意味に誇張された台詞と音声、それでゐてその平板さはチッとも救はれてゐない（松永 一九三五：三〇）。

「飴売り行商人が演じる、低俗、荒唐無稽の物語」というのが、世間が見る紙芝居屋の姿だった。紙芝居屋は「三文飴屋」（今井 一九三四：九八）、「一銭芝居」「乞食芝居」（加太 一九七一：一一〇）とさげすまれた。だが、こんな紙芝居屋を覚えている子どももいた。

東京・西神田の小学校に通っていた青木光さん（七九歳）は、アメを買う金がなく、いつも舞台の横や後ろから遠巻きにながめていた。怒られるかなあ、と思ったこともあるが、いつも、「いいよ、そこで立って見てな」と声をかけてくれた。「やせた人で、見るからに優しそうな人だった。あの容貌は忘れられません」。

幼少時代を埼玉県岩槻市で過ごした山口富造さん（七三歳）は、なじみの紙芝居師の声が今も耳に残っている。その人は物語の節目に、「しょうじゃひつめつ（生者必滅）、えじゃじょうり（会者定離）」「おごれる者は久しからず」などのセリフを連発した。「紙芝居のおじさんが時々漏らす教訓のほうが、先生のお説教より、はるかに印象的だった。必ずしも成功者と言えなかったおじさん自身の人生観がにじみ出ていたのではないか」（『読売新聞』二〇〇〇年六月二三日）。

わたしは幼児期を紙芝居を見て過ごした。毎日、夕方になると紙芝居の拍子木の音がきこえる。わたしは一銭玉をもってとび出す。あちらこちらからあつまってくる子どもたちが、それぞれ一銭玉と引きかえにアメをもらう。アメの甘酸っぱいにおい、そしてそれをクチャクチャ噛む音。そんななかで、紙芝居が始まる。「黄金バット」「孫悟空」〔中略〕わたしは、紙芝居屋さんの物語に陶酔する。幻想の世界にあそぶことのたのしさを、わたしは、紙芝居屋さんのアメをしゃぶりながら学習した（加藤 一九六五：二）。

一九三一（昭和六）年から一九三三（昭和八）年にかけて、「黄金バット」（作・鈴木一郎、絵・永松武雄）の大流行によって紙芝居はブームを巻き起こした。

……私は彼に、黄金のどくろ面、グリーンの上衣、純白のズボン、白の襟かざり、真紅のマントをまとい黄金の剣を帯びるというはなやかな中世期風のコスチユムを与えた。このシユーパーマンは常に炎のような紅こうもりの大群をともなって出現する（○）いよいよ黄金バットの登場である。〔中略〕

……舞台を日本、中国、アメリカ、アフリカ、さては空中に海底に地下に求めつつ、ブルタンク、人造人間、地中突進器、ＬＢ光線、電気太こ、エーアソーラス等の荒唐珍奇な超科学的空想機械をじゆう横に駆使し善悪入り乱れての葛藤が、フアウスト、西遊記、八犬伝にも比すべき構想を持って、くりひろげられる。

善人側の危機に際して突如、雲煙の彼方に、へき空を切って、高らかな笑いと共に真紅のマントをひるがへしつつ現れる正義の味方、超人黄金バツトのそう厳な姿は、少年の限りない夢をゆすぶつてあまりあつたのである。

作者鈴木氏のほんぽうな空想力は筆者の若い日のイメージをしげきし作画ともにいささか当時の作品としては精さいを放ち得たのであろうか、人気の波は日に日に高まり黄金バツトにあらざる紙芝居は紙芝居にあらずの感さえ与えたと聞いている。これは昭和六年に始まって、七年、八年と三年間にわたつて毎日、街頭に封切られた（永松 一九四七：一二―一三）。

画家自身が「荒唐珍奇」というのだから、その点に間違いはない。しかし、疑問にとらわれる人もいる。

黄金バットは正義の味方だが、その容貌や外観はむしろ悪役である。この「善」と「悪」との奇妙な混在を子どもがどう受け取ったなどを考えることが必要である（山本 一九六九：二二〇）。

考えるまでもない。

世間が「正義」だと思い込んでいるものこそ真の悪であることを、黄金バットは暴くのだ。それゆえ、黄金バットには悪の外観がふさわしい。子どもたちは、さらに思う。

このみすぼらしい恰好をしている紙芝居屋こそ、正義の味方・黄金バットの仮の姿ではないやろか?

俗なるものの極みにこそ正義は潜んでいることを、子どもたちは紙芝居屋との出会いのなかで悟るのだ。残念なことに、一九四五（昭和二〇）年の東京大空襲によって、「黄金バット」の絵はすべて失われたとのことだ。もともと紙芝居画は手描きの一枚限りの存在だった（加太 一九七一：三五）。

教師は街頭紙芝居を「目の敵」にした。「黄金バット」に続く紙芝居ブームに対して、子どもたちに紙芝居禁止令を出した。しかし、効果はなかった（今井 一九三四：七六―七七、内山・野村 一九三七：一〇四）。次に、学校側は、紙芝居業者（親方である絵元、画家、紙芝居屋）に自主規制を求めた。紙芝居の原作者は、親方が兼ねることが多かった。学校側は禁止したい内容として、「恋愛的内容のもの、ギャング盗賊的興味のもの、むやみに子供を悲しませるもの、あまり子供を恐ろしがらせるもの」を挙げた（今井 一九三四：八〇）。紙芝居屋は、学校でタブーとされているものを語り、それが子どもを引きつけていたことがわかる。

もともと紙芝居屋の客層の中心は小学高学年であり、幼児から大人までが集まった。東京市による紙芝居業者調査は、「児童保護事業の参考のために行ったのであるが、それと同時にひとつの新職業としての紙芝居営業の内容並びに従業者の就業の概況も捉えんとした」ものだ。紙芝居のお客をこう描く。

カチカチという拍子木の音が春の陽をついて響き渡ると、無心に遊んでいた子供たちが言い合せたように拍子木の音のする方へ駈け出して行く。方々の家からは、子供たちがあわてふためいて戸も閉めないで走って行く。小僧さんは主人の用も忘れて立ち止まる。山高帽の中年のおやじさんが真面目になって動かない。子守女は、背中の赤ん坊が泣くのもものかわ一目散だ。長屋のおかみさんさえ、手を拭き拭き出て来る。いつもの紙芝居が来たのだ。この人気、この魅力……紙芝居の持つ大きな力が感じられる（東京市社会局 一九三五）。

男の子向けには、冒険活劇、時代劇、女の子向けには少女悲劇、幼児向けには読み切りの漫画紙芝居と、それぞれの客層を楽しませる三本立ての組み合わせだった。活劇、悲劇は一月以上続く連続もので、毎回「黄金バット、危うし！」「花子ちゃんの運命は？」そして「明日はどうなるでしょう」の決まり文句で、翌日への期待を持たせた。たとえば、一九三三（昭和八）年の作品「姉妹」には、「不思議なる血縁、性格劇であり社会劇である中に、可憐なる少女を配し、涙尽きる暇なし」との説明がある（今井 一九三四：三九）。

戦前、紙芝居屋を取り締まる関係法規として、秩序風俗紊乱を禁止する「治安警察法第一六条」及び、路上での人寄せ行為を禁止する「交通取締規則33条」があったが、一九三一（昭和六）年段階では、警察は紙芝居屋を「一種の失業救済事業として黙認」し、適用は免れていた（内山・野村 一九三七：七一―七三）。しかし一九三五（昭和一〇）年、警視庁は各警察署長宛に次のように「紙芝居業者取締ニ関スル件」を通知した。

現在警視庁管下居住ノ紙芝居業者数ハ凡ソ二千四百名ニシテ其ノ魅惑的ナル絵画ニ引付ケラルル児童ノ延人数ハ約百万ト称セラル。他ニ児童娯楽機関ノ少キ現今ニ於テ之ガ発育期ニアル純真ニシテ感受性強キ第二国民ニ与フル影響ノ極メテ深刻ナルハ世間一般ニ之ヲ認ムルトコロナリ

そして、「治安警察法第一六条」を根拠に次の四項に関わるものの使用を禁止した（村田 一九三八：一四三―一四四）。

一、残忍ニスグルモノ（人肉ヲ食ヒ、人血ヲ吸フガ如キ、度ヲ過ギタル血ノ使用ノ如キ）
二、猟奇ニスグルモノ（蛇猫等ヲ食フガ如キ、奇形児ヲ生ミ又ハ之ヲ首題トスルガ如キ）
三、徒ニ童心ヲ蝕ムモノ（肺病不治ナリトノ観念、天刑病ノ観念ノ如キ、度ヲ超ヘタル継子イジメノ如キ）
四、其ノ他風俗上、教育上、児童ニ悪影響ヲ及ボスモノ

「純真な子ども」に「社会悪」を見せては、「童心」を蝕む――という発想を、警察と教師は共有した。「俗悪さ」を「子どもの純真さ」に近づけないのが、彼らの任務だった。近代日本の「健全な労働者と兵士」を育てることが、警察と学校教育の使命だった。紙芝居屋は目障りな存在だったのだ。

日中戦争開始後の一九三八（昭和一三）年、「現下非常時局ニ於テハ其ノ内容ニ一層注意ヲ要スベキモノアリト認メ、今回警視庁ニ於テ検閲ヲ実施スル」ことを通知する「紙芝居業者取締ニ関スル件」を改めて公布した。この時から、紙芝居画の裏に台本（説明書）を書くことが義務付けられ、検閲印のない絵を使うことを禁じられた。「口から出まかせ」の即興性が魅力であった紙芝居屋は、「説明書ニ相違セル説明ヲナサザルコト」「公安、風俗ヲ害スルガ如キ言辞所作を為サザルコト」を命じられた（村田 一九三八：一三八）。

アジア・太平洋戦争の時代には、紙芝居屋は徴兵され、子どもたちは疎開させられ、紙芝居画は空襲で焼け、散々な目に会った。佐木秋夫や松永健哉は、役所、軍部や新聞社の下請けとなって、戦争推進、国民動員に使う「国策紙芝居」を制作した。「国策紙芝居」の語り手は、当局のお墨付きの町会長、官吏、警官、教師などだった。「ルンペン文化」の紙芝居屋なんぞは、出る幕ではなかった。

「お涙頂戴」の少女悲劇風に言えば——。

紙芝居は、生まれ落ちたその日から、「不衛生な駄菓子」「荒唐無稽な物語」「無教養な業者」とさげすまれ、「日陰の子」として裏町の「すきま」で生き延びた。

政府と軍部をバックに持つ、金持ちの「国策紙芝居」お嬢様は、いつも貧乏人の少女「街頭紙芝居」を邪険に扱った。「果たして、少女の運命はいかに？」……。

2　「紙芝居だよ、人生は」

敗戦後、復員兵、引揚者、失業者たちの一部は、日銭稼ぎの紙芝居屋で食いつないだ。

昔の紙芝居屋はええ加減な格好をしていた。軍靴をはいて、脚絆を巻いていた。紙芝居で稼いだ金で、翌日のメシ代とネタ代（駄菓子の仕入れ代――引用者）をまかなう。その頃、世間では、紙芝居屋のことを『街頭こじき』と呼ぶ人もいた（八反田 二〇〇二）。

戦後、子どもが勉強よりも遊びに夢中になれた時期があった。放課後の塾通いもなく、テレビの普及もごくわずか。空き地、路地裏が至る所にあり、大通りさえも車が少なく遊び場として走り回ることができた。子どもはガキ大将を中心に群れをなして遊んでいた。そういう昭和二〇年代（一九四五―五五）が、紙芝居屋の全盛期だった。

夕方近くに、紙芝居屋は現れた。その「おっさん」が世間から尊敬される存在でないことを、子どもたちはその風体から感じた。腰にぶら下げた汚れた手ぬぐいが、「おっさん」の苦労を語っていた。

紙芝居屋は「どこの〈すきま〉からやって来るのか、よくわからない」が、「おっさん」は、「ここではないどこか」にある「本当の世界」の案内人のようだった。

少年時代の私は、大の紙芝居ファンであった。夕焼けの向こうからやってくる復員服の紙芝居屋のおじさんは、どこから来てどこへ行くのだろう。私には紙芝居屋の自転車のひく長い影が、いつでも「人買い」のイメージと重複してならなかったが、どうやらその予感は外れてはいなかったのである。〔中略〕私たちは一刻の家出をたくらみ、勝手口からぬきあしさしあしで逃げ出しては紙芝居コミューンに加わりに出かけたものなのであった。〔中略〕「紙芝居」は、焼け跡から復興までの数年間、どこからともなくやって来ては、ボードレールの詩のように「ここより他の場所」にしあわせがあることをおしえてくれた。〔中略〕たった一台の紙芝居屋の自転車が実はとんでもない重大なものを積んで行き、それから十五年、音沙汰もなくなってしまったのであった（寺山 一九六九：八六）。

で、一つ、やっぱり何か、こう幼心にワクワクしたのはね、手がね、戦争か何だか知らないけど、ケロイド状でね。で、そのケロイド状の手でもってね、ソースセンベイを塗ってくれたりするでしょ。ああいうモノもね、非常にいい効果を出しているんだなあ。やっぱり、子供達が体験できなかったキズみたいなものが、大人の世界のキズみたいなものが、チラッチラッといろんな形で見えちゃうと……。だから、着ているものがちょっとすり切れてたり、手がケロイドだったり、あるいは妙に子供をどなりちらす癖があるとかね。［中略］赤の他人がね、妙な幻想の産物を垣間見せてくれるということで非常に面白かったですよ。［中略］優しいオブラートで包まれて、夢見るだけが時間だっていうのは嘘じゃないかと思いますね（唐　一九七八：二四）。

紙芝居屋の怪しさと親しさは、おじさんが世間と相いれない「すきま」の住人である証明でもある。

水っぱなをすすりながらおじちゃんとの交流というかな、保育園の保母さんやら学校の先生との交流にはない一つの交流が、つまり貧乏人同士でいて初めてわかりあえるような、そういう交流。それが小さいころあったんですね。紙芝居屋のおじさんと（瀬川　一九七八：四九）。

おじさんの拍子木に、パブロフの犬みたいに反応して転げるように走ったものである。切符代わりに、新聞紙製の袋を買う。なかに、えんぺらを鋏で細かく切ったスルメの断片が入っている。泥道の湿った土のにおいに、スルメの底知れず大人っぽく、むせ返る香りが重なる。それを皆でガムのようにクチャクチャ噛みながら、バットというよりバッタの頭みたいな黄金バットの異形に夢中で見入った。金色とも、黄色とも、茶色ともつかぬ、黄金ならぬ黄金色。眼窩が顔の三分の一ほども開いたどくろマスク。それに漂うスルメのにおい。いずれもが、子供の私にはただごとでなかった（辺見 一九九四）。

テレビのことを電気紙芝居というのは、紙芝居に対して失礼です。紙芝居は夕暮れどきのぬるい闇をしょって街かどに出現した移動舞台ですから画面の湿りかたが違う。あれは文学です。紙芝居屋は焼け跡の赤トンボをスダレのようにかきわけてやってきました。マンマルの夕焼けを背中にしょった時代の神主みたいな人です。［中略］紙芝居に出てくる話は、作り話とは知りつつも、半分は本当のことだと信じていました。テレビは現実の工場ですが、紙芝居は夢の工場です。夢は夕やみが少しずつ濃くなっていく街かどで上演されますから、夢と現実の区別が、昼と夜のはざかいのなかでじんわりとにじみ、虚実の皮膜へすっと吸いとられていくのです。そこに紙芝居の官能があります（嵐山 一九九五：九八）。

黄昏時という昼と夜の「すきま」、虚実というウソとマコトの「すきま」、つくりごとと真実の「すきま」――紙芝居屋はそんな「すきま」に現れて、嘘八百で塗り固めた活劇、悲劇、怪奇、お笑いを語り、子どもたちを「ここにはないどこか」に迷い込ませる。

まさに官能としか言いようのない悦楽。子どもにとって、こんな楽しみに酔わせる世界は他になかった。

一九四九（昭和二四）年に紙芝居屋を始めた阪本一房は、紙芝居屋の初日をこう記す。

……なれなれしい男の子、舞台につかまって、「おっさん、はじめてやなぁ」と来た。
「そうや、今日はじめてや」
「ふぅん、演ってみ。よかったら買ぅたるわ」［中略］
久しぶりに汗かいて紙芝居を演り終わっても、子どもたち、何の反応も示さず、ただぽかんと見ているだけだ。
それも絵ではなくて汗だらけの私の顔をだ。［中略］
おっさんの紙芝居、変わっとんなぁ」と、さっきの悪そうな男の子。［中略］
「おっさん、明日も来いや。明日買ぅたるわ」（坂本 一九九〇：一二―一三）。

紙芝居屋はいつも悪ガキに振り回される。ことに新米の紙芝居屋は、徹底的におちょくられる。子どもは面と向かって、紙芝居屋を品定めする。紙芝居屋はガキと勝負せずにはおれない。子どもらに「官能」を味あわせるまでの道のりは、闘いの連続であり、並大抵の苦労ではない。その苦労は、紙芝居屋の醍醐味であり、勲章とも言える。子どもにとって、紙芝居屋は対等の場で勝負できる唯一の大人だった。

屋敷町や山の手に住む金持ちの親は、紙芝居屋を嫌った。

ソースセンベイ、そういうものは下賤なものであるという教育があるわけですよね。うちなんかそういうほうだったんです。［中略］大体、母親が東京なんですよね、それも山の手のほうで。［中略］紙芝居は禁じられて［中略］推薦は少なくともされてませんでしたね、うちの家族のなかで［中略］。だからおずおず見てるでしょう。だから余計毒々しく見えてくるんですよね。入れ物なんか角がすりへってるとかね。そういう印象はありますね。

［中略］きたないっていう、きたないが良い悪いじゃなくて、汚れてすりへってるという、そういうことだけ覚えていますね（赤瀬川 一九七八：四一）。

ボクは一九三三（昭和八）年の生まれだけれど、不運なことに紙芝居をまったく見ていない。［中略］なんたって、子供の時分ボクの家は紙芝居見物厳禁だったんだ。禁止の理由は、あんなくだらないものは育ちの悪い劣等生どもが見るもので、いやしくもエリートコースを行く大作坊やが、というのがタテマエで、ホンネは紙芝居見物なんかしているのは、隣近所にみっともないってところか。ボクが育った田園調布ってのはそんな土地柄だった。［中略］田園調布の人々にとっては、紙芝居の形式というか発表方法というか、例の拍子木を叩いて子どもを集め、アメを売って商売にかかるやり方がなんともセコイし、第一、紙芝居のオジサンの風体がいかにも汚なくショボクレているところがうさんくさくてかなわなかったのであろう。だから内容の良し悪しを議論せずに、問答無用、いきなり存在そのものを否定してしまったのにちがいない（滝 一九七八：三二）。

一九四七（昭和二二）年、文部省が発表した「街頭紙芝居の現状に対する調査」では、調査対象の「通称、日向台と呼ばれる比較的インテリの多く住む住所、いわゆる山手」の六四家庭の保護者のすべてが、街頭紙芝居を否定し、進んで見せるという家庭は一つもなかった。街頭紙芝居が悪いという理由は「内容のでたらめ、俗悪」「衛生的に悪い駄菓子」だった。（文部省社会教育局 一九四七：三九―四〇）。

紙芝居屋に対して、各府県は戦後、「紙芝居業者条例」を定め取り締まった。「神奈川県紙芝居業者条例第一〇条（禁止事項）」は、こう命じる。

紙芝居業者は、ひわいな言葉、見苦しい服装をし、射幸心の誘発、保健上有害なる物品の販売その他児童の福祉上、悪影響を及ぼす虞のあると認められる言動をしてはならない（昭和二四年公布）。

「紙芝居業者条例」は千葉、大阪、兵庫、京都、和歌山、三重、徳島、広島などの府県でも制定されたことが確認できる。大阪府の場合、紙芝居屋免許を取得するためには、「児童福祉」「保健衛生」「交通法規」の講習と試験が課せられた。

「俗悪紙芝居」は昭和二〇年代の新聞記事のネタにもなった。

「紙芝居に母の検閲〝童心を守る運動活発化〟」

厚生省への報告によると、童心を毒する出版物や紙芝居などの追放運動が、最近全国的に活発になってきた。［中略］都ではこれを婦人運動として取り上げ、すでに紙芝居に対しては各地区の婦人会で「倫理管理」の関門を設け、まず母親たちが見て悪いと思われるものは合議のうえボイコットしている（『朝日新聞』一九五〇年一〇月三〇日）。

「街頭紙芝居の実態　九五％は俗悪、落第　お母さん方で積極的に浄化を」

「俗悪だ」「不衛生だ」……いくたびか繰り返されている街頭紙芝居に対する批判は、果たして実を結んでいるだろうか、その実態を調べてみた。ところが、拍子木は陽気とともに一段と活気づいてはいるものの、その内容は一向に良くなっておらず、〝九五％は落第〟という結論になった。都内だけで一日延べ百万人（警視庁少年二課調べ）も、かわいゝファンがいるのだが……

「赤い雪」（入江将介・脚色 森島・絵 神港画劇協会・製作）
降り積もる雪の中，呉服商・みやこ屋の主人・愛吉は，大三郎に切り殺され，財布を盗まれる。白い雪が真っ赤に染まる。大三郎は遺品をみやこ屋に届け，同情を装い，やがて愛吉の娘・琴絵と結婚する。大三郎が愛吉殺しの犯人だと見破った，飼い猫のタマもまた，大三郎に殺される。タマの魂（ネコダマ）は琴絵の生んだ赤ん坊・お君に乗り移る。大三郎に捨てられたお君は「猫娘」となり，大三郎の行方をさがして復讐を誓う。少女になったお君は鉄橋の上へ大三郎を追い詰める。もみ合う二人に汽車が迫る。

「おまえは，あたいの仇！　おまえは，あたいの父ちゃん！」

「旅ゆく角兵衛獅子」（なかじまゆたか・作 菊水・線 彩生・色 神港画劇協会・製作）
鞍馬天狗に味方する角兵衛獅子・ちよび安と三吉。二人は，謎の美女・小菊を守って，密書を届ける旅に出る。だが，行先に待ち受けるのは，短筒使いの女，雲助，侍集団……。
果たして，密書の行方は？
角兵衛獅子の少年と小菊の運命は？
鞍馬天狗の活躍は？

「この続きは，またあした。十円持って，見においで」

「たてば濃姫　夜毎の合戦」（夜野しりとり・作 エロリア・画 よとぎ画劇社・製作）
泉州・よとぎ城はついに落城した。囚われの身になった濃姫（こいひめ）は，勝ち誇った敵の大将・立葉槍之介に凌辱される。止むことなき毎夜のはずかしめ。ついに，濃姫は落命する。

深夜，目を覚ました槍之介は，寝所の天井に濃姫の気配を感じた。

切りまくれど切りまくれど，姫は死なず（すでに死んでいるのだ），その亡霊は，槍之介の肉体にまとわりつく。

繰り返される寝所での夜毎の合戦。

繰り広げられる寝所での夜床の合戦。

夜を経る毎に，槍之介のうめき声に洸惚がにじみ出る。

「立てば，槍之介」との，男の意地。「立てば，濃姫」との，女の挑戦。無限に続く戦国絵巻，泉州千夜一夜。物語に終わりはないのだ。

世界初の「成人向け紙芝居（R 18）」として，世に問うた話題作。話題沸騰。「秘所に蝶が飛ぶ」のも，ピンク映画の味わい。

すずきつねかつ，さわたりしょうじろうのゴールデンコンビ，晩年の合作である。

（飯塚市立歴史資料館・所蔵）

（加古川総合文化センター・所蔵）

（鈴木常勝・所蔵）

都内に街頭紙芝居の製作者が十七軒、絵の配給機関になる貸元が約百軒、街頭に立つ業者は約二千名いる。〔中略〕十七軒の製作者同士の競争も激しく、売れさえすればというので、冒険、お化け、チャンバラのたぐいがはんらんする。東京児童秀紙会々長川崎辰雄氏は「児童文化を全く理解しない製作者の頭脳の貧困と、業者の生活の貧困（悪天候が続くと月収五千円も困難）からだけでも、改善の道は遠い」といっている（『朝日新聞』一九五二年三月二四日）。

「紙芝居業者条例」「子どもを守る運動」にもめげず、紙芝居屋の少なくない「おっさん」たちは、あいかわらず「俗悪」な稼業を続けていた。紙芝居屋が世間の片隅に追いやられるほどに、子どもにとってその姿は怪しさと親しみを増し、つかの間の紙芝居劇場は、秘密めいた別世界の色を濃くする。そこでは、親も先生も口を閉ざす「何か」が垣間見えた。

3　〈世の隠し事〉を見せてやろうか？

私こと、鈴木ナニガシ（一九四七〔昭和二二〕年生）は、祖父に「黄金バット」作者の鈴木平太朗（筆名は一郎）を持ち、戦前は紙芝居レコードの名人芸語り手として活躍し、戦後は水木しげるを紙芝居画家として発掘したことで知られる鈴木嘉兵衛（芸名は勝丸、一九〇四〔明治三七〕年生）を父とする、紙芝居界の「鈴木一族三代目」を自称する。私、ナニガシは二一世紀の今も、「紙芝居屋のおっさん」として街角に出没して、水あめを売っているのだ。

その目から見た、紙芝居業界のあれこれを伝えよう。

印象に残るのは、佐渡《さわたり》正士良《しょうじろう》と忽那《くつな》勉《つとむ》の二人の紙芝居画家のこと。

【さわたりしょうじろう。一九一一（明治四四）年生】

この紙芝居画家は、絵を描くのが三度のメシより好きだという。「絵を描いている時間が恍惚。描き終った絵に未練はない」と言う変わり者。さわたりが描く時代劇の絵は「動いている」。そして時代劇の女は、あだっぽく、色っぽい。

さわたりの絵を街頭紙芝居で見た「好事家」が、彼の所在を突き止めて「春画」を注文したという。わかる人にはわかる春情が、紙芝居画から溢れている。女の目線、身のこなし、着物の線から出る色気。丹下左膳の相方・櫛巻おふじ、店の主人を誘惑する悪女、海賊に縛られた可憐な姫――紙芝居に登場する姉御や姫は、子ども心をくすぐらずにはおれない。「女優の山田五十鈴、花柳小菊、嵯峨三智子、太地喜和子らを浮世絵風に描いた」と言えば、その画風が伝わるだろうか。小学高学年や中学生の悪ガキの視線の先には、さわたりの描いた美女たちがいたにちがいない。

九〇歳の長寿を終える直前、さわたりは数枚の春画を、惜しげもなく私に贈ってくれた。春画も「描き終えれば興味が失せるもの」だったのだろうか。いや、「子ども相手」と見られた紙芝居画家の真の力を、誰かに伝えようとしたのかもしれない。

さわたりの紙芝居画は、江戸時代初期からの合戦絵巻、風俗画、芝居看板絵、役者絵、美人画、春画、戯れ絵、明治以降の新聞錦絵、時代小説挿絵につながっている。さわたりが江戸時代に生まれていたならば、浮世絵師の歌麿、国芳と肩を並べていただろう。

亡くなる直前まで紙芝居画を描き続けたさわたりは、同時に春画も書き続けた。子ども向けであろうとなかろうと、色気と春情を描くことに情熱を燃やした画家が、紙芝居業界にいたことを、言いたいのだ。紙芝居業界はそういう才能に支えられ、子どもたちは街角で紙芝居画の色っぽさに息をのんだ。

【くつなつとむ。一九一二（明治四五）年生】

怪奇紙芝居の名人画家。「旺玄社」に属し、忽那秀峰の名で個展も開いて活躍した。

くつなの描く金持ち夫人は、楚々として上品だ。若き娘は目元ぱっちり、ほっぺふっくらで、日本人形のよう。

だが、くつなの真骨頂は、おどろおどろしい妖怪、化け物、異人の表現にある。蛇娘、カラス婆、ミミズク大王、九尾狐、亡霊の宅悦、ねずみ娘ネンゴ、「怪談百物語」のお菊、蝋燭婆さん、蝋子ちゃん——と、きりがない。紙芝居屋だって夜中にひとりでは見ることのできない怖さが、絵からにじみ出る。

夜道を歩く少女や公園で遊ぶ子どもを、豹のように襲い、連れ去る豹人間。こんな話は江戸川乱歩の『怪人二十面相』にあったような……。でも、紙芝居では、小説で味わうことのできない、怪人の顔がアップで迫るのだ。

「今夜、この顔を夢で見るぞ！」

「紙芝居屋のおっさん」の脅しが、絵にかぶさる。

戦前の「ハカバキタロー」以来、「正体不明の怪しい紙芝居屋」には怪奇話こそふさわしい。だから、子どもたちはいつも「怖い話をやって！」と「おっさん」にせがむ。子どもたちも一人ではよう見ない怖い場面も「みんなで見れば怖くない」のだ。紙芝居に集まってみんな一緒に怖がるのが、また楽しいのだ。

子どもたちは手で顔をおおい隠し、指の間からそっと怖い場面を見る。

くつなの描く幽霊、妖怪出現の図は、「江戸時代の天才絵師」曽我蕭白と共通する気色悪さと奇妙さとおかしみを持つ。「昭和時代の天才絵師」は、果たして将来、日の目を見るのか？

紙芝居には、笑いと紙一重の恐さがある。

茶色の長髪を逆立てた美女風人造人間パピプペポと、フランケンシュタインのような顔つきのその夫バビブベボ。

名付けのあまりのお手軽さに、恐いよりもバカバカしさが先に立つ。怪奇紙芝居「猫婆」に登場するコケカキーキー。トサカと足はニワトリで、顔は一つ目小僧、腕は人の手、赤ちゃん用のパジャマ着用では、恐さは感じず吹き出してしまう。絵より名前のほうが怖かった。

紙芝居には「こけおどし」の題名があふれている。話を知らなくても、その題名を聞くだけで、心が凍りつく──という仕掛けだ。

「赤い雪」「死蝋」「怪天鬼」「因果ぐるま」「怪談おめめ」「番町皿屋敷」「お岩しぐれ」「血染めの箱」「まだら蛇」「猫車」「ゆうれい姫」「虫地獄」「怪談ざくろ」「蝋人形」「夜の眼」「呪いの笛」「残酷物語」。

実際、語ってみると、支離滅裂の話もあり、筋の通った話もあり。

少女悲劇は、昭和初期の昔よりその筋立ては決まっている。貧乏暮らし、父の酒乱、母との離別、奉公に出る、金持ちお嬢様の意地悪、孤独の涙──と次々に試練が襲いかかる。金持ちの娘が主役であれば、父の死をきっかけに欲張りの親戚による遺産争いに巻き込まれたり、良家の祖母と女中上がりの母の確執に引き裂かれたりする話になる。筋立てはワンパターンで、先は容易に見通せる。しかし、それをもって「少女悲劇は単純だ」と見ることはできない。

少女悲劇の見どころは、大人たちの強欲さ、金の有無で人間を見る世の冷たさ、出身階層で決めつける差別意識、至る所にある嫉妬心の表現の仕方である。それらを持つ人間が悪役となって主人公を痛めつける。ひと昔前の学校では、世間と大人の悪徳は、子どもの前では語らず、あたかもないもののように装った。学校教育は「道徳心と美徳」のみを掲げた。しかし子どもは目隠しされても、悪徳が世間にあふれていることを知っている。だから、世間のありのままを語る紙芝居屋にひかれるのだ。

子どもと紙芝居屋は、学校教育に対抗する同盟軍を形作って、「世間の真相」に迫る。うわべを繕う「学校教育の毒」をあざ笑う。教師が紙芝居屋の物語を「俗悪」と決めつけるのは、それが「真実」だと知っているからだ。

戦前のヒット紙芝居「ハカバキタロー」の原話は、「飴屋の幽霊」だ。意地悪な姑に殺された妊娠中の嫁が、土葬された墓場で赤ちゃんを産み、子育ての飴を買いに深夜の飴屋に通う——という話。紙芝居ではその赤ちゃんがキタロー少年となり、悪い大人に残虐な復讐をとげる。だが、人殺しの犯罪者となったキタローにハッピーエンドはない。世間に受け入れられることのない少年は捜索隊に追われ、ついに断崖絶壁から飛び降りるのだ。

戦後のヒット作「猫娘」も同じようなストーリーである。猫の魂、ネコダマが赤ちゃんに乗り移り、少女になった猫娘お君。お君は夜の街に悪人を追いつめる。満月に照らされた時、お君は猫の正体を現す。実の父が悪人だった。父を殺したお君は、三味線に乗って天空に消える。猫であり、父殺しの罪を負うお君は、身を隠す「すきま」さえ、この世には見出せない。猫娘も　また、「世に入れられぬ身」だったのだ。

小学高学年ともなれば、親への反抗心が生まれ、大人のずるさ、世間の冷たさを敏感に感じる。人生の入り口に立ち、この世を生き抜く困難を、ふと思う時がある。世間に受け入れられない孤独なキタローや猫娘は、自分のことではなかろうかと気づく。

悪を見抜く墓場キタローのギョロ目、「みゃおー」という猫娘お君の哀しげな泣き声は、生涯胸に残るだろう。

４　紙芝居屋、退場！

子どもにとって、紙芝居屋の正体が気になって仕方がない。「まともな大人」が働いている午後に、子ども相手に水あめを売る「おっさん」の存在が不思議でしかたがない。大の大人がどうして一〇円商売で食えるのか。

「おっちゃん、こんな稼ぎで生活できるの？　子どもは、いてるの？　どこに住んでるの？」

矢継ぎ早の質問に、大竹まことに似た「おっさん」は嘘八百で答える。

「実は、ホントは大金持ち。自宅は火星にある別荘。空飛ぶバイクでここまで来てる。まこと、まこと、大竹まこと！」

紙芝居屋は「流れ者」。カタギの子どもに「うつし世はゆめ　よるの夢こそまこと」の世界を垣間見せてこそ、役目が果たせるのだ。

うさんくささ、奇想天外、荒唐無稽、俗悪、猥雑、無節操、その場しのぎの嘘八百——新聞の紙芝居屋非難キャンペーンそのままに、まさに「童心を害する」紙芝居屋になるのが、我が目標である。

「旅芸人」の自由勝手と移り気が、「ルンペン文化」の気楽さと脱力世渡りが、子どもに伝染すればよい。子どもは「学校や家庭ではないどこか」「ここではない他の場所」を探しに、紙芝居屋の前に立つだろう。そして、よそでは出会わぬくつろぎとおどろおどろしさを、たっぷり味わうだろう。

その「世間のすきま」を、人は悪場所と言う。

紙芝居が終わった後、子どもは紙芝居屋の正体を確かめるべく、自転車に乗って「おっさん」の跡をつける。「おっさん」も全力で子どもたちの追跡を振り切る。

落日の真っ赤な夕陽に溶け込んで姿を消す「おっさん」の姿を、子どもたちは見失う。本当に「空飛ぶバイク」に乗っていたのか。

「おっさん」は、子どもたちが暮らす「この世」を後にして、まるで猫娘であるかのように黄昏時の「天空のすきま」に消えた。

図 1　大阪府紙芝居業者数（紙芝居免許証交付者数）の推移

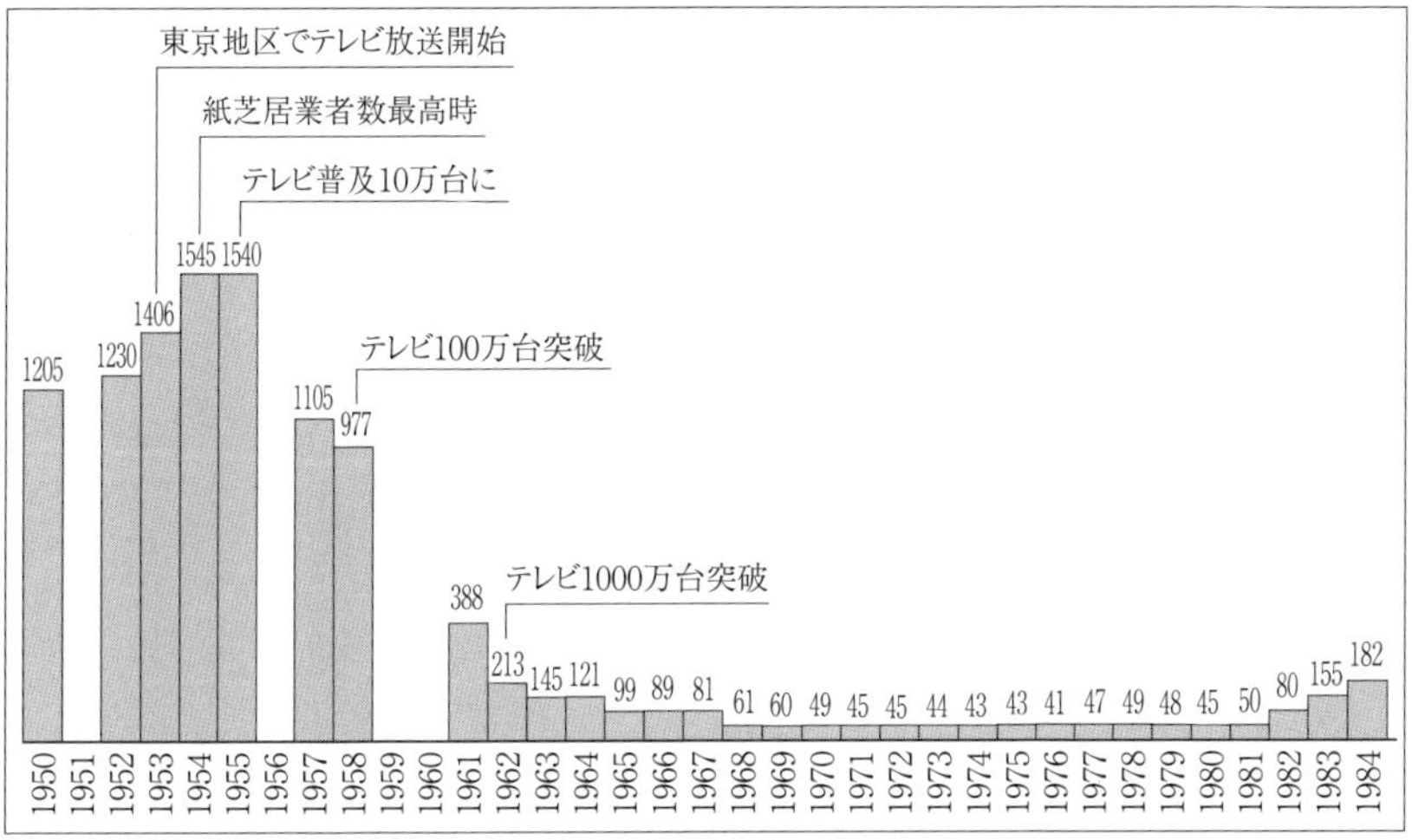

注：業者数が1981年から増加しているのは，当時の「資格マニア」が業者免許証を取ったことによるもので，街頭での紙芝居屋が増えていることを表していない。「お天気商売」の紙芝居屋は収入が少ないために一貫して減り続け，2016年現在，私を含めて数人に過ぎない。

出所：大阪府生活文化部子ども青少年課への問い合わせ（2003年12月）にもとづいて，筆者が作成。条例制定期間は，1950年 8 月から1984年 3 月である。

表 2　年齢別紙芝居業者数

年代	人
80	1
70	3
60	17
50	10
40	1
30	1
20	1
不明	10
合計	44

出所：1973年の大阪府青少年対策課調べ。20歳代の業者は，当時の筆者である。

参考文献

赤瀬川原平（一九七八）「傍観者でしたね」『紙芝居・かみしばい』月刊絵本別冊、すばる書房。赤瀬川は美術家、小説家。

嵐山光三郎（一九九五）「紙芝居は夢の工場だった」『アサヒグラフ戦中戦後紙芝居集成』朝日新聞社。嵐山は作家。

今井よね（一九三四）『紙芝居の実際』基督教出版社、（大空社復刻版一九八八年）。今井はキリスト教伝道師で、伝道用の印刷紙芝居創始者。

内山憲堂・野村正二（一九三七）『紙芝居の教育的研究』玄林社。

加藤秀俊（一九六五）『見世物からテレビへ』岩波書店。

加太こうじ（一九七一）『紙芝居昭和史』立風書房（旺文社文庫版（一九七九年）、岩波文庫版（二〇〇四年））。加太は、戦前からの紙芝居画家であり、戦後は「黄金バット」の紙芝居を描いた。

唐十郎（一九七八）「紙芝居屋のいる風景」『紙芝居・かみしばい』月刊絵本別冊、すばる書房。唐は劇作家。寺山修司と共にアングラ演劇の前衛であった。「紙芝居の絵の町で」などの戯曲がある。

坂本一房（一九九〇）『紙芝居屋の日記　大阪＝昭和二十年代』関西児童文化史研究会。阪本は一九四九（昭和二四）年八月七日、大阪府摂津市、吹田市で紙芝居屋を始めた。

佐木秋夫（一九四一）「紙芝居」『児童文化・下』西村書店。佐木は戦中、「国策紙芝居」を制作した日本教育紙芝居協会の編集長である。

瀬川拓男（一九七八）座談会「紙芝居の魅力」『紙芝居・かみしばい』月刊絵本別冊、すばる書房。瀬川は人形劇団主宰。紙芝居屋暮らしの体験を持つ。

滝大作（一九七八）「電気紙芝居と田園調布」『紙芝居・かみしばい』月刊絵本別冊、すばる書房。滝は構成作家。

寺山修司（一九六九）「漫画家集団「ガロ」――劇画時代を創り出したマンガ家の前衛たち」『週刊朝日』一九六九年四月一八日号。寺山は詩人、劇作家。アングラ演劇の旗手となった。

東京市社会局（一九三五）『紙芝居に関する調査』。

永松健夫（一九四七）「紙芝居発達史の内『黄金バツト』の頃」雑誌『紙芝居』復刊第3号、日本紙芝居協会。紙芝居『黄金バット』の創始者・永松武雄は、戦後は健夫と改名し、少年雑誌に絵物語『黄金バット』を連載した。

八反田敏郎（二〇〇二）二〇〇二年七月聞き取り。一九四八（昭和二三）年四月、中国から引き揚げ。一九四九（昭和二四）

年二月、大阪市で紙芝居屋を始めた。

辺見庸（一九九四）「私の一冊　紙芝居屋のいる風景」『朝日新聞』一九九四年一〇月三一日。辺見は作家。

松永健哉（一九三五）「紙芝居の製作と実演――児童文化運動の研究（一一）」雑誌『生活学校』第一巻第一一号、扶桑閣。松永は、学校で使う「教育紙芝居」を創案した人物。戦中は「国策紙芝居」作者となった。

村田亨（一九三八）『教育紙芝居――効果と指導』中行館書房。

文部省社会教育局（一九四七）「街頭紙芝居の現状に対する調査」『全国児童文化会議参考資料』。

山本明（一九六九）『反マジメの精神――大衆文化のドキュメント』毎日新聞社。

「にっぽん人の記憶――紙芝居」『読売新聞』二〇〇〇年六月二三日特集記事。

第5章

フォークを歌う、ライブで歌う

中川五郎

1 フォークが拓いた世界

「フォーク・ソング」なるものが、日本に伝わり、日本の中で広まってからすでに半世紀以上が過ぎた。今では「フォーク・ソング」や「フォーク」は、「ロック」などと同じく音楽のひとつのジャンル、ひとつのスタイルを呼ぶ言葉としてしっかり根付いている。しかしぼくは「フォーク・ソング」というものを、単なるひとつの音楽スタイルにとどまらない、もっと豊かで柔軟な表現のかたち、これまでになかった新しい文化のようなものとして捉えている。

ぼくが考える「フォーク・ソング」とはいったいどういうものなのか、自分自身のフォークとの出会い、これまでの関わりを振り返ることで纏めてみたい。

日本でフォーク・ソングが広まり始めたのは、一九六〇年代前半から半ばにかけてのことだ。その頃モダン・フォーク・コーラスと呼ばれるグループがアメリカで次々と登場してきて、ヒット曲を出し、人気者となった。その代表的な存在が、ブラザーズ・フォアという四人組のグループや、キングストン・トリオという三人組、あるいは男性二人と女性一人のピーター・ポール&マリー（PP&M）などで、彼らはギターやバンジョーを弾きながらそれぞれが異なるヴォーカルのパートを歌って美しいコーラス・ハーモニーを披露した。そういうスタイルの音楽が、日本の若い人たち、特に大学生たちの間で受け、まずはアメリカのモダン・フォーク・コーラスを真似すること、コピーすることから、日本のフォーク・ソングが始まったと言える。楽器の編成やハーモニーをそっくり真似し、もちろん歌詞は英語のままで、それこそ着ている服も、例えばキングストン・トリオはいつもストライプのアイビー・シャツを着ていたので、それと同じようなシャツを着るといったように、とにかくまずは形を追いかけることで始まったのが日本のフォーク・ソングだった。

ぼくは一九四九（昭和二四）年生まれで、日本でフォーク・ソングが大きな広がりを見せ始めた頃はまだ中学生だった。ブラザーズ・フォアやキングストン・トリオ、PP&Mのフォーク・コーラス・グループに強く心を惹かれ、自分でもギターを覚え、それをポロポロ弾きながら、彼らの真似をすることから自分もフォーク・ソングを始めようと思った。ブロークンな英語でアメリカのフォーク・ソングを歌おうとしたものの、まるでうまく歌えなかった。すでに東京などではキングストン・トリオやPP&Mの音楽を見事なまでにコピーしている大学生たちがいて、話題にもなれば、人気も集めていた。

うまくコピーができなかったり、ハーモニーがとれなかったぼくは、このうまくできないということが逆にさいわいしたのか、アメリカのモダン・フォーク・コーラスを聞いているうちに、音楽のスタイルやハーモニー、演奏を見事にコピーすることよりも、歌の内容や歌詞に興味を抱くようになっていった。彼らが歌っている歌を作っているのはいったい誰なのかということも気になり始めた。そして彼らのレパートリーは、古くから伝わる民謡をアレンジして歌っているものもあったが、新しい歌の多くはウディ・ガスリーやピート・シーガーといった、彼らよりもう少し上の世代のフォーク・シンガーたちが作ったものだということに気づかされた。そこでぼくはウディやピートの歌も直接聞いてみたいと彼らのレコードを探し求めた。

ウディ・ガスリーやピート・シーガーが作って歌っている歌の内容を、辞書を片手に訳してみると、それまでぼくが知っていた歌とは大きく違っていた。物心がついてから中学二、三年生になるまで、ぼくが聞いていた歌は、その内容がとてもかぎられたものだった。あたりさわりのないラブ・ソングとか、家族の大切さとか、友情の美しさとか、四季の移り変わりとか、自然の素晴らしさとか、そういうことを歌った歌ばかりで、それこそそういうことしか歌にしてはいけないという暗黙の了解があるかのようだった。歌になることとならないことがはっきりと分かれているように思えた。

ところがウディ・ガスリーやピート・シーガーが作って歌っているフォーク・ソングは、それまでぼくが聞いたこともないような内容のものがたくさんあった。アメリカで実際に起こったさまざまな事件のことや労働組合の闘いのこと、砂嵐に襲われて生活が立ち行かなくなった人たちのこと、あるいはルーズヴェルト大統領のニュー・ディール政策でのダム建設のこと、はたまた人種差別のことや戦争に反対することなど、それまで聞いたことがなかったテーマの何もかもが歌になっていた。

何でも歌になるのだとぼくはとても驚かされた。「歌のテーマに決まりはなく、何を歌ってもいい」ということをアメリカのフォーク・ソングに教えられ、ウディ・ガスリーやピート・シーガーの歌を通して、ぼくはアメリカのフォーク・ソングの世界の中にどんどん深く入り込んで行った。

ウディ・ガスリーは一九一二年の生まれで、ピート・シーガーは一九一九年の生まれ。彼らは一九三〇年代、四〇年代から、アメリカ社会のいろいろな動きの中で、あるいは労働組合の運動や戦争や人種差別に反対する人々の闘いの中で、自分たちの歌を作って歌い続けていた。

そして一九六〇年代になると、彼らの歌に大きな影響を受けた新しい世代のフォーク・シンガーたちが続々と登場してきた。ボブ・ディラン、エリック・アンダースン、トム・パクストン、フィル・オクスといった人たちで、彼らはウディ・ガスリーたちの思いを受け継ぐ新しい世代の歌い手たちということで、ガスリーズ・チルドレンと呼ばれるようになった。ぼくは彼らの歌にもせっせと耳を傾け、日本語にして歌い始めるようになった。

アメリカのフォーク・ソングを学ぶ中で教えられたことがふたつある。ひとつは「何を歌ってもいい」ということ。フォークとは自分がそれまで親しんでいた歌とは違って、何を歌ってもよかったし、歌のテーマが決まっていたり限られているわけでは決してなかった。

そしてもうひとつは「誰が歌ってもいい」ということだった。それまで歌というものは、歌のうまい人、演奏のうまい人、音楽的に才能のある人、あるいは専門的に勉強した人、すなわち「プロフェッショナル」な人にしかできないものだとぼくは思っていた。しかしアメリカのフォーク・ソングを聞いて、いろんな面を知るうちに、「歌というのは、歌いたい人が自由に歌えばいいもの。別にうまくなくても、素朴でシンプルな内容でも、あるいは楽器を弾くのがつたなくても、歌いたいことがあれば、伝えたいことがあれば、何でもいいから自分のやり方で自由にやればいい」ということに気づかされた。

何を歌ってもいい、どういう形でやってもいいという、フォーク・ソングが持っているその自由さが、ぼくはとても素晴らしく思えた。それまでぼくは、学校で教わる勉強としての音楽は大嫌いで、全然だめだった。いわゆる音痴で歌がちゃんと歌えなかったし、規則やお手本みたいのものがきちんとあって、「こういうふうに歌いなさい」とか、楽譜があればそれに合わせて歌わないと音楽の先生に怒られたりする、そういう窮屈であまり楽しくないものがそれまでのぼくにとっての音楽だった。しかしフォーク・ソングは何を歌ってもいい、どんな形で歌ってもいいということをぼくに教えてくれた。

その自由さに助けられ、励まされもして、ぼくは自分なりにアメリカの歌を日本語に訳したり、アメリカのフォーク・ソングの真似をして、最初はものすごく幼稚なものだったが、自分の歌を作って歌うようになった。ちょうど中学生から高校生になる頃だった。

2 素朴なメッセージの強さ――高石ともやとピート・シーガー

ぼくが高校生になるころ、アメリカのフォーク・ソングの影響を受けて、ただコピーをしたりかたちだけを真似て歌うのではなく、自分たちの思っていること、自分たちの考えていることを日本語で歌にして歌おうという人たちが何人も出てきた。一九六〇年代の中頃、そういう動きは東京よりも関西の方がさかんだった。そうした動きの中でぼくは高石ともやさんと出会った（当時は高石友也さん）。

高石ともやさんはぼくよりも八歳年上で、ぼくとほとんど同じ頃に、アメリカのフォーク・ソングと出会い、ぼくと同じようにピート・シーガーやウディ・ガスリーの歌を聞いて、そういう歌を日本語に訳したり、自分の歌を作って、すでにいろいろなところで歌い始めていた。高校二年生の時、ぼくは高石ともやさんが歌っているところに出かけて行き、「自分もフォークが大好きで、同じようなことをやっているんですよ」と思いきって話しかけてみた。

高石さんはぼくよりもずっと歳上だったので、気軽に友達になれるような感じではなかったが、「次にどこそこでコンサートをやるから、ちょっと飛び入りで歌いに来ないか」と誘ってくれ、それをきっかけにしてぼくは高石ともやさんにいろんなところに連れて行ってもらい、人前で歌い始めるようになった。それは一九六七年の春、高校二年生から三年生になる時のことだった。

高石ともやさんに連れてもらってあちこちで歌うようになった時、ぼくは高校三年生になっていて、大学受験を控えていた。ジャーナリズムの勉強をしたくて、そういう学科のある大学を目指していた。しかしフォークに夢中で、受験勉強はあまり熱心にやらなかった。ぼくの通っていた高校はいわゆる受験校で、教師も「とにかく志望の大学に受かることだけ考えて、今はそのための勉強に集中しなさい」と、学校全体が高校というよりは大学の予備校化しているようなところがあった。一七、一八歳の人生でも多感と言える時期に、受験勉強だけに集中して、世の中のさまざまなことへの興味を抑えたり、恋愛を我慢したりすることは、どこかおかしくはないかと、ぼくは大いなる疑問と矛盾を抱いていた。

ボブ・ディランの歌に「ノース・カントリー・ブルース」という、廃鉱になってさびれて行くばかりのアメリカの炭鉱町のことを歌った歌があった。それを真崎義博さんという人が日本語にして歌っていた。それを聞いていたぼくは、高校三年生の夏休みの補習授業の時にその歌を替え歌にしてみた。廃鉱になって誰もが町から追われて行く物語が歌われたとても暗いブルースのメロディーにのせ、受験生の気持ちを皮肉たっぷりに歌ってみた。そうしてできあがったのが「受験生のブルース」という歌だった。

「受験生のブルース」

おいでみなさん聞いとくれ　ぼくは悲しい受験生
地獄のような毎日を　どうかみなさん聞いとくれ
朝は眠いのに起こされて　朝飯食べずに学校へ
一時間目が終わったら　無心に弁当を食べる

友だちに「勉強してるか？」と聞かれたら　「全然してないよ」と答えとき
相手に油断を与えておいて　その間にせっせと勉強する
テストが終わっても自信なげに　「全然だめだ」と答えとき
相手に優越感与えておいて　後でショックを与える

母ちゃんもぼくを激励する　一流大学入らねば
わたしは近所のみなさんに　合わせる顔がないのよ

べつに志望はないけれど　とにかくどこかに入りたい
経済、法学、文学部　すべての学部を受ける
どこかの大学入るまで　恋はやめよう我慢しよう
花も盛りの一八歳を　一人寂しく暮らすんだ

一生懸命勉強して　どこかの大学入ったら
麻雀、パチンコ遊びづくめで　覚えたことは忘れるよ

そしてこの歌はこんな歌詞で締めくくっていた。

勉強ちっともしないで　こんな歌ばかり歌っているから
来年はきっと歌っているだろう　「予備校のブルース」を

この替え歌を作ってから、もう四八年以上になる。大学受験をめぐる状況や、大学そのもののあり方は当時とはずいぶんと変わったようだが、学歴社会や競争社会、どこの大学を出て、どこの会社に勤めているのか、そういうことだけで人の中身を判断するやり方は相も変わらず続いているように思える。そこで数年前、この古い歌に二番ほど、新しい歌詞を付け加えてみた。

大阪の橋本さんが言っていた　競い合えば学力向上
友だちまでも蹴落として　立派な大学行きたいか

立派な大学入るのは　立派な会社に入るため
立派な未来を夢見るより　ぼくは今を生きたいよ

ぼくがフォーク・ソングを歌うようになる上で、最も大きな影響を受け、それこそ歌い始めるきっかけになったと言い切ってもいいのが、すでに書いたようにアメリカの代表的なフォーク・シンガーの一人、ピート・シーガーだ。

一九六七年の秋にピートは二度目の来日公演を行った。もちろんぼくは大阪のフェスティバル・ホールで行われた彼のコンサートに足を運んだ。来日した時にピートは日本のテレビ番組にも出演し、主婦向けのお昼のワイド・

ショーに出て「ハウスワイフズ・ラメント」というアイルランドの民謡を歌った。それを聞いて、ぼくはすぐに「主婦のブルース」という替え歌を作った。

モデルにしたのは大正生まれの自分の母親で、太平洋戦争の最中に結婚をし、戦後の食糧難、物質難の中で子供を産んで育て、自分のことはいつでもあとまわしにして、まずは夫のため、子供のためにと生きる専業主婦の生き方にぼくは疑問を感じ、それを面白おかしく歌にした。

ぼくの母親はこの歌をとてもいやがり、ぼくの親の世代の人たちからも、「大切な母親をばかにしている」、「母親の愛がわかっていない」、「一八歳の子供に何がわかるのか」と、さんざん批判された。面白いことに当事者の主婦よりも、母親は偉大なりと考える男性たちからの批判の方が多かった。

ぼくは一八歳の時に、その頃まだ四〇代だった自分の母をモデルにしてこの「主婦のブルース」という歌を作ったのだが、いつのまにか自分がその時に歌った母の歳をはるかに超え、六〇歳もとっくに過ぎてしまっていた。一九六八年に作った「主婦のブルース」は、長い間まったく歌わなくなってしまっていたが、二〇一〇年に主人公を団塊の世代と呼ばれる自分たちの世代の主婦に変えて、「主婦のブルース 2010」という歌詞を新たに作ってみた。今はそのバージョンをよく歌っている。

「主婦のブルース 2010」

みなさんわたしの歌を聞いてよ　わたしは平凡な奥さんよ
とうとうおばあちゃんになってしまった　六〇をちょっと過ぎた奥さんよ

※　おお　人生は悩みよ　ちっとも楽しくない　何にもしない間にふけちゃった　わびしい夢に　はかない楽し
み　思い通りには何もならない

わたしがいちばん輝いていた時　大学闘争の真っ最中
大学はバリケードで封鎖されて　その中にわたしも飛び込んだの
全共闘の活動家に心奪われ　いつのまにか深い仲に
立派な演説しているくせに　二人じゃお茶の一杯もいれない
そのうち大学も正常化とやらに　一年遅れでわたしも卒業
大きな会社に入れたものの　そこでもお茶をいれる毎日
会社にバイトでやって来た男　ヒッピーかぶれでフォークを歌う
自由を語り夢を話し　気がつきゃ同棲始めてた
やがてお腹が大きくなって　親がうるさく言い出した
式も挙げて籍も入れて　ヒッピー男と家庭を築く
無事に息子が生まれたのよ　わたしはこの子にかまいきり

ところがおばあちゃんが干渉をして　嫁と姑の対立よ

ヒッピー男は髪を切って　仕事を見つけてお金を稼ぐ
わたしは家を守る役目　見事に決まった役割分担

やりたいことも見つけたけれど　子育てが終わるまでとじっと我慢
家事に追われて何もできない　三食昼寝付きなんてどこの話

いやな仕事にストレス溜まり　文句ばかりのかつてのヒッピー
誰が稼いでいるんだ　それが口癖　誰が支えているんだとは言い返せない

仕事にも慣れて要領覚え　余裕が出て来たかつてのヒッピー
結婚は束縛　自由がいちばん　あまりにもお粗末な浮気の言い訳

家の中に閉じ込められて　気がつきゃ三〇過ぎていた
ヒッピー男は主人に変身　飛びたいわたしを押さえつける

そのうち子供も大きくなって　自分のために時間ができる
子供のため夫のためと何年も生きて　やりたいことが見つからない

仕事じゃなくてもボランティアでも　やれることから始めよう
縮んだ足は動き出さず　引っ込み思案になっている

出世をするたび　お腹も出て来て　貫禄ついたかつてのヒッピー
愛人作って　ばれてないつもり　こんな男のどこに魅力が

大学出ても仕事にはつかず　家でふらふらフリーターの息子
しゃんとしなさいと息子に説教　思わず我が身を振り返る

三〇過ぎて息子も結婚　白髪のまじったわたしは
旅立つ子供を見送りながら　熟年離婚を考える

息子は流行りのできちゃった婚で　すぐに孫に恵まれる
嫁の不慣れな子育て見れば　余計な一言出てしまう

とうとうおばあちゃんになってしまった　わたしの小さな楽しみは
朝は朝ドラ　昼はワイド・ショー　テレビがわたしのほんとうの主人

稼ぐことは夫に任せ　専業主婦で歳を取った

わたしは自分に問い返すの　ほんとうにこれでよかったのか？
おお　人生は悩みよ　ちっとも楽しくない　何にもしない間にふけちゃった
主婦は女の生き甲斐かしら　ほんとうにわたしは生きたのかしら？

一九六七年一〇月の二度目の来日公演のステージで、ピート・シーガーはその前年に書いたばかりだという歌を歌った。ぼくはその歌を聞いて衝撃を受け、すぐに日本語の歌詞に取り組み、できあがるとあちこちで歌い始めた。それが「腰まで泥まみれ」（Waist Deep in the Big Muddy）で、昔アメリカの軍隊の演習で実際に起こったできごとをもとにした、アメリカのベトナム戦争政策を痛烈に批判する歌だった。

一九六七年といえば、アメリカがベトナムでの侵略戦争を推し進め、どんどん泥沼にはまり込んでいる真っ最中。ピート・シーガーは一九四二年にアメリカでの軍隊の演習の時に起こった事故を歌うことで、六〇年代後半にアメリカ政府がベトナムで何をやっているのかを鮮やかに浮かび上がらせた。

「腰まで泥まみれ」

昔ぼくが優秀な軍隊の隊員だった時
月夜の晩にルイジアナで演習をした
隊長はぼくらに「河を歩いて渡れ」と言った
ぼくらは膝まで泥まみれ　だが隊長は言った「進め！」

「隊長、危ない引き返そう」と軍曹が言った
「行くんだ、軍曹、俺は前にここを渡ったぞ
ぬかるみだけど頑張って歩き続けろ」
ぼくらは腰まで泥まみれ　だが隊長は言った「進め！」

「隊長、こんな重装備では誰も泳げません」
「そんな弱気でどうするか、俺についてこい
俺たちに必要なのはちょっとした決心さ」
ぼくらは首まで泥まみれ　だが隊長は言った「進め！」

月が消え溺れながらの叫びが聞こえ
隊長のヘルメットが水に浮かんだ
「みんな引き返そう」と軍曹が言った
ぼくらは泥沼から抜け出して隊長だけ死んでいった

裸になって水に潜り死体を見つけた
泥にまみれた隊長はきっと知らなかったのだ
前に渡ったよりもずっと深くなっていたのを
ぼくらは泥沼から抜け出した　「進め！」と言われたが

これを聞いて何を思うかはあなたの自由だ
あなたはこのまま静かに生き続けたいだろう
でも今の世の中思い出させるあの時の気持
ぼくらは腰まで泥まみれ　だが馬鹿は叫ぶ「進め！」
ぼくらは腰まで泥まみれ　だが馬鹿は叫ぶ「進め！」
ぼくらは腰まで、首まで、やがてみんな泥まみれ
だが馬鹿は叫ぶ、「進め！」

この「腰まで泥まみれ」をはじめとして、一九六〇年代の終わり頃まで、ぼくが歌うフォーク・ソングは戦争反対や差別反対を訴えるプロテスト・ソングやメッセージ・ソングが中心だった。時代もベトナム反戦運動や大学闘争が大きな盛り上がりを見せ、そうした運動の中でもぼくはよく歌っていた。大きな街の地下街にみんなが集まってフォーク・ソングを歌うフォーク・ゲリラの集会が日本のあちこちで行われ、そうした集まりにもぼくはよく参加して歌っていた。

3　メジャー化の窮屈さから脱するスタイル

しかし一九七〇年代に入ると、大学には機動隊が導入されてバリケード封鎖が解かれ、学生たちが叫んでいた七〇年安保粉砕やベトナム戦争反対の声も勢いが弱まり、セクト間での内ゲバも起こって、熱く盛り上がっていた闘いも力をなくしていった。そんなふうに状況が推移する中、ぼくが歌っていた直截的な反戦歌やプロテスト・ソン

グ、メッセージ・ソングはあまり求められなくなってしまい、ぼく自身もいったい何を歌えばいいのかがよくわからなくなって、悩み、苦しむようになった。そして一九七〇年代になってしばらくすると、ぼくはフォーク・ソングを歌うことからいったん遠ざかるようになった。

日本の中でフォーク・ソングが広がり始めたのは、一九六〇年代の中頃のことだった。それから五、六年の間は、とても勢いよく広がり、日本のいたるところでフォーク・ソングが歌われるようになった。一九七〇年代に入ってからも、フォークと呼ばれる音楽は作られ、歌い続けられ、新しい歌い手たちも続々と登場してきて、それこそより大きな広がりを見せるようになったが、ぼくは七〇年代以降の日本のフォークと六〇年代にみんながやり始めた日本のフォークとは大きな違いがあると思っている。

一九七〇年代に入ると、確かにフォーク・ソングは新しい意味や解釈を得て、より大きく広がっていくようになった。アンダーグラウンドやサブ・カルチャーの世界から、オーバーグラウンドやメインストリームの世界に出ていくようにもなった。ニュー・ミュージックと呼ばれることもある、その新しいフォークは、ぼくから見れば、六〇年代半ばに自分たちがフォーク・ソングを歌い始めて壊そうとした既成の歌の世界に、歌謡曲やプロフェッショナル、専門家の窮屈な歌の世界にまた逆戻りしているかのように思えた。

七〇年代の新しいフォークは、音楽的に優れた人たちが、上手なやり方で、めちゃくちゃなことを歌ったりせず、恋や季節や自然を歌ったりする、そんな旧態依然の歌の世界がまた主流となってしまったように思えた。そんな中でぼくも新しい自分の歌を模索し、世界や社会に目を向けたメッセージ・ソングやプロテスト・ソングばかりではなく、自分の生活や暮らしに、自分の生き方や日々感じることに目を向けた歌も作ろうと努力した。

一九七〇年代半ば、女性と一緒に暮らし、子供も産まれようとしていたので、そのことを嘘偽りなく、リアルに歌にしてみようと考えた。そして生まれたのが「二五年目のおっぱい」という歌だ。

「二五年目のおっぱい」

二五年目の夜にきみのおっぱいは
ぼくの手のひらの中でぐっすりおやすみ
二五年目のおっぱいはとっても小さいけれど
ぼくの手のひらにぴったりで　とってもやわらかい
思えばきみが少女の頃　ふくらみ始めたおっぱいが
とっても痛くて　つらかったんだってね
二五年目のおっぱいは　今ぼくの手の中
ぼくは一晩中ずっと　こうしているつもり

一一月の江戸川公園で　ぼくは初めて
きみのやわらかいおっぱいに　この手で触れたんだ
もう北風が吹いていて　とっても寒かったけど
ぼくの手のひらは熱く焼けた鉄のよう
きみはぼくにしがみついて　ぼくの目をじっと見つめ
ぼくの名前をそっと呼んでみた
あの時のきみのおっぱいを　今もぼくは覚えている
そして帰りにぼくらは　猫を拾ったんだ

きみのおっぱいの前で　ぼくはいつも
まるで赤ん坊のようになってしまうんだ
きみのちっちゃなおっぱいの谷間に顔をうずめ
きみの可愛い乳首をそっと噛んでみた
小さい頃は母親のおっぱい　大人になったらきみのおっぱい
ぼくはいつまでも乳離れができない
もうすぐぼくらの赤ん坊が生まれるんだ
ぼくはもうきみのおっぱいを　ひとりじめできないんだ

歌い始めてから今年で四八年になるが、五〇年近く歌い続けているぼくにとってのフォーク・ソングというのは、一九六〇年代の半ばに自分が歌い始めたものとほとんど変わっていないと思っている。歌の捉え方や考え方は歌い始めた時と同じだとしても、もちろんひとつところにとどまることはなく、時代とともに変化している部分もある。しかし基本は変わることがない。ぼくは同じフォーク・ソングを五〇年近く歌い続けている。

そんなぼくが最近作った歌のひとつが「トーキング烏山神社の椎の木ブルース」だ。この歌はウディ・ガスリーやピート・シーガーがよく歌っていたアメリカのフォーク・ソングの中の一形式、トーキング・ブルースのスタイルをぼくなりに吸収して作ったもの。二〇一四年三月に出版された加藤直樹さん著の『九月、東京の路上で』という本を読んで、そこに書かれていたことをそのまま歌詞にした。

アメリカのフォーク・ソングと出会い、それに学び、それを追い続け、その中でようやく作ることができた「自分のフォーク・ソング」のひとつではないかと考えている。

「トーキング烏山神社の椎の木ブルース」

新宿から京王線の急行に乗り二〇分
五つ目の駅が千歳烏山
南口に出て五分ほど歩けば
村の鎮守様の烏山神社
その鳥居をくぐってみれば

参道の両脇には四本の椎の木が
高くそびえ立っている
今から九〇年ほど前に植えられた
一二本の椎の木の
今も残っている四本だ

烏山神社の正面の鳥居をくぐった参道に
椎の木が植樹される前のこと
一九二三年　大正一二年
九月二日の午後八時
烏山であるできごとが起こった

神社の近くの甲州街道
烏山の下宿と中宿の真ん中あたり
烏山川にかかる大橋場という
石橋の上でそのできごとは起こった
それは関東大震災の翌日のこと

関東ではデマが流れていた
大地震の混乱に乗じて
朝鮮人たちが暴動を起こして
井戸に毒を投げ込んでいるというデマが
警察も軍隊もそのデマを信じて広めていた

烏山の村でも青年団、在郷軍人団
消防団の男たちが集って自警団が組まれた
そこに飛び込んで来た知らせ
朝鮮人の暴徒が乗ったトラックが
村に向かっているという

都心から脱出して西へと西へと向かう

避難民で溢れる甲州街道
そこを逆方向の都心に向かって
夜の中一台のトラックが疾走し
烏山川にかかる石橋にさしかかった

石橋は地震で一部が壊れていた
崩れたところに車輪がはまって
トラックは橋の上で立ち往生
そこに駆けつけた村の自警団員
手には竹やり、棍棒、鳶口、日本刀

トラックを運転していたのは府中の下河原の
土工の親方二階堂左次郎
トラックが積んでいたのは米俵に工事の道具
トラックに乗っていたのは左次郎のもとで働く
一七人の朝鮮人の土工たち

その日二階堂左次郎のもとに
京王電鉄から連絡が入って

笹塚の車庫の修理のために
土工を派遣してほしいという依頼
左次郎は土工たちを乗せて夜の甲州街道をひた走る

左次郎と自警団員たちとの間で
少し押し問答があったが
乗っていたのは一七人の朝鮮人
自警団員たちはすぐにも手にした
凶器を振りかざし襲いかかった

凶行現場は大橋場と呼ばれる石橋の上
朝鮮人たちは棍棒や鳶口で殴られ
竹やりで突かれ、日本刀で切られ
傷だらけのまま手足を縄でしばられて
道ばたの空き地に投げ出された

一七人の朝鮮人のうち二人が逃げ出し
一五人がひどい傷を負った
知らせを受けて警官が駆けつけ

四人が病院に運ばれたが
三五歳のホン・ギペク（洪其白）、翌朝息を引きとった

事件の後警察に呼び出されて
取り調べられた自警団員たちは五〇人以上
殺傷事件が立件されて
一二人が殺人罪で起訴された
その中には大学で英語を教える教授もいた

少し時が流れ烏山神社の参道に
椎の木が植えられた
近所に住む徳富蘆花はのちにこう書いた
「烏山神社に一三本の椎の木が粛然と立っている
これは殺された朝鮮人一三人の霊を弔って
地元の人が植えたもの」

しかし殺されたのはホン・ギペクただひとり
大怪我をしたのは全部で一四人
参道に植えられた椎の木は一二本

一三人の霊を弔うと書いた
徳富蘆花の文章は摩訶不思議

そして真相が明らかになった
烏山神社の参道に植えられた
一二本の椎の木は
起訴された一二人の自警団員たちが
晴れて村に戻れたことを
祝って村人たちが植樹したものだった

千歳村の連合議会は
起訴された烏山村の一二人に
あたたかな助けの手を差し伸べた
事件は烏山村だけではなく千歳の村すべての不幸
千歳の村はこのように強く優しく美しい
郷土愛に満ち溢れたところ

地元の住民はこう語る「日本刀が、竹やりが
どこの誰がどうしたなどと絶対問うてはならない

すべては未曾有の大震災と
行政の不行き届きと
情報の不十分さのなせる業」

鳥山神社の鳥居をくぐった参道の両脇に
四本の椎の木が高くそびえ立っている
今から九〇年前に村人たちに植えられた
一二本のうちの残った四本
九〇年後の今も繰り返されていることを見つめる

木を植えるのは美しい　木が育つのは素晴らしい
大きく育った豊かな木　大きな木は大好きだ
九〇年後のこの国を見つめ　四本の椎の木は何を思う
大きな木は大切に　でもぼくは初めて思った
ぶった切ってやりたい木があると

犠牲者を弔い被害者に謝るためではなく
加害者をねぎらうために植えられた椎の木
同じことが繰り返されるこの国を見つめている

ぼくは思った　変わらないこの国を
変わることなく同じことを繰り返すこの国の人たちを
まるで祝福しているかのような
この大きな木をぶった切ってやりたいと

4　ライブへのこだわり

一九六七年に人前で歌い始めて、もうすぐ五〇年。あまり熱心に歌を作ったり歌ったりしない時期もあったし、それこそ一九八〇年代は一〇年間ほとんど歌うこともなかったが、九〇年代に入ってからはまた積極的に歌い始め、九〇年代半ばから人前でさかんに歌っている。ここ数年は年間二〇〇回ほどライブで歌っている。しかし自分が歌う場所に人を呼ぶということに関しては、とても厳しい思いをしている。

一九六〇年代後半は、フォーク・ブームということもあって、コンサートや歌の集まりには必ず主催者がいて、ぼく自身音楽事務所にも入っていたので、人を呼ぶことはまわりに任せ、自分は歌を歌うことだけにかまけていればよかった。しかし今現在の状況では、どのライブも自分が主催者というか、まずは自分が動かないことにはどうしようもない。

ぼくの歌う場所は、カフェやバーや飲み屋などいろいろな小さなお店が中心で、ぜひライブをやってほしいとぼくに声をかけてくれて、一生懸命動いて人をたくさん集めてくれるところもあるが、場所を提供してくれるだけで、後はそちらでやってくださいというところも多い。

人気のある歌い手、話題に事欠かない人ならともかく、自分の歌いたい歌を地道に歌い続けている歌い手たちはみんな聞きに来てくれる人を集めることにとても苦戦している。ライブに人を呼ぶというか、ライブに人に来てもらうということに関して、何かいい方法、手っ取り早いやり方などあるはずもない。

ぼくはあらゆる依頼は拒まずという基本方針で、歌いに来てほしいと誰かに、あるいはどこかから言われたら、二つ返事で引き受けて、どこへでも歌いに行っている。そんなやり方で一年に二〇〇回近くいろいろな場所に歌いに行けば、聞きに来てくれる人が一人か二人ということもあったりする。というか、そんなことがよくある。誰も来なくてライブは中止で、ライブをやる予定だったお店でただワインを飲んで帰って来るということだってある。

それでもぼくはライブでちゃんと自分の歌を歌って、しっかりと自分の思いを伝えれば、聞きに来てくれた人が新たな聞き手を呼んでくれることへとつながり、一人が一人を動かして、聞きに来てくれる人の数が一人ずつ増えて行くはずだと愚直にも信じ続けている。そうなれば素晴らしい。

ライブに人を呼ぶための近道や王道、その戦略などあるわけがない。動員などという言葉も無関係だ。やり方はただひとつ、今までよりもっといい歌をせっせと作って歌うこと。それこそが自分の歌う場所にもっとたくさんの人たちが来てくれるようになるいちばんの「近道」だとぼくは思っている。

たとえ人は少なくても、一人一人みんなの顔を見て、その反応を確かめながら、それこそお互いの息がかかり合うような近さで年間何百回も歌い続けること。それは自分なりのフォーク・ソングを今も追いかけ、目指し続けているぼくにとって、ひとつの理想に近い歌の伝え方、届け方なのだと考えている。

参考文献

中川五郎（二〇一四）『言葉の胎児たちにむけて——同調から共感へ』アドリブ社。

第Ⅲ部 抑圧されたものをこそ愛すること

見たくないものや気づきたくないものを，
私たちは普段の生活の中でしらずしらず意識の下に隠してしまう。
何かのきっかけで隠されたものを意識したとき，
実はそれこそが生きる営みの
いかに深い部分に触れるものであるかを
理解しないわけにはいかないし，
そこから離れられなくなる。
表現のもつ力が，生きる力となるときである。

第6章　ゲテモノから女王へ
美空ひばりとその時代

市川孝一

まず、今回筆者がこのテーマを担当することになったいきさつを簡単に説明しておきたい。すでに一〇年以上たってしまったが、二〇〇二年に『人気者の社会心理史』（学陽書房）を上梓した。これは、その前の『流行の社会心理史』（学陽書房、一九九三年）のいわば姉妹編で、人気（者）＝〝人の流行〟を扱ったものである。

筆者が研究テーマとして一貫して手掛けてきたのが、〝流行と時代の社会心理とのかかわり〟を明らかにするということであったが、この本では〝人の流行〟を分析対象とした。ひとことで言えば、この本の主題は、〝人気者は世につれ、世は人気者につれ〟ということである。人気者像の変遷とそれぞれの時代の社会心理の変化を歴史的に跡づけるということであった。

具体的に言うと、戦後の日本社会を大きく一〇年ごとに区切って、それぞれの時代のいわゆる「国民的な人気者」（アイドルと言い換えてもよい）を取り上げて、彼女たちの人気者としての特性と彼女たちがどのような「時代の社会心理」を体現しているかを検証したのである。

その結論をキャッチフレーズ的に要約するなら、次のようになる。――①一九五〇年代：戦後復興期の「がむしゃらなアイドル」美空ひばり、②一九六〇年代：高度成長期の「明るく前向きなアイドル」吉永小百合、③一九七〇年代：低成長期の「翳りのあるアイドル」山口百恵、④一九八〇年代：「バブル期の欲張りなアイドル」松田聖子。

戦後の一九八〇年代までは、それぞれの時代に一人の突出した「国民的人気者」が存在し、彼女たちは見事にその時代の社会心理を体現していたのである。

1　戦後復興期のアイドル美空ひばりとは

冒頭で述べたように本章の内容は、先にふれた拙著の記述と重なる部分も多い。そうでなくても、おびただしい数の〝ひばり本〟が存在する。(1) 美空ひばりは、すでに語り尽くされているといってもよい。そういった条件の中で、「ひばり論」に新たな何かを付け加えることは、非常に困難なことである。

そんな難しい条件のもとで、本章では美空ひばりを「サブカルチャー」という切り口から再考しようとした。というのは、本書が企画されたきっかけが、「昭和のサブカルチャー」をテーマとした連続講義から生まれたものだったからである。

そう言うと、「美空ひばりがサブカルチャー？」という疑問や反論の声がすぐに上がるだろう。「昭和の歌姫」「歌謡界の女王」、女性初の国民栄誉賞の受賞者、さらに、一九〇〇曲のレコーディング、一七〇本の映画出演、四六〇〇回の芝居の座長公演――こういった輝かしい成果を持った、文字どおりの大スター・「昭和」を象徴するような人物が、なぜサブカルチャーかと。

結論を先に言ってしまうと、「初期の美空ひばりは、明らかにサブカルチャーである。そして、生涯サブカルチャーでありつづけた」。これが結論である。以下、なぜこのような結論が導かれるかを具体的に検討していきたい。

表1は、一九三七年の美空ひばりの誕生から一五年間の年譜である。この一五年間に美空ひばりは凝縮されている。「時代の子」としての美空ひばりを語る場合には、この一五年に尽きると言っても過言ではない。ここまでを取り上げれば、〝戦後復興期のアイドルとしての美空ひばり〟という側面については、十分語ることができるのである。

ちなみに、この年譜の最後のところに出てくる、一九五二（昭和二七）年の四月二八日という日付、これはひばりが歌舞伎座で公演を行った日に当たるのだが、この日は奇しくも対日講和条約（サンフランシスコ条約）が発効した日である。その意味では、美空ひばりはまさに、この時代を画する「占領期のアイドル」というとらえ方も可能なのである。

したがって、ひばりについては、この時期を重点的に扱うことこそ重要だと考えている。これについては異論もあろうが、筆者自身は（もちろん好みも入っているが）、「川の流れのように」（秋元康作詞・見岳章作曲、一九八九年）とか「愛燦燦」（小椋佳作詞・作曲、一九八六年）というような歌は全く評価しない。初期の、この年譜に登場する一群の歌こそ「ひばりの歌」だと思うのである。一つ例外的に、晩年の作品の中では、「みだれ髪」（星野哲郎作詞・船村徹作曲、一九八七年）が、「ひばりの歌」らしさを感じさせる名曲だと思う。ここまで断定すると、あまりにも自分の趣味や好みが前面に出すぎた議論になるのだが……。

表1　美空ひばり年譜

一九三七（昭和一二）年五月二九日	横浜市磯子区滝頭に父・増吉、母・喜美枝の長女（加藤和枝）として誕生。
一九四五（昭和二〇）年九月	父増吉復員、素人バンド「青空（美空）楽団」結成。
一九四六（昭和二一）年三月	横浜市磯子区の杉田劇場初舞台。
九月	横浜市野毛のアテネ劇場出演。
一九四七（昭和二二）年四月	井口静波、音丸一行と巡業中、高知県大豊町でバス事故に遭い瀕死の重傷。九死に一生を得る。

一九四八（昭和二三）年五月	横浜国際劇場出演。
一九四九（昭和二四）年一月	日本劇場レビュー「ラブ・パレード」（灰田勝彦主演）で本格的な舞台デビュー。
一九四九（昭和二四）年三月	「のど自慢狂時代」（斎藤寅次郎監督）で映画デビュー。
一九四九（昭和二四）年七月	映画「踊る竜宮城」（佐々木康監督）の主題歌「河童ブギウギ」（藤浦洸作詞・浅井挙曄作曲）で歌手デビュー。
一九四九（昭和二四）年一〇月	映画「悲しき口笛」（家城巳代治監督）に出演、同名の主題歌（藤浦洸作詞・万城目正作曲）も歌い、一躍人気者となる。
一九五〇（昭和二五）年九月	映画「東京キッド」（斎藤寅次郎監督）に出演、同名主題歌（藤浦洸作詞・万城目正作曲）もヒット。
一九五一（昭和二六）年	民放ラジオ局開局。 「越後獅子の唄」（西條八十作曲・万城目正作曲、映画「とんぼ返り道中」主題歌）、「私は街の子」（藤浦洸作詞・上原げんと作曲、同名映画主題歌）、「あの丘越えて」（菊田一夫作詞・万城目正作曲、同名映画主題歌）が相次いでヒット。
一九五二（昭和二七）年四月	ラジオ東京（現ＴＢＳラジオ）開局記念ラジオドラマ「リンゴ園の少女」放送開始。主題歌「リンゴ追分」（小沢不二夫作詞・米山正夫作曲）が大ヒット。七〇万枚は戦後最大の売り上げ記録。
一九五二（昭和二七）年四月二八日	ひばり歌舞伎座公演。

2　両義性の人気者Ⅰ――ゲテモノ誕生まで

さて、初期のひばりがサブカルチャーたるゆえんだが、それは彼女が「両義性の人気者」の典型だという事実の中に端的に示されている。両義性、わかりやすく二面性とか両面性というような意味でとらえてもよいのだが、要するにある対象に対し相反する二つの意味や解釈が成り立つということである。つまり、美空ひばりの場合で言えば、彼女はヒーロー（ヒロイン）であると同時に、スケープゴート（いけにえのヤギ）であるということである。

人々の賞賛や喝采を浴びると同時に、民衆の不満や憎悪を向けられる身代わりの対象という意味のスケープゴートでもあったということである。もっと普通の言葉で言えば、「美空ひばりほど、日本人から好かれ、かつ嫌われた人気者はいない」ということである。一方では賞賛や賛美の対象であり、もう一方では非難や軽蔑の対象でもあったということである。

言いかえると、ひばりの一生というのは、言うなれば〝世間とかマスコミからのバッシングの「受難の歴史」〟としてとらえることすらできるのである。そのひばりの受難の歴史をたどっていくと、美空ひばりが「スケープゴート」であったゆえんが理解できる。

〈ひばりの受難史①——鐘の鳴らなかった「のど自慢」〉

おなじみの話ではあるが、まず一つめは、「鐘が鳴らなかったのど自慢」というエピソードだ。これは、一九四六（昭和二一）年の暮れに、NHKの、今でも「のど自慢」として知られている番組の予選を受けた時の出来事である。そこで、あの有名な「リンゴの歌」を歌ったところ、いくら歌っても鐘が鳴らない。三番を歌い始めたところで制止された。「なぜ鐘が鳴らないか」と聞いたところ、「子どもが大人の歌を歌うのは良くない。それは評価不能だ」と判断されたという話である。

これは〝ひばり本〟で必ず紹介される定番エピソードである。ところが、この「事件」が起こった日時、あるいは、このとき歌った歌が、本によってばらばらなのである。ここでは一応「リンゴの歌」（サトウハチロー作詞・万城目正作曲、一九四五年）としておいたが、「長崎物語」（梅木三郎作詞・佐々木俊一作曲、一九三八年）であるとか、「悲しき竹笛」（西條八十作詞・古賀政男作曲、一九四六年）であるとか、笠置シヅ子の「セコハン娘」（結城雄次郎作詞・服部良一作曲、一九四七年）とか、いろいろな曲名が出てくるし、歌った場所も日時、書き手によって異なっているのである。

本人も自伝の中でこの点については、はっきり書いていないので、何が真実かの決め手がない。[2] 吉田司に言わせると、「これらはすでに虚実を超えた『ひばり伝説』として、私たちは受容する以外にない」（吉田 二〇〇三：一六）ということになる。むしろ、その〝国民「神話」性〟に注目して、そこに隠された戦後日本人の〈深層意識〉をさぐっていくことが必要なのだというわけである（吉田 二〇〇三：一七）。

以上が、ＮＨＫの「のど自慢」（「のど自慢素人音楽会」）の予選で鐘が鳴らなかったという「事件」の顚末だが、これが、「ひばりの被差別神話の原点だ」などと言われ、「ひばりのＮＨＫ嫌いはこのときから始まった」などという説もある。

〈ひばり受難史②――『婦人朝日』の批判記事〉

もう一つ、受難の歴史の有名な出来事は、『婦人朝日』という朝日新聞社から出ていた女性向けの雑誌の記事（一九四九年一〇月号）をめぐるものである。この雑誌のグラビア特集記事の中で、美空ひばりは非常に厳しい批判を浴びている。この記事全体のタイトルは、「児童の福祉」となっていて、そのリード文にはこんなことが書かれている。

ラジオで聞いていると完全に大年増の歌手としか思えない。舞台で見ると、そんなしわがれた声がいたいけな子供の肉体から出てくるので不思議な戸惑いを感ずる。こういった『畸形的な大人』を狙った小歌手が目下、大いに持て囃されている。大口を開けて叫ぶ例のブギウギが人心に投じているのは、戦後の解放感のなせるわざであろうが、邪気にあふれたブギウギを無邪気な小歌手がいとも巧妙に歌い踊るさまは、いよいよわれわれの敗戦感を強めずにはおかない。さてその一群の中でも名のある美空ひばり嬢（十二歳）の生活において、いかに「児童の福祉」は考慮されているか。ちょっとのぞいて見た。

さらにこの特集記事では、いくつかの写真を紹介しながら話が進んでいくわけだが、ひばりが仕事で移動中の様子を映した二枚の写真には、次のようなキャプションが付けられている。

① 朝八時に横浜の家を出て浅草に出演。帰宅が深更の一一時では、大人も伸びるひどい労働。ぐったり疲れて満員の電車でしゃがみ込んでしまった姿は、軟弱な体格だけに痛々しい。

② 疲れきってマネージャーにおんぶされるあたりは、さすが子供。地方巡業で、連夜、列車で夜を過ごすこともあるが、舞台外の行動は労働時間の中に算入されない。

さらに、自宅の表札の写真には、「名声とみに高まると、父親の門札が遠慮してきたのは当然のことわり。『嫉妬で陰口をたたいていた近所の者も、急にこびへつらい始めた』と、母親の言葉だが、近く邸宅を買いたいという」というキャプションが付けられている。この写真には、父親の名前が書かれた表札よりもずっと大きくて立派なひばりの表札が写っているのである。そして、次のようなまとめの文章で、このグラビアの特集記事は締めくくられている。

タイハイした大人の猿真似を子供にさせることを存続させるべきか否かは、観客が客足によって定めればよいことで、法律で圧迫すべきではないだろう。ただ俳優たる子どもの心身の発達が、激しい舞台の仕事によって害われないかは自ら労働基準法、児童福祉法、教育法などの厳密な適用が考慮されなければならない。各監督官庁は、この現象を児童の体力以上の生活と認め、大いに遺憾の意を表しながらも、今のところ違反として該当する条文はないと言っている。

全体を通して、非常に底意地の悪い文章になっている。この『婦人朝日』の当時の編集長は有名な劇作家の飯沢匡だった。NHKラジオドラマの「ヤン坊ニン坊トン坊」とか、テレビの『ブーフーウー』の脚本家としても知られている。彼は、父親が警視総監や台湾総督を歴任した、まさにエリート中のエリートでもある。

そのような一群の進歩的文化人・知識人からは、ひばりは大きな反発を招いた。それは、まさに当時の美空ひばりが子どもらしい子どもではなかったからである。要するに、「子どもは子どもらしく」という規範から大きく外れていたのである。それが、大きな反発を招いた原因である。まさに、「こましゃくれた」という言葉の見本のような存在だったということである。いつの時代でも芸達者な子役に対する反発・バッシングはあるものだが、この当時のひばりに対する反発はことのほか大きかった。

さらに、大げさな言い方をすれば、当時の進歩的文化人・知識人たちにとって、ひばりの存在が我慢ならなかったのは、彼女がまさに「封建遺制」の権化、「封建遺制」のシンボルのような存在として映ったからである。いわゆる浪花節的・前近代的なものを体現している存在だということである。当時の思想界の共通のテーマが、「封建遺制の克服」だったというのはよく知られているが、日常的な生活の場でも、例えば、娘が「お父さん、それは封建的よ！」と言うと、もうそれは必殺のマジックワードで、その言葉に対しては父親も反論できない雰囲気があったと言われている。そのような「時代の気分」も、こうした反発の基礎にあったのである。

〈ひばり受難史③──「ゲテモノ神話」誕生〉

さらに、その「子どもは子どもらしく」ということとも重なってくるが、詩人サトウハチローのよく知られた酷評である。新聞の連載コラムの中で、彼は美空ひばりのことを非常に口汚く罵っている（「見たり聞いたりためしたり」『東京タイムズ』一九五〇年一月二三日）。

近頃でボクのきらいなものはブギを唄う少女幼女だ。一度聞いたら（というより見たら）やりきれなくなった。消えてなくなれとどなりたくなった。吐きたくなった。いったい、あれは何なんだ。あんな不気味なものは、ちょっとほかにはない。可愛らしさとか、あどけなさがまるでないんだから怪物、バケモノのたぐいだ。あれをやらしてトクトクとしている親のことを思うと寒気がする。あれを、かけて興行している奴のことを思うと、はり倒したくなる。［中略］ボクの小さい時に九段の祭りの見世物に熊娘、クモ男、ろくろ首などというものがあった。僕は、ブギウギこどもをみていると、九段の祭りを思い出すのだ。あれと、どれだけ違いがあるというのだ。

サトウハチローともあろう人が、ここまで言うかというような、非常に大人げない罵詈雑言が連ねられている。そして、これに関しては、ひばり自身が自伝の中で次のように書いている。

それは〈お母さん〉のことをよく詩に書いているある詩人が「見たり聞いたりためしたり」という欄に「ゲテモノは倒せ」というタイトルで書いたものです。

そのなかみは「天下の服部良一が作曲し、天下の歌い手の笠置シヅ子が歌っている歌を物真似して、わずか八歳や九歳の子どもが平然と歌っている。それをみんな黙って見ているのか。そういうゲテモノはみんなが見に行かなければ、自然と滅びるではないか。だから見に行くな。そんなものをはびこらせておくことは芸能界として、大先輩のこの両者に対して申し訳ないことだ」というものです（美空 一九七一：七五）。

実は、ひばりの引用は、サトウハチローのコラムの原文とは微妙に違っている。元のコラムでは、「ゲテモノ」という言葉は使われていない。それから、タイトルも「ゲテモノは倒せ」と美空ひばりは書いているが、原文は「ブギウギこども」となっている。

ところが、この美空ひばりの書いたものの方が有名になってしまって、「ゲテモノ」という言葉がむしろ広く知られるようになったわけである。「ゲテモノ」と「バケモノ」、どちらがよりひどい罵り言葉かというと判定は微妙だが、「ゲテモノ」の方が一般的によく知られているということで、あえて今回の小論のタイトルも、この「ゲテモノ」という言葉をそのまま使うことにした。

これに関しては、同じ自伝の中で、ひばりは、「母はその記事の切り抜きを私のお守りの中に入れ、『苦しい時辛い時には、この記事を思い出して、がんばろう。ここでつぶれたら、この詩人先生の思うつぼだからね』と言い聞かせた」（美空 一九七一：七七）とも書いている。いずれにしても、要するに、当時のひばりは「キワモノ」扱いだったことがよくわかる。美空ひばりは、「キワモノ」つまりまぎれもなく「サブカルチャー」だったのである。

そして、これは後日談だが、その後、サトウハチローはひばりの曲を一つ作詞している。あまりヒットした曲ではないので知る人は少ないが、「わが母の姿は」（塚原哲夫作曲、一九六二年）という曲である。細かないきさつは不明だが、あれだけ口汚く罵ったサトウハチローが、ひばりのために歌を書かざるをえなかったのである。そこで、その歌をもらった時、ひばりの母は、〝これで私たちは勝った〟と快哉を叫んだという（美空 一九七一：七七）。

〈ひばり受難史④――歌謡界からのクレーム〉

バッシングのもう一つのカテゴリーは、いわば同業者からのいやがらせといったところである。まず、一九四九（昭和二四）年一月の日本劇場でのレビュー「ラブ・パレード」の開幕直前に笠置シヅ子から、自分の持ち歌である「ヘイヘイブギー」を歌ってはならないという申し出があった。ひばりはこの曲を歌うつもりで、一生懸命練習していたが、直前になって、「それを歌ってはいけない」というのである。理不尽な要求ではあったが、当時、「ブギの女王」と呼ばれ、飛ぶ鳥も落とす勢いだった先輩歌手の要求には従わざるを得なかった。泣く泣くそのときは、「東京ブギウギ」を歌って、何とかその舞台はしのいだという。

さらに、翌年のハワイ公演の際に、「服部良一の作品を歌っても、演奏してもいけない」という日本著作権協会からの通知状が届いた。これは、ひばり側にとっては非常に困った事態だった。なぜなら、まだこの時点ではひばり自身の持ち歌は、ごく少数の曲に限られていたからである。ステージを成り立たせるためには、笠置シヅ子の歌を歌わないと、どうにもならなかったのである。

この「騒動」にも、再度サトウハチローが絡んでくる。まず、ひばりの名マネージャーとして有名な福島通人が、この措置に対して次のような発言をした。――「現在まで、著作権協会を通じて、使用料は支払っている。いけないと言われたからには、もちろん歌わないが、今度の渡米は二世部隊の442連隊第100大隊の記念塔建設基金募集興行だから、もし先方から注文された場合、歌わなければ問題が起きるんではないだろうか。かえってそのため服部、笠置両氏が苦境に立たされるだろう」（大下　一九八九：一三一）。

これに対して、サトウハチローが先に引用したものと同じ連載コラムで、いちゃもんをつけたのである。「無礼なるマネージャー」というタイトルの記事には次のような一節がある。――「なんたる言い草だ。この福島某なる男は戦争中、日本軍部の手先か翼賛会の下回りでも、やっていた男じゃないか。それともどこか場末のヨタモンの三下野郎だろうか。カサに着たものの言い方まことに不愉快千万だ」（「見たり聞いたりためしたり」『東京タイムス』一九五〇年五月一八日）。

要するに、むしろひばり側こそ「歌わせてもらいたい」と頼むべき立場にあるのではないかと言いたいのである。それを、まるで「禁止したら、そっちの方が困るじゃないか」というような対応は、「『お前の言い分はわかったが、それじゃお前の方が損するぜ』とすごみをきかしたつもりだろうか」（同）というわけである。

このように、ここでもまた、ひばりとサトウハチローの間にもめごとが発生したのだが、この件についてはアメリカの著作権の観点からは、これらの曲を歌うことに何ら問題はないという判断となり、無事この公演は成功裡に終えることが出来た。

服部良一の対応には、当然のことながら笠置シヅ子の意向が働いているわけだが、笠置シヅ子がなぜこのような対応をしたかということに関して、平岡正明が実に的確な指摘をしている――「ブギの女王の笠置シヅ子が、今はまだこんな小ちゃな、ひらめみたいな顔をした娘だが、ほどなくして汎アジアの歌謡曲の女王として東アジアの時空を染めあげるとほうもない天才登場の予感に笠置が優秀ならばこそ、震えたのではないか」（平岡 二〇一〇：一一）。つまり、笠置シヅ子は、この時点でちゃんと天才的な美空ひばりの能力を見抜いていた。だからこそ、自分を脅かす存在として、ひばりに対して脅威を感じたのである。

このように、直接的には笠置シヅ子との間で、その結果、服部良一との間に好ましからざる関係が生まれてしまったのである。これは、日本の歌謡史を考えた場合、非常に大きな損失だと思う。ひばりには、服部良一作品がない。正確に言うとただ一曲をのぞいてということになるが……。その一曲は、「銀ブラ娘」（藤浦洸作詞、一九五一年）という作品だが、この曲を知っている人はほとんどいない。歌としては全然ダメで、「銀座カンカン娘」のまさに二番煎のような内容の歌で、当然のことながらヒットもしなかった。このエピソードから考えさせられるのは、日本の歌謡界は大きなものを失ってしまったのではないかということである。もしも、同時代を生きたこの二つの偉大な才能が結びついていたなら、どんなにすばらしい作品が生まれていたかと思うと、非常に残念だと言うしかない。

3　両義性の人気者Ⅱ――差別、嫉妬、アウトロー

〈ひばり受難史⑤――歌舞伎座公演をめぐるトラブル〉

広い意味の同業者（芸能界）からの嫌がらせということでは、ひばりの歌舞伎座公演をめぐるトラブルもある。先にもふれたように、一九五二（昭和二七）年四月に、ひばりは歌舞伎座で公演を行うのだが、歌謡曲の歌手が歌舞伎座の舞台を踏むということは、まさに前例のないことであった。十分予想されたことではあるが、当然のことながら、歌舞伎界からは大きな反発が沸き起こった。「あんなションベン臭い娘を、歌舞伎座の舞台に上げられるか」とか、「公演が終わったら、舞台の板を削って清めてしまおう」などの非難が沸き起こったという（大下 一九八九：一五八―一五九）。

しかし、この騒動は冷静に考えると、実に滑稽なことと言わざるをえない。言うまでもなく、歌舞伎というもののルーツを辿っていけば、まさに「河原者」という言葉の語源となったような、最底辺の芸能にまで行きつくのだから……。歌舞伎が伝統芸能の権威を振りかざしてひばりを排除するなどというのは、その意味で非常に滑稽なことになるわけだが、「伝統芸能」として高級文化としての権威をもってしまった歌舞伎の側からすれば、歌謡曲の唄い手などはまさに差別すべき対象であったというわけである。

別の言い方をすれば、それだけひばりは、伝統的な価値や秩序に果敢に挑戦する存在でもあった（藤竹 一九七

八：一七五）。伝統的な価値観を破壊する価値紊乱者でもあったわけである。伝統的価値や規範の破壊、これはまさにサブカルチャーである。

しかし、その一方で、この歌舞伎座公演には次のような側面もある。まず、この公演は「福祉児童救済基金寄付公演」と銘打って〝児童福祉のための基金を集める〟という名目で行われている。公演の正式名称は、「グランドショウ　月・雪・花　美空ひばりの会」というもので、主催は読売新聞社、東京都と松竹株式会社が後援となっている（『読売新聞』一九五二年四月六日）。要するに、この出し物は別の強大な権威で、反発や批判を抑え込んだのである。逆に言うと、それだけ反発が大きかったということである。

〈ひばり受難史⑥――世間からの反発〉

もう一つは、世間からの反発である。それは「ひばり御殿」と呼ばれた豪邸建設をめぐるものである。一九五三（昭和二八）年、早々とひばりは横浜の磯子区の高台に豪邸を建てる。敷地八〇〇坪（九〇〇坪という説もある）、建坪一〇〇坪以上、海を見下ろすプール付きの一五部屋もある二階建て。茨城県からトラック数台分の庭石を運んで、滝まで造られていたという。文字どおり豪邸である。同じ磯子区だが、生まれ育った滝頭というまさに下町・庶民の町から、高台の豪邸へと、空間の移動をしたわけだが、この「空間の移動」は同時に「階層の移動」でもあった。

ところが、これが、大きな反発を招くことになった。これに関しては、藤竹暁（一九七八年）が非常にうまくそのあたりを分析している。つまり、「ひばり御殿」は、「大衆の欲望の早すぎる達成」ととらえることが出来るというのである。ひばりは、大衆の欲望を早く達成しすぎてしまったというわけである。次のように書いている。

「ひばり御殿」は、以後高度成長を遂げる日本の「目標」を象徴していた。〔中略〕しかし、エコノミック・アニマルとしての日本人の心理と行動を、ひばりはあまりにも早く実践してしまった。「ひばり御殿」の建築が五年遅ければ、ひばりは民衆の嫉妬とひんしゅくのないまぜになった感情によって、攻撃されることはなかったであろう（藤竹 一九七八：一七七）。

この本の中では、戦後日本社会のスケープゴートとして、田中角栄、美空ひばり、皇太子（今上天皇）、自衛隊という、三人の個人と一つの集団が取り上げられ論じられているが、田中角栄とひばりには、当然のことながら共通点がある。二人ともいわゆる「成上り者」であるということだ。

日本人は、「成上り者」という存在を許さない、どこかで拒否するというメンタリティーを持っているような気がする。「成上り者」に対しては、一時喝采を送るが、最終的には受け入れないという心性を持っているのではないかということである。その一方で、どういうわけか、育ちのいい恵まれた階層の不良には寛大である。大げさに言うと、ある種の貴種崇拝のような心理である。日本人の心性にはこの二つがセットになって存在している気がする。

さらに、このような嫉妬心は、日本人の、いわゆる村的メンタリティーというものに関わりがあるようにも思える。村人というのは、仲間の出世とか成功を喜ぶのだが、その反面、それに対して非常に強い嫉妬心も抱くのである。仲間の成功は、うれしいことであるが同時に腹立たしいのである。そのような日本人の村的な、あるいは村人的なメンタリティーも「ひばり御殿」に対する反発には関係していると思われる。

さて、その「ひばり御殿」に関連した話題だが、その後一九七三（昭和四八）年に移り住み亡くなるまでひばり

図1　美空ひばり記念館（自宅跡）

が住んでいた自宅が、現在「ひばり記念館」として一部が一般公開されている。オープンしたのは、二〇一四（平成二六）年の五月で、その模様はある程度はマスコミでも芸能ニュースとして取り上げられていた。

　ここの見学は完全予約制で、三〇分刻みで六人ずつ見学するシステムで、一日六組までとかなり人数は制限されている。ひばり後援会の年配の女性たちが、見学者を案内してくれる。そこでは、最期までひばりが生活していたという二間続きの和室が開放されており、実際に入って見学できる。一部屋は仏間にもなっており、仏壇だけは撮影禁止だが、他はすべて自由に写真撮影もできる。国民栄誉賞の盾なども展示されている。

　その和室で、お茶とお菓子が出され、ひばりの好物だったというその中村屋の「かりんとう」一袋がおみやげとしてもらえる。入場料は一五〇〇円で、オプションで、写真撮影のサービスがある。ひばりの愛車・家紋入りのキャデラックの前などで写真を撮る。この二枚の写真セットの料金は一〇〇〇円である。

　筆者もフィールドワークの一環として二〇一四年九月に実際に足を運んでみた。率直な印象は、あれだけ働きずくめで「大スター」と呼ばれた人が最後に住んでいた家としては、ちょっと豪華さに欠けるのではないかというものだった。むしろ、質素だとすら感じたのである。場所は目黒区青葉台で、中目黒駅から徒歩一〇分弱の高台に位置し、道を挟んだ向かいにはエジプト大使館がある。確かに、立地条件は素晴らしく高級住宅地ではあるが、あのハリウッドスターたちの文字通りのお城のような豪邸に比べたら、非常に小ぢんまりとしていて地味な印象さえ受けたのである。

〈ひばり受難史⑦――ファンをめぐるトラブル〉

さらに、もう一つの受難のエピソードにふれておきたい。一九五七（昭和三二）年、浅草国際劇場での正月公演の際にその事件は起こった。ひばりがファンの少女から塩酸をかけられ、やけどを負ったという、よく知られた事件である。この犯人の少女は、山形県出身の、ひばりと同年の、お手伝いさん（当時の呼び方では女中）で、ひばりの熱狂的なファンだった。当時はそんな言葉はまだなかったが、いわゆる「ストーカー・ファン」である。

いずれにしても、この事件はファン心理というものの一面をよく物語っている出来事ではある。ファンというのは、ファナティック（fanatic：狂信者）の語源通りで、ファン心理の中には当然のことながらある種の狂気の部分がある。

犯行後の供述で、少女は次のように語ったという。――「どんなに好きになっても、ひばりちゃんは見向きもしてくれません……。みじめな私にくらべ、みんなにチヤホヤされているひばりちゃんが、憎くてたまらなくなりました」（「恐るべきファン――美空ひばり事件の背景」『週刊サンケイ』一九五七年二月三日号）。強い愛情が突如激しい憎しみに変わる、「可愛さ余って、憎さ百倍」という心理的ダイナミズムである。

当時の、この少女がもらっていた月給（二五〇〇円）とひばりのその年の年収（二一〇〇万円）との間には、これだけの落差があった。その大きな差を差として感じられないのが、ファン心理の異常なところである。相手とは

「住む世界が違う」ことを、客観的に見ることが出来ないのである。

この事件に関して言うと、当時は、『平凡』などのいわゆる芸能娯楽雑誌には俳優や歌手の住所や電話番号が載っているのが普通だった。今では考えられないことだが、これはファンが人気者との距離を誤解してしまう一つの要因だったかもしれない。現に、この少女も何度もひばりの自宅に電話して、「会いたい」と告げたり楽屋に押し掛けていたという。

〈ひばり受難史⑧──弟たちの不祥事〉

今までの事例からは大きく時代は飛ぶが、世間からの反発という流れの上に位置づけることができる大きな出来事、いわゆるスキャンダル、不祥事に関わることを最後に上げておきたい。これもよく知られている話だが、弟たちの度重なる不祥事、特にすぐ下の弟・かとう哲也（本名加藤益夫）の何回にもわたる違法行為と逮捕という出来事である。

表2　かとう哲也逮捕歴

一九六三（昭和三八）年三月	賭博幇助容疑。
一九六四（昭和三九）年一二月	拳銃不法所持。
一九六六（昭和四一）年九月	傷害および暴行。
一九六六（昭和四一）年一二月	拳銃密輸。
一九六七（昭和四二）年五月	拳銃不法所持。
一九七二（昭和四七）年一〇月	暴力事件。
一九七三（昭和四八）年三月	賭博開帳・図利。
	恐喝容疑。
一九七三（昭和四八）年九月	銃刀法違反。

表2に見るように、犯罪として表沙汰になったものだけでも、これだけある。

とりわけ、一九七三（昭和四八）年の度重なる逮捕劇には日本各地で「ひばりショー」への会場貸与中止の決定が相次ぎ、結果的にはこれが原因で、一七年間ずっと連続出場を果たしてきたＮＨＫの紅白歌合戦にも落選することになった。

このときのひばりの対応というのは、非常にかたくなで極端なものだった。週刊誌に載った次のようなコメントは語り草になっている。――「どうしてもかとう哲也をおろせというなら、美空ひばりは死にます。加藤和枝という三六歳のただの女になって、おかゆを啜ってでも、土方をやってでも、親子いっしょに生きていきます」（「独占会見『弟をおろすなら死にます』」『週刊朝日』一九七三年二月九日号）。

実際の対応も常軌を逸したものだった。〝憲法違反〟を大上段にふりかざして、訴訟にまで持ち込もうとしたのである。こうした動きに対して世論の反発は一層激しいものとなり、恩師の一人とも言える古賀政男の忠告もあって、さすがに訴訟は取り下げられることとなった（「ひばり訴訟へ」『読売新聞』一九七三年二月七日、「ひばり折れる　世論に訴訟を断念」『読売新聞』一九七三年二月二四日）。

「天声人語」「今日の問題」（『朝日新聞』）、「編集手帳」（『読売新聞』）など、新聞の代表的なコラムもこぞってひばりを批判した。ひばりとひばり一家は、いわば日本社会をまるごと敵に回してしまったのである。

なぜこれほどまでに極端な態度をとるのかについては、ひばりに子ども時代に自分が母親の愛情を独占してしまったという、負い目やある種の罪の意識があるためだという解釈が一般的だ。自伝に次のような一節がある。――「……いちばん母の愛情が必要な、いちばん母の愛情に飢えている年ごろの幼い子どもたちから私は母の匂いをうばってしまったのでした」（美空　一九七一：一七七）。ひばりが、芸能活動を始めたとき弟・益夫は五歳、武彦は三歳だった。

こうして、〝ひばりファミリー〟はますます強く結束し、殻に閉じこもりハリネズミのように世間に対峙していくのである。そこには独特の家族観が見られるという解釈もある。――〝ひばりファミリー〟はいわば、「変則的核家族」であり、「ひばりの一家主義は、古い大家族主義にたいする新しい核家族主義を、民衆レベルで具体的に描いたものである」（藤竹　一九七八：一八五）というのである。

この独特の家族意識を本田靖春は、母・喜美枝に見られる「胎内思想」から説明する。「胎内思想」とは、「自分の腹の中にあった分身、つまり子供に対しては無条件。心を許した対象もわが子同様、自分の〝胎内〟にとり入れて同化してしまおうとする、無意識の作用」（本田 二〇一五：二三一）だという。こうして、自分に「とびこんでくるものは味方、離れているものは敵といった簡明な色分けがなされる」（同）というわけだ。

こうして、〝ファミリー〟のメンバーだけで構成される「ミウチ」が、直接巨大な社会と向き合うことになる。世の中には敵と味方しか存在しない。そして、そうした家族意識は、「なぜうちだけがいじめられるの」という世間に対する被害者意識にもつながってくる。それは、閉鎖的で排他的な宗教集団に降りかかる〝法難〟意識にも近いというのである（本田 二〇一五：二二九）。

芸能の世界の宿命と言われているが、いわゆる反社会的なものとひばりとの深い結びつきは、実はデビュー当時から始まっている。彼女が一一歳のとき、一九四八（昭和二三）年の時点にまで話は遡るが、関西での興行をする際にひばりは、あの有名な山口組の三代目組長の田岡一雄と会っている。そのときのエピソードも非常に有名なもので、〝ひばり本〟では必ず紹介される定番ネタである。

一一歳のひばりが田岡一雄に向かって、「親分、今後ともよろしくお願いします」と挨拶したのに対し、田岡は、『親分』はよしてくれ。『おいちゃん』でええよ」と答えたというものだ。田岡は、えらく彼女のことを気に入って、赤い靴を買ってあげたという一見ほのぼのとした話が伝えられている。それ以来ふたりは、「お嬢」「おじさん」と呼び合う親しい関係になったというのである（大下 一九八九：九二―九三）。

4　時代の殉教者としてのひばり

この最後のエピソードに象徴されるように、最初からひばりはこのような反社会的なものと深く結びついていた。そして、それは生涯変わらなかった。まさにアウトローである。〝アウトローは、サブカルチャーの極みだ〟という話になる。結局、美空ひばりという人物は、世間の常識や良識というものの対極にあった。突き詰めていくと、やはり最後までひばりは「異端」であったのである。

つまり、それこそが実は芸能というものの本質であるわけだが、ひばりとは芸能の本質を体現した、まさに最後まで「異端」を貫いた「芸能の人」「芸能者」であったという、そういう結論になっていくのである。

ひばりも母親も天皇主催の園遊会に招待されることを熱望していたという。しかし、結局一度も呼ばれることはなかった（齊藤 二〇〇九：二一六）。女性では初めての国民栄誉賞を受賞したが、それは死後のことであった。[3]

以上で、冒頭で示した、「美空ひばりは、初期の段階においても、また、生涯を通じてサブカルチャーであった」という結論を確認することができた。

やや唐突な感じがするかもしれないが、最後に一つのＡＫＢ論を引用しておきたい。濱野智史の『前田敦子はキリストを超えた』（ちくま新書、二〇一二年）という本である。この本は、過激なタイトルからそれなりに話題になったが、ＡＫＢ48についてのユニークな論考である。

とりわけ、濱野自身も熱烈なファンである前田敦子についての議論が核心を成している。前田敦子が、恒例の総選挙の際のスピーチで発した名言、「私のことは嫌いでも、ＡＫＢのことは嫌いにならないでください！」という言葉をめぐって書かれた本と言ってもいい。

濱野に言わせれば、前田敦子は一貫して「アンチ」(敵視する者たち、非難を浴びせる人たち)からのさまざまなバッシングにさらされてきたのだが、第三回AKB総選挙(二〇一一年六月九日)で一位に選ばれた時のスピーチで先の一言を発した時、見事に「殉教者」になったのだ。――本小論の文脈にひきつけて乱暴に単純化してしまうと、この本のエッセンスは、そういうことである。

しかし、ここで「アンチ」からのバッシングの嵐と言っても、それはしょせんAKBファンの中の好みの違いから生じた反発であり嫌感情にすぎない。ところが、AKBの前田敦子は、この程度のバッシングでキリストを超えてしまったのである。

それでは、いままで紹介してきたような受難の歴史を歩んできたひばりは、どうなるのか？　キリスト、マホメット、お釈迦さまを動員しても足りない。彼女こそ、まさに究極の「殉教者」ではないか。

それでは、あらためて美空ひばりとは？　藤竹暁のひばり論のタイトルが、「凌辱される女王・美空ひばり」となっているところにその答がある。この「尊称」こそが、美空ひばりという存在の本質を語っているのではないだろうか。女王・美空ひばりは、大衆の上に君臨し支配しなかった。凌辱され続けたのである。

注

(1)　ちなみに、その〝ひばり本〟と呼ばれるものは、おびただしい数に及ぶ。一番多いものでは、四一一冊などという数字をあげている人もいる(齊藤 二〇〇九：六二)。どこまでを〝ひばり本〟とするかで、当然この数字は変わってくるが、これはいくら何でも多すぎるだろう。しかし、優に一〇〇冊を超えていることは確かである。
(2)　美空ひばりという芸名の由来についても、諸説入り乱れていた。母親がつけたとか、伴淳三郎がつけたとか、演出家の命名だとかさまざまな説があった。結局、真相はわからないままだったが、戦前・戦中に大都映画に同姓同名の女優がいたという事実で、この「論争」にはある意味で決着がついた。このもう一人の「美空ひばり」については、西木正明（二〇〇五）に詳しいが、芸名に関してもう一つの謎が暗示されていて興味深い。この本では、美空ひばりと田岡一雄との関係についても詳しく取り上げられている。しかし、この本は著者自らが言うように、「ノンフィクション・ノヴェル」というジャンルなので、「資料」としてどう使うかは難しい。

（3）　美空ひばりが亡くなった時のメディアの報道は、見ている方が恥ずかしくなるような、まさに「掌を返す」賛美・絶賛一色であった。

主要参考文献

阿久悠（一九九九）『愛すべき名歌たち――私的歌謡曲史』〈岩波新書〉岩波書店。

市川孝一（一九九三）『流行の社会心理史』学陽書房。

市川孝一（二〇〇二）『人気者の社会心理史』学陽書房。

市川孝一（二〇一四）『増補新版　流行の社会心理史』編集工房球。

上前淳一郎（一九八五）『イカロスの翼――美空ひばりと日本人の40年』〈文春文庫〉文藝春秋。

加藤和也（二〇一一）『美空ひばり公式完全データブック』角川書店。

黒田耕司（二〇〇〇）『美空ひばりがいた時代』〈小学館文庫〉小学館。

小西良太郎（二〇〇一）『美空ひばり「涙の河」を越えて』光文社。

斎藤完（二〇一三）『映画で知る美空ひばりとその時代』スタイルノート。

齊藤愼爾（二〇〇九）『ひばり伝』講談社。

世相風俗観察会編（二〇〇九）『増補新版　戦後世相風俗史年表』河出書房新社。

想田正（二〇〇九）『美空ひばりという生き方』青弓社。

竹中労（一九八七）『美空ひばり』〈朝日文庫〉朝日新聞社。

西木正明（二〇〇五）『一場の夢　ふたりの「ひばり」と三代目の昭和』集英社。

橋本治・岡村和恵（二〇〇三）『川田晴久と美空ひばり』中央公論新社。

濱野智史（二〇一二）『前田敦子はキリストを超えた』〈ちくま新書〉筑摩書房。

平岡正明（一九九〇）『美空ひばりの芸術』ネスコ〈文藝春秋〉。
平岡正明（二〇一〇）『美空ひばり　歌は海を超えて』毎日新聞社。
藤竹暁（一九七八）『日本人のスケープゴート』講談社。
本田靖春（一九八七）『戦後——美空ひばりとその時代』講談社。
本田靖春（二〇一五）『現代家系論』〈文春学藝ライブラリー〉文藝春秋。
美空ひばり（一九七一）『ひばり自伝』草思社。
美空ひばり（一九九〇）『川の流れのように』集英社。
美空ひばり（二〇一二）『美空ひばり　虹の唄』日本図書センター。
山折哲雄（一九八九）『美空ひばりと日本人』〈ＰＨＰ文庫〉ＰＨＰ研究所。
吉田司（二〇〇三）『ひばり裕次郎　昭和の謎』〈講談社＋α文庫〉講談社。

＊　これ以外の参考文献については、市川（二〇〇二）の巻末の参考文献一覧を参照。

第7章　村上春樹とジャズ
新しい文体が模索するもの

宮脇俊文

1　新しい文体の誕生

「日本はジャズに負けた」と篠田正浩監督は言った。「瀬戸内少年野球団」に関する講演（武蔵野市寄附講座「昭和のサブカルチャー」二〇一四年一〇月一三日）のなかでのその一言は実に多くのことを意味していたが、そのとき即座に頭に浮かんだのが村上春樹の文学のことだった。そのジャズで村上春樹は新たな文体を生み出し、今日世界的作家としての地位を築いているのである。

終戦と同時に急激に日本になだれ込んできたジャズは、単なる音楽の一ジャンルとして受け入れられたのではなく、その背後には、アメリカ建国以来の歴史や文化がすべて詰め込まれていた。ジャズの歴史を見ていくことで、アメリカのもうひとつの歴史が見えてくるだけでなく、西アフリカからアメリカの大地に強制的に連行され、奴隷として心身ともに労苦を強いられてきた黒人たちの物語も浮上してくるのだ。つまり、ジャズはアメリカの文化を表象するものであり、そこには音楽を超えた別次元の領域が存在していることになる。

このジャズが戦後の日本に新たな文体をもたらすことになるのである。文体は小説にとってはもっとも大切なもののひとつということができるが、この新たな文体を創造したのが村上春樹である。村上は一九四九年に京都で生まれ、すぐに芦屋に移り住んでいる。そこで幼少期から高校までを過ごしたのだ。神戸出身というふうに一般的には言われているが、それは神戸の文化圏のなかで育ったということである。そこは横浜と並んで、日本にいち早くジャズが入ってきた街でもある。ジャズはそうした文化圏で育った村上少年に大きな影響を与え、川端康成、谷崎潤一郎、三島由紀夫といった日本の代表的な作家たちとは違った文体で小説を書き始めることになるのである。

日本の現代文学といえば、その英訳のペーパーバックの表紙には、いまだに芸者やフジヤマが多くデザインされているのが現状である。それはいわゆるサイードのいう「オリエンタリズム」という言葉で説明されるものであるが、やはり日本は依然としてそうしたエキゾティシズムを西洋から求められているのである。ノーベル賞を受賞した川端をはじめ、こうした作家たちはもちろん偉大な存在であり、今もその価値を失っていないことは言うまでもないが、そこに描かれている日本の姿はすでに一昔前のものであり、現在からはある程度かけ離れたものとなっている。

六〇年代には大江健三郎が若者の間で人気を博し、状況は大きく変わったわけだが、さらにその次の世代の村上春樹は、三島、川端、谷崎らはもちろんのこと、大江の文体でさえ、もはや今の日本を描くことはできないと考えたのである。そして、今の日本の状況を描き出すには、新たな文体の創造が必要であると結論づけたのだ。そうしてそれまでとはまったく違った新たなスタイルの小説が書き始められたのである。

大江の文体は少なくとも団塊の世代からあとの世代の読者には難解な部類に入るといっていいだろう。それはあくまでも文体の問題であって、小説自体の価値を引き下げるということではない。単に感覚の問題かもしれない。大江のあとに登場した村上の文体からはまったく違った風が吹いてきたのだ。それはそれまでには見たことのない新鮮なものであった。その文体は、大江的難解さから多くの読者を解放してくれたのであった。

村上春樹は一九七九年に『風の歌を聴け』という中編でデビューした。それをたまたま何の前知識もないままに読み始めたところ、そこにはそれまでには経験したことのないリズムが刻まれていた。それは筆者が文学部英文科の出身で、アメリカ文学を中心に研究してきたということもあるのかもしれないが、そのアメリカ文学の影響を非常に受けているといわれたこの作品は、何ら違和感なく読めてしまったことを思い出す。短い作品であるとはいえ、一気に読めてしまう。ある種の感動を覚えた。それは今思えば、一枚のレコードを聴くような感覚だったのかもしれない。

翌年には二作目の『１９７３年のピンボール』が出た。このタイトルは大江の『万延元年のフットボール』（一九六七年）を意識したタイトルであることはまちがいないだろう。そして、三作目の『羊をめぐる冒険』（一九八二年）。これも大江の『日常生活の冒険』（一九六四年）に似ている。パロディとは言わないが、村上のなかに大江が常にいたことを暗示している。

図１　『風の歌を聴け』（講談社文庫）。『群像』新人賞を受賞した村上春樹のデビュー作。「喪失」文学の原点がここにある。新たな文体が衝撃を与えた

これら鮮烈な文体で書かれた村上の作品は、カート・ヴォネガットの亜流であるとか、レイモンド・チャンドラーそのままだとか、いろいろ言われてきたわけであるが、すでに三五年たった今、『海辺のカフカ』（二〇〇二年）にせよ、少し前の『ねじまき鳥クロニクル』（一九九四－九五年）にせよ、もう完全に彼自身の文体を形成していることはまちがいない。

ただ、そのなかには、やはり一貫してアメリカ文

学の影響が見て取れるが、これと並んで、彼のもうひとつの特徴がジャズ的文体である。音楽が文学に与えた影響を言葉で説明するのは簡単なことではないが、村上とジャズの関係を可能なかぎりここで考えてみたい。

2　リズム、即興、スイング

サブカルチャーのサブとはサブマリン（潜水艦）のサブであり、サブウェイ（地下鉄）のサブである。要するに何かの下、つまりアンダーグラウンドの意味であるが、どこか底に潜んでいるものが何かの機会に表面に出てくるわけである。したがって、それはメインのカルチャーというのがすでにあるなかで、ハイカルチャーといわれる正統派の文化というものに対抗する従属的なものである。大江健三郎をメインだと考えた場合、それに対して村上の新たな文体は、まさにサブカルチャーということになる。

戦後民主主義やエルビス・プレスリーに代表されるようなロックンロール、そして進駐軍と呼ばれるアメリカ兵が日本に持ってきたアメリカ的なもの、これらを一言でいうとジャズだということもできる。当時は、スチールギターのハワイアン音楽でさえジャズだと見なされたことがあるように、とにかくジャズはアメリカ文化の総称として使われていた側面がある。アメリカの文化はそれほどに日本人にとっては鮮烈であり強烈なものであったのだ。それを否定する人々ももちろん存在したわけだが、多くの人々にとってこれは無条件に受け入れるしかないものであった。むしろ積極的に受け入れた人たちも多くいたわけである。つまり大半の日本人は、戦時中は敵国であったアメリカの文化にうまく同化していったのである。

そんな戦後の日本で、ジャズに代表されるアメリカ文化をごく普通にすんなりと受け入れて育った人物の一人が村上春樹だったわけである。ジャズはそうした戦後のサブカルチャーの代表的な存在であったが、多くの日本人がジャズを聴いたかというと、それはまた別問題である。ジャズそのものは別にしても、少なくともジャズ的な雰囲気というものを多くの人々が味わってきたことは事実だ。それは、もしかしたらガムだったかもしれないし、チョコレートだったかもしれないが、それらも含めて広い意味でのジャズということだ。

村上は『意味がなければスイングはない』の「あとがき」にこう書いている――「書物と音楽は、僕の人生における二つの重要なキーになった」（二七七）と。ジャズ・バーを経営していた彼は、七年間、朝から晩までジャズを聴いて過ごした。ところが、文学であれ音楽であれ、常に「受け手」であり続けてきたことにある種の不満を感じ始め、二九歳のときに「ふと思い立って小説を書き」、小説家となった。聴くばかり、つまり自分は受け入れるばかりで何も発信していないという思いに駆られたのはごく自然な成り行きだったと言えるだろう。

作家になってからの五、六年間、村上はほとんどジャズを聴かなくなってしまったそうである。それは「自分がただのレシピエントに過ぎなかったことへの反動だったのだろうか？」と自問しているが、いずれにせよ、数年間にわたり、彼は「ジャズを敬して遠ざけ」、「和解」（二八〇）するまでにはしばらく時間がかかった。これは、言い換えれば、彼とジャズとの関係が人間関係にも相当するような深く、真剣なものであったということになる。このように、村上とジャズの関係はただならぬものであり、それは彼の小説世界にもしっかりと反映されている。

村上は今や世界的な作家となったわけだが、まず日本において彼が読者の心をつかんだ最大の理

図２『意味がなければスイングはない』（文藝春秋）。ジャズからＪポップまでをカバーした本格的音楽評論集。村上文学と音楽の親密な関係がここに明かされる

由は、その文体の音楽性にあると言えるだろう。村上作品の翻訳者の一人であり、また個人的にも村上と交流のあるジェイ・ルービンが言うように、村上は結果的に作家の道を選んだわけだが、別の意味でミュージシャンになったと言えるのかもしれない。彼は楽器を演奏するのではなく、小説のなかで言葉を使って音楽を奏でているからだ。それはただ単に作中に多くの曲名が散りばめられているということではない。彼自身の文章そのものが音楽を奏でているということなのだ。

村上は「いい音楽を聴くように、あるいはいい音楽を演奏するように。」のなかで、音楽は文章を書くには最適だと強調している。

要素は大体同じですから。リズム、ハーモニー、トーン。にプラスしてインプロヴィゼーション。ボクは日本の小説は読まないでやってきてたから、書き始めた頃、日本語をどう書いていいかわからなかった。……日本語を使って小説を書くという道筋が自分のなかにまったくなくて……すごい困ったんです。で、何が手伝ってくれたかというと、いい音楽を聴くように、あるいはいい音楽を演奏するように、文章を書けばいいんだという発想(二六三)。

これが彼の創作の基本だったようだ。さらに村上はカリフォルニア大学バークレー校での講演で、今度はジャズを具体的に強調して次のように言っている。

僕の文体は結局こういうことなんだ――まず、絶対に必要なもの以外、余計な意味を文章に込めようとしない。次に、文章にはリズムがなければならない。このことは僕が音楽から学んだことなんだ、特にジャズからね。

ジャズの場合、すごいリズムというのは、すごいインプロヴィゼーションを可能にするものなんだ。それはすべてフットワークにかかっている。そのリズムを維持するためには、余計な重みがあってはならない。ただ重みを完全に否定しているわけではないんだ――必要以上の重みはいらないということだね。余計な脂肪は取り除けということだよ（Rubin 2002：2：宮脇訳）。

そうして村上独特の文体は誕生したのだ。では実際、彼の小説とジャズはいかに密接につながっているのだろうか。

まず、リズムについて。村上の作品を読んでいると、そのリズムの良さが、内容の理解は別にして、読者をぐいぐいと引っ張っていってくれる。音楽がわれわれを惹きつけていくのと同じように、文章にぐっと引っぱられていくために、なかなか途中で止めることが難しい。そういう種類のリズムである。

そのことを、彼は『ニューヨーク・タイムズ・ブック・レヴュー』に掲載されたエッセイで説明している。

これがないと読者は読み続けてくれない。メロディーは、文学で言うとリズムに合った言葉を正しく並べることに相当する。言葉がうまくリズムに乗ればあとは何もいらない。ハーモニーとは心の中で鳴り続けるサウンドであり、それが言葉を支えている。そして、自由な即興（Murakami 2007）。

即興というのは、時に誤解されていることもあるが、いい加減なものでは決してない。それはその時の気まぐれで行う演奏ではない。このことを見事にわかりやすく説明してくれているフィリップ・ストレンジの言葉を引用しよう。

図３　『ワルツ・フォー・デビー』。「マイ・フーリッシュ・ハート」を含むビル・エヴァンズの最高傑作。スコット・ラファロのベースなくしてこのアルバムは語れない

ジャズはリアクションの音楽です。「いつもこう」ではなくて、「あのときベースがああ来たからこう」の音楽です。

エヴァンズの即興性は、同じ小節を何百回何千回もさらって、無数のパターンを吟味しているからこそ、瞬間的にその場のムードにいちばんぴったりしたものを選べるという感じでしょうね。人間の行動には絶対にパターンがある。パターンのない行動は存在しません。たとえば、靴の紐《ひも》を結ぶのにも、各自のパターンがある。パターンがないのは子供だけ。だから子供は靴の紐を結ぶのにも苦労する。無数のパターンがあるから自由になれるわけです。

その意味でジャズの即興は言語と似ていますね。いっぱい小説や詩を読んで、いっぱい映画を観て、いっぱい単語や熟語を覚えて、そうやって初めて自由に会話をすることができる（岡田・ストレンジ：二一二）。

ここではジャズ・ピアニストのビル・エヴァンズを例に挙げて説明しているが、作家の場合は、多くを読み、そして多くを書いて文章修行をしてはじめて、自然発生的に「じゃ、次はここに行けばいいかな」というふうにすっと移行できる、そういう意味での即興だということになるのだろう。決して適当な思いつきで書くものではないということだ。

村上はこの即興がもっとも好きだそうだが、「それはどこか特別なチャンネルを通して、ストーリーが内部から

自由に湧き出てくることで、あとはただそれに流れを与えればいい」(Murakami 2007) という。作家の中には綿密なノートを作ってから書き始める場合もあるが、村上はそれとは違うタイプの作家のようだ。まさに、ジャズ的な即興の作家なのだろう。

たとえば、村上が尊敬するF・スコット・フィッツジェラルドは克明なメモを取る作家だった。しかし、村上はまったくそれをやっていないようだ。そうではなくて、何か出だしが決まればあとはすうっと流れていくということのようだ。必要なのはそこだけであって、読者を引っぱっていくリズムを大切にすれば、あとは自然につながっていく。これは非常にジャズ的な執筆の仕方だ。

もうひとつ最後にもっとも大切なこととして、村上は作品が完成したときの「高揚感」を挙げている。それは、「パフォーマンスを終えて、これまでにない意味のある境地に達したと感じることができたときのこと」であり、「すべてがうまくいけば読者（聴衆）とその高揚感を共有できる。これほどすばらしい絶頂感はほかでは体験できない」(Murakami 2007) と言っている。

これは小説の場合は即座には感じ取れない。読者は別のところにいて、それぞれのペースで読んでいるからだ。ジャズは一回切りの演奏だと言われるが、聴衆はそれを目の前で同時に共有できる。それで演奏が終わったときに一体感が生まれるのだ。そのときの高揚感というのは、まさにジャズマンたちの最高の瞬間であろうと思われるが、それを作家として村上は感じることができるのだ。これはもちろん、読者の反応であったり、売れ行きであったり、いろんなことで判断できるのだろうが、彼はこういう絶頂感まで音楽的に計算をしているということのようだ。これこそがまさに村上のいうスイングの世界だろう。

ジャズでいうスイングとは、ごく簡単にいうとグループ感、つまり音楽におけるノリのことである。もちろんそれだけのものではなく、もっと深いものがあるわけだが、要するにこちら側とあちら側が互いに近づきながら一体化していく感じである。スイング（swing）と言えば遊具のぶらんこもスイングであり、時計の振り子の動きもスイングと表現できる。さらに深く解釈をすれば、被抑圧者側の黒人が抑圧者側の白人と一体化していくことだと捉えることも可能だろう。これに似た姿勢は村上文学の世界にも当然読み取れることである。

このように、村上は作家としてジャズを基本とし、そこから多くを学んだのだ。ただ、忘れてはならないのが先に言及したアメリカ文学の影響である。村上春樹といえば、これまでアメリカ文学との深い関係が常に指摘されてきたし、彼自身もそのことをあらゆるメディアを通して公言してきた。さらに、カポーティ、サリンジャー、フィッツジェラルド、チャンドラー、カーヴァーといったアメリカ作家の翻訳まで手がけてきているわけであるから、誰もその濃密な関係を疑うものはいない。

事実、村上はアメリカの多くの作家の影響を受けている。しかしそれはあくまでも具体的な細かい部分のことであって、村上独特の文体の形成には直接関係はないと言っていいだろう。たとえば、彼がもっとも愛読してきたというフィッツジェラルドを例に挙げてみても、その文体はまったく違ったタイプのものである。少なくとも文体に関するかぎり、二人のあいだに共通点はほとんど見られない。あえて言うと、チャンドラーにいちばん近いかもしれない。カーヴァー、そしてサリンジャーとの類似もなくはないが、ではそれですべて村上の文体が説明できるかというとそれはない。やはり村上にしかないものがあり、それがつまりジャズからの影響ということになるのだ。

3　軽い文体と重い憂鬱なテーマ

村上春樹とジャズとの出会いは一九六四年、彼が中学生のときに神戸で聴いたアート・ブレーキーとジャズ・メッセンジャーズの公演に遡る。彼はこのとき、音を通してアメリカを感じたと回想しているが、この体験はその後の村上に大きな影響を残すことになる。はじめて直に触れたジャズがこのグループであったことも見逃せないだろう。彼らはファンキー・ジャズの代表的存在で、五〇年代のアメリカにおいて黒人のアイデンティティー宣言をしたジャズメンたちであった。

この頃はアメリカのみならず、世界的にも人種問題が強く意識されるようになってきた時代であった。抑圧する側とされる側の緊張関係のなか、「自分たちは黒人なんだ」という意志とメッセージを持った力強い演奏は、弱冠一四歳の村上には強烈な印象を残したにちがいない。それが後の彼の世界観を形成するきっかけになったとしても不思議はないだろう。

二〇〇九年、エルサレム賞を受賞した時に村上が現地で行った「壁と卵」のスピーチは大きな話題となった。彼はここでひとつのメッセージを発した。「もしここに硬い大きな壁があり、そこにぶつかって割れる卵があったとしたら、私は常に卵の側に立ちます」というものだ。それは、人間を壊れやすい卵、制度を壁にたとえたものであり、「どれほど壁が正しく、卵が間違っていたとしても、それでもなお私は卵の側に立ちます」（七八）と作家村上春樹は宣言したのだ。まさにイスラエルがガザ攻撃を行っているさなかに現地に乗り込んでの勇気ある発言だった。

村上はこのスピーチの終わりに向けて、次のように語っている。

国籍や人種や宗教を超えて、我々はみんな一人一人の人間です。システムという強固な壁を前にした、ひとつひとつの卵です。我々にはとても勝ち目はないように見えます。壁はあまりに高く硬く、そして冷ややかです。もし我々に勝ち目のようなものがあるとしたら、それは我々が自らの、そしてお互いの魂のかけがえのなさを信じ、その温かみを寄せ合わせることから生まれてくるものでしかありません（八〇）。

あまりにも高い壁といえば、われわれは『世界の終りとハードボイルド・ワンダーランド』（一九八五年）を思い出す。ここに描かれた二つの世界のひとつである「世界の終り」の原型が「壁」というタイトルの短編であったことも偶然ではない。そうした壁に囲まれて生きるわれわれは、時に魂をも見失いがちになることがある。しかし、この魂の触れあいをとおしてわれわれは何かを獲得できるかもしれない。その姿勢はまさに今や国籍も人種も宗教も超越したジャズの神髄であり、村上文学の根幹でもあるのだ。

村上は一九七四年に東京の国分寺に「ピーター・キャット」というジャズ・バーを開いたが、この店の佇まいは『風の歌を聴け』の「ジェイズ・バー」を髣髴とさせるものであったと小野好恵は回想している。彼は常連客として店主の村上と会話を交わすことも多かったようだが、一度として文学の話題に触れたことはなかったという。ただ、店がそれほど忙しくないとき、カウンターの背後で静かにアメリカ小説のペーパーバックに没頭している村上の姿は印象的だったようで、「彼が持っている誰にも侵すことのできない世界の強靭さを、私はそのときに強く感じた」（小野：一〇四）と回想している。そこは誰も入り込むことのできない特別な領域であったわけだ。

このように村上の日常は、ジャズ（音楽）とアメリカ小説（書物）が常に一対になっていた。「ピーター・キャット」の特徴は、小野によると、扱う音楽が五〇年代の「クール・ジャズ」に限定されていたことである。村上はこの白人ミュージシャンたちが主体のジャズをこよなく愛し、このジャンルのレコードしか店では演奏しなかったようだ。七〇年代という時代からして、チック・コリアやマッコイ・タイナーをリクエストする客もいただろうと推測できるが、村上は流行を追いかけることなく、一貫してクール・ジャズに徹したのだそうだ。ジャズをただアメリカ文化の象徴として享受するのではなく、そこには何か確固たる信念のようなものが感じ取れる。村上はなぜこれほどまで頑なにクール・ジャズに固執したのだろうか。そこには何か奥深い理由があったにちがいない。ジャズは言うまでもなく黒人によって始められた音楽である。労働歌からブルース、そしてブルースからジャズへという形で進化を遂げてきたわけだが、黒人奴隷がアメリカに存在したからこそ生まれた音楽というのはなんとも皮肉な話である。奴隷という言葉の響きには耐えがたいものがあるが、そうした過酷な環境のなかから生まれてきたのがジャズである。これはそのあとユダヤ系の人たちの共感を得、白人のあいだにも広まっていく。そして今では世界音楽として親しまれ、日本にも一流と呼ばれるジャズ・ミュージシャンがかなり存在する。

白人のクール・ジャズがなぜ村上の心を捉えたのかということには理由がある。彼はジャズのなかでも特にスタン・ゲッツという白人ミュージシャンを好んだ。ボサノバとのコラボでも有名なサックス奏者である。村上は特にこのスタン・ゲッツから多くを学んでいると小野は指摘している。白人であるスタン・ゲッツが自己の表現の手段としてジャズを選んだということは、黒人と白人の双方からの差別に遭遇することだったと小野はいう。本来黒人の音楽として認識されているジャズの世界に白人が足を踏み入れるわけであるから、黒人の側はもちろんのこと、白人の側からも非難を浴びる結果となったのだ。こうして彼は幾多の困難に遭遇しながらも、いわゆるクール・サウンドというものを確立したのであり、それは黒人にも入り込めない彼独自のサウンドの世界だった。小野は、「ゲッツのジャズのクールさとスマートさは黒人のジャズに対する距離感の表現であり、見事な批評となりえていた」（小野：一〇五）と言っているが、この「距離感」は村上を語るうえで重要なキーワードとなるものである。

スタン・ゲッツといえば、村上は「スタン・ゲッツの闇の時代 1953-54」というエッセイを書いている。ここにはヘロインとどうしても縁を切ることのできなかった天才テナーサックス奏者のことが描かれているが、この章はこんなふうに締めくくられている。

　僕としては、西も東もわからないまま、一本のテナーサックスだけを頼りに、姿の見えぬ悪魔と闇の中で切りむすび、虹の根本を追い求め続けた若き日のスタン・ゲッツの姿を、あとしばらく見つめていたいような気がす

図4　『アット・ストーリーヴィル Vol. 1 & 2』。小説がフィッツジェラルドならジャズはスタン・ゲッツだという村上春樹が薦めるボストンの名門ジャズ・クラブでのライブ盤

る。彼の素早い指の動きと、繊細なブレスが奇跡的に紡ぎだす天国的な音楽に、何も言わず、あるときには何も思わず、ただ耳を傾けていたいのだ。そこでは彼の音楽があらゆるものを——もちろん彼自身をも含めて——遥かに、理不尽に凌駕していた。それは共時的な肉を持つ、弧絶したアイデアである。それは欲望の根に支えられた形而上的な風景である。そのような理由で僕は、スタン・ゲッツといえばだいたいいつも、古いルースト盤やヴァーヴ盤をとりだして、ターンテーブルに載せることになる。彼の当時の音楽には、予期しないときに、とんでもないところから、よその世界の空気がすっと吹き込んでくるような、枠組みを超えた自由さがあった。彼は軽々と世界の敷居を超えることができた。自己矛盾をさえ、彼は普遍的な美に転換することができた。しかしもちろん、彼はその代償を払わなくてはならなかった。「ジャズというのはね」と彼は晩年、あるインタビューの中で、まるで家庭の不快な秘密を打ち明けるように語った、「夜の音楽（night music）なんだ」。
その言葉は、スタン・ゲッツというミュージシャンと、彼が作り出した音楽のすべてを語っているような気がする（二〇〇五：一〇二―一〇三、傍点は引用者）。

村上は言葉で音楽を奏でるミュージシャンだと先に表現したが、彼はスタン・ゲッツがやったことを、今度は文章で、すなわち枠組みを超えた自由さをもって、よその世界の空気を自身の作品に注入するということをやってのけたと言える。アメリカ文学なりヨーロッパ文学なり、外国のものをすっとうまく取り込んだのである。日本はこうなのだというふうに頑なに国粋主義的になるのではなく、戦後急速に西洋化（アメリカ化）が進むなか、それを素直にそのまま表現していくという村上の姿勢とゲッツの姿勢はぴたりと一致するのではないだろうか。

日本にはまだまだほんとうの意味での自由が確立されていない分（少なくとも村上はそう考えている）、村上にとってはその自由の追求ということが大きなテーマとなっている。たとえ代償を支払うことを強いられようとも、村上はゲッツが演奏したように文章を書きたかったのではないだろうか。大江ら先人の文体をまねるだけでは絶対にそれは不可能であったわけである。だからこそ、彼独自の新たな文体を創造することが必要だったのだ。

村上の文体は非常に軽妙で、読者は一気に読み進めることができるということを先に指摘したが、それはゲッツのテナーサックスともどこか共通点があるようだ。スーッと軽く進んでいく感じがどこか似ている。重くなく、いい意味での軽さという点で村上はゲッツの影響を受けていると言えそうだ。ただそれはあくまでも表面上のことであって、その奥に潜んでいるものは決して軽くはない。村上のテーマは、文体の特徴に反して、かなり深刻で重苦しい。爽やかな読後感のものもなくはないが、全体的に読んだあと考え込んでしまうような深刻なテーマである場合が多い。それは簡単にいうと、現代人の抱く疎外感や他者とつながることの難しさといった問題がそこに描かれているのだ。先に距離感というキーワードを挙げたが、距離というものがまさにそこにあるのだ。現実社会にどうしてもうまく適応できない。純粋であればあるほど、正しく生きようとすればするほど、うまく適応できないでそこからはじき出されてしまう。そういう人たちを主人公にした重苦しいテーマが描かれるケースが多いのだ。

三浦雅士の指摘にもあるように、この軽い文体と重い憂鬱なテーマの共存が村上作品を成功に導いていると言える。これがもし文体もテーマもともに暗く重苦しいものであったなら、読者はみな途中で読むことを放棄してしまうかもしれない。しかし村上文学の場合はとにかく読者を最後まで連れていく。それで、しばらくして、「ん、何だったんだろう」というふうに考えさせる技術を彼は身につけているのだ。この背後には、ゲッツの影響がかなりあったにちがいない。

村上はいわゆる「文壇」に所属することなく、彼一人で独自の世界を築き上げてきた。そこには当然のことながらまわりからの非難や圧力があったはずだ。それでも彼はそれを乗り越え、チャンドラーが描くフィリップ・マーロウのような一匹狼のスタイルを確立したのだ。それは決して生やさしいことではなかったはずだ。クールで洗練されたゲッツのサウンドが、黒人の奏でるサウンドとは明らかに違った独自のものであるように、村上の文体もそれまでの日本の伝統的なものからはかけ離れたまったく新しいものとなっている。このように、アーティストとしての姿勢の点でゲッツと村上には共通点がある。村上はなぜゲッツが好きかについてこう言っている。

結局イミテーションでしょう、当時のね。そういうのはわりに昔から好きなんですよ。内在的な必然性というのが、黒人の場合には、歴史的というか人種的なものが一応あるわけですよ。白人の場合には借りものという感じがあるんですよ。やっぱりアーティフィシャルなものが好きだというかね。ナマのままのものというのはもうひとつしっくりこない。それは勿論それなりに好きなんだけど、そういうものは評価する人はいっぱいいるわけだから（『ジャズの辞典』二四五）。

村上は現実を「ナマのまま」描くのではなく、「アーティフィシャルなもの」に変換しているのだ。この意見はある意味で非常に日本的ではないだろうか。明治維新以降、そして特に第二次世界大戦後、日本は西洋のあらゆるものをうまく取り入れてきた。それに共通する部分は大きい。ここで言う「借りもの」とは、われわれ日本人にとってのアメリカ文化のことであり、また「ナマのままのもの」とは谷崎が主張するような日本特有の伝統文化をさすというふうにも解釈できる。事実村上の作品世界を見れば明らかなように、彼は日本の伝統的文化に執着するのではなく、日本が歩んできたとおりの現実をありのままに描いている。

その結果、村上の小説のなかにはそういった日本独自の伝統文化みたいなものはまず描かれていない。たとえば『ねじまき鳥クロニクル』に見られるように、ジーンズをはいてロッシーニの音楽を聴きながらスパゲティを茹でているといった光景が展開されている。作品に散りばめられている音楽もほとんどが西洋の音楽だ。それは、言い換えれば、今日の日本がまさにそういう文化を享受しているということになる。そこには西洋のイミテーションが多分に含まれているのだ。しかし、それこそが戦後われわれが受け入れてきた現実なのであり、それがサブカルチャー的世界ということにもなる。

村上が白人のジャズを好むもうひとつの理由は、その「ナマのままのもの」である黒人ジャズが少々重過ぎると

図５『ねじまき鳥クロニクル』（第１部〜第３部，新潮文庫）。われわれが意識的に無意識の闇の中に葬り去ろうとしてきたこととは何か？　日本の近代化のなかで歪められてきた歴史がここにある

いうことと、それがジャズの「メインストリーム」であるということである。彼は常にこの「メインストリーム」から距離を置く生き方をしてきている。それは彼自身が文壇から距離を置いてきたことであり、また彼の作品世界で言えば、社会の「こちら側」だけではなく、「あちら側」の世界にも目を向けようと意識していることでもある。さらに、それは時には自分自身のなかの「あちら側」であったりもするのだ。井戸の底に降りていったり、壁を抜けたりというのはすべてこのことに関連している。それは、もう一人の自分と冷静に対話をしてみようという姿勢であり、また社会の向こう側の人たち、向こう側に追いやられた人たちへのやさしい眼差しであるという見方もできる。それは『ねじまき鳥クロニクル』以前の作品に顕著な「ディタッチメント」の世界とも共通している。要するに村上は徹底して社会のメインストリームに所属するという考え方を嫌ってきたのだ。小野が言うように、「制度」に服従するのではなく、それを乗り越えるというのが彼の生き方なのだ。ジャズが本来そうであったように（『ジャズの辞典』二四三）。

ただ集団のなかに身を置くのではなく、「個」を生きることこそが村上の信念だが、それはやはりアメリカ文学をずっと読んできた人間のひとつの行き着く先かもしれない。アメリカ文学は、マーク・トウェインの『ハックルベリー・フィンの冒険』（一八八五年）以来、落ちこぼれや社会からはみ出した人物が主人公として描かれている場合が実に多い。これこそがアメリカ文学の最大の特徴であり、村上もそこに大きな魅力を感じたのだろう。制度を乗り越えていくのだという姿勢、それこそがまさにジャズなのだ。その意味においても、村上の全体のテーマがジャズであるということもできる。現在のジャズは少々停滞ぎみで形骸化してしまっているところがあると言われるが、かつては一〇年単位で常に進化を遂げてきた。ひとつの形が受け入れられたからといって、そこに甘んじてそのまま同じことを繰り返すのではなく、どんどん新しいものに挑戦をしてきた。これがジャズの一〇〇年間の進化であり、その点こそが村上のいちばん気に入ったところなのだろう。

4　「個」と「自由」の確立を求める文体

作家としての村上春樹のジャズ的姿勢を知る上で重要なのが、「芭蕉を遠く離れて――新しい日本の文学について」と題するジェイ・マキナニーとの対話である。ここでマキナニーは村上の人気の理由として、「グループに属することをはっきりと拒否」していることを挙げ、村上の作品が「彼の先行世代の扱っていた主題からは訣別している」(二〇一)点を指摘している。このことに関して、そしてまた結果的にジャズとの関連において、村上はこの対話の中で次のような発言をしている。

僕自身は決してノン・ナショナリティーを追求しているわけではないんだ。……僕がまずだいいちに書きたいのは日本の社会なんだ。僕はその社会を、あるいはそれをニューヨークだかサン・フランシスコに場所を変えたとしても通用するという視点から書きたいんだ。……僕はいわゆる〝日本的なもの〟をどんどん放り出していって、そのあとにどうしても残る、これ以上はもう放り出せないという日本的特性を描きたいんだ……(二〇四―二〇五)。

村上のいう「放り出す」ことは、先に引用した「余計な脂肪を取り除く」ことにつながるが、「日本的なもの」とはいったいどのようなものなのか。そこにサブカルチャー的なものは残っているのか。村上が最終的に描きたい日本的特性とは何なのか。これを読み取るのが村上研究の最大の焦点となってくる。それはわれわれ日本人が意識して日本的なものを考えるときに思い浮かぶものではなく、それらを排除したあとに残るもののことなのだ。

たとえば、能や歌舞伎といった伝統芸能、そして茶道や生け花など。どれをとってみても、日本から消えてしまったわけではないが、誰しもがごく日常的に触れている文化とはいえない。このことは村上自身もこの対話の中で指摘しているが、こういったものを取り除いたあとに残るものとは何か。それは西洋化されたわれわれの生活様式と、あとは目に見えない精神的な部分の特性なのではないだろうか。それは形に表せないだけではなく、西洋的な論理で説明することが不可能に近いものかもしれない。

『海辺のカフカ』に描かれた世界はまさにその典型である。たとえばこの作品に登場する「入口の石」は、神道と密接に関連しているものだと思われるが、それはわれわれにとっては理屈抜きで身についてしまっているものであり、それをうまく説明できる者はあまりいない。またそれと並行して、カーネル・サンダースやジョニー・ウォーカーといった人物が描かれている。こうした世界こそがサブカルチャー的文学の象徴と言えるのだろう。

日本はその文化が異文化の脅威に晒されたことがない。ヨーロッパなどとは違い、日本の言語や文化は、長きに渡り奇跡的に守られてきているところがある。こうした日本を描くためには、「新しい日本語の文体」の構築が必要になってくると村上は言っている――「もし君が何か新しいことを語ろうとするなら、君は新しい言語を必要とする」(二〇六)。つまり、村上以前の作家たちが使用してきた言語では、今の日本は描ききれないということだ。この日本の言語文化に関して、彼は次のような歴史的見解を述べている。

その文化が異文化の真の脅威にさらされたことはほとんど一度もなかった。……その反面、我々は言語文化的には他国に何も与えなかった。我々がやったのは、二十世紀前半の軍事的侵略の過程において、いくつかのアジアの国々に我々の言語を強制的に押しつけたことだけだ。それを別にすれば我々はずっと言語的・文化的孤立を保っていた(二〇七)。

したがって、われわれ日本人は、自分たちの特殊性とか差異性を確信して強調する傾向があるのだというのが村上の考え方である。

若手の作家たちも含め、村上らが実践してきたのは、「そのような頑迷さ、そのような確信に揺さぶりをかけること」であって、「長いあいだの文化的孤立のようなものを、どこかで解消しなくちゃいけない時期に来ている」（二〇〇八）と考えていたのである。彼はすでに二〇年前に日本語の「再構築」、「言語的組み換え」の必要性を説いていたのだ。その結果、彼の新しいスタイルの小説はみごとに受け入れられて、今やハルキ・ムラカミを知らない人はいないというほどに多くの国々で読まれている。

図６『海辺のカフカ』（上・下巻，新潮文庫）。「新しい世界の一部になる」ため，一人旅に出るカフカ少年。日本の歴史，そしてこれから向かうべきこの国の未来がここに示される

こうして生まれた村上独特の文体は、川端や谷崎、三島などに基準を置いて見てみると、決して美しいとは言えない。細かく見ていくと、どこかぎこちなかったり、やたら英語的な言い回しに遭遇したりもする。しかし、美しいかどうかは別として、それが今のわれわれの言葉なのであり、まさにサブカルチャー的なのである。つまり、今われわれのあいだで使われている日本語を見れば、そこには英語の単語やフレーズがあふれ、正統派から見れば乱れに乱れているというのが現状である。村上の文体はそうした意味で、特に若い世代にはごく自然に受け入れることのできるものだと言える。日常の言語と比べて、なんら違和感がないのだ。

ただ、村上は若者たちの日常語をそのまま作品に使っているというのではない。先人たちによって確立されたひとつの制度を打

ち破り、そしてそれを乗り越え、新たな彼独自の世界を構築したのだ。かつてジャズがそのようにして進化していったように。言い換えれば、たとえば大江の時代に使われた言語で、村上が描く世界は語れないということだ。それは七〇年代後半から急速に変化を遂げ始めた日本の社会、いわゆる「高度資本主義社会」に突入した日本である。このことについて、村上は同じ対談で次のように語っている。

僕らの多くは今、日本語を再構築しようとしている段階に入っているのではないか。三島が用いていたような言語的美しさ、精妙さ、それはたしかにけっこうなことだ。でもそれが通用し機能していた時代は過去のものとなっている。我々はもっと新しい試みに向かわなくてはならない。我々がやらなくてはならないのは、言語的バリヤーを越えて、より広い世界に語りかけることだ。そのためにはある種の言語的組み換えが必要なんだ。既成の文学言語ではなくて、自前の言葉が必要なんだ。……

……異文化の人々に我々が話しかけようとするとき、彼らとインフォメーションを交換しようとするとき、我々はいわば言語的中間地点のようなものを必要とする。僕もそこに行ける、君もそこに来ることができるという場所だ。我々はある程度言語を組み換えることによって、そういう仮説的な場所を共有できるようになるんじゃないかという気がする（二〇八）。

その結果、明治初期に起こった言文一致運動に似た流れが生じるのではないかと村上は言っている。こうした考え方が彼の作品に描かれる「壁抜け」といったような発想を生んだのかもしれないし、また「あちら側」と「こちら側」の融合を目指そうとしていることにも通じるのだろう。そして、人は自国の言語や文化に対して誇りを持てるようでなければならないと村上は力説している。

真の誇りというものは、外部に向かって自由に自らを表現することによって生まれてくるものだ。日本人は世界中において物質的成功を収めた。でも僕らは文化的にはほとんど何も外に向かって語りかけてはいない。その結果、僕らは文化的な意味合いにおいての誇りというものを感じることができずにいる。何かがちょっと間違っているんじゃないかという思いがそこにはある。そのようにして、僕らは今自分たちの位置を見直そうとしているように僕には思える（二〇八）。

まさにその通りである。これまで受容することに重点を置いてきたわれわれは、今まさに外に向けて自国の文化というものを正しく、声に出して発信できるようにならなければならない。

それは結局ジャズと同じである。常に最初のブルースの時代にさかのぼって、そこから進化してきたジャズの歴史を知った上で、たとえば六〇年代にはフリージャズが生まれたわけである。それは、少なくとも最初は、何とも言えない違和感を覚えさせるものであり、またあまり耳に心地よくないサウンドに思えたかもしれないが、それでも、「昔の人間がやったとおりにはやらないぞ」という実験的な姿勢で、「もっとフリーに、フリーに！　こんな吹き方だって、こんなやり方だってできるんだ」ということを一生懸命やってみせる。常に新しいものを模索しながら必死になってフリージャズに向かうその姿勢が人々に感銘を与えたことは否定できない。

これまで一方的に西洋のものを受け入れるだけだった日本が、村上春樹という一人の作家の登場によって、かなりその姿勢に変化が見られるようになったことは大きい。さらに、集団性だけを重視するのではなく、やはり「個」を生きる自由というものをいかに確立するか、これが今後の日本人の大きなテーマではないかということを村上はその作品世界で訴えている。その視点はまさにジャズそのものである。まず自分の自由を確立しないかぎり、社会や組織での自由はありえないのだ。ジャズが音楽という手段で体制に訴えてきたとすれば、村上は文学という手段を用いて同じことを実践してきたのだ。

私が小説を書く理由は、煎じ詰めればただひとつです。個人の魂の尊厳を浮かび上がらせ、そこに光を当てるためです。我々の魂がシステムに絡《から》め取られ、貶《おとし》められることのないように、常にそこに光を当て、警鐘を鳴らす、それこそが物語の役目です。私はそう信じています（村上 二〇一一：七九）。

　ジャズが抑圧される側の人々から生まれた音楽であるとすれば、村上も同じ抑圧される側に位置する人々を主人公として作品を描いてきた。彼は常に体制側には抵抗の姿勢を見せてきたのだ。ジャズが常に社会の動きに敏感に反応してきたのと同じように、村上の小説も日本の社会の動きを常に意識して書かれてきた。日本の社会を描き続けてきた村上は、ジャズの特性を作家として言葉に置き換えることでここまで成長してきたのだ。彼の小説世界には戦後の日本が歩んできた道のりが描かれているだけでなく、この国がこれからどこに向かうべきかの道筋が提示されてもいる。この作家の築き上げた世界を乗り越えていく世代はすでにその地位を確立しつつあるのだろうか。新たなリズムは刻まれ始めているのだろうか。それがジャズであれ何であれ。

＊　本章は、武蔵野市寄附講座「昭和のサブカルチャー」（於：成蹊大学）において、「村上春樹とジャズのクールな関係」と題して行った講演（二〇一四年一一月一〇日）に加筆修正を施したものであるが、講演に際しては同タイトルの拙論（『ニュー・ジャズ・スタディーズ――ジャズ研究の新たな領域へ』所収）を使用したため、内容的にこれと重複している部分があることをお断りしておく。

参考文献

岡田暁生・フィリップ・ストレンジ（二〇一四）『すごいジャズには理由《ワケ》がある――音楽学者とジャズ・ピアニストの対話』アルテスパブリッシング。

小野好恵（一九九八）『ジャズ最終章』川本三郎編、深夜叢書社。

三浦雅士（二〇〇三）『村上春樹と柴田元幸のもうひとつのアメリカ』新書館。

宮脇俊文・細川周平・マイク・モラスキー編（二〇一〇）『ニュー・ジャズ・スタディーズ――ジャズ研究の新たな領域へ』アルテスパブリッシング。

村上春樹（二〇〇四）「いい音楽を聴くように、あるいはいい音楽を演奏するように。」『エスクァイア』九月号、二六〇―二六三頁。

村上春樹（二〇〇五）『意味がなければスイングはない』文藝春秋。

村上春樹（一九八三）「インタビュー　村上春樹『かつてジャズはつねに制度を拒みそれを乗り超えてきたものだったんだ』」（聞き手：小野好恵）ａｒｃ出版・企画編『ジャズの辞典』冬樹社。

村上春樹（二〇〇五）『海辺のカフカ』（上・下）新潮文庫。

村上春樹（二〇一一）「『壁と卵』――エルサレム賞・受賞のあいさつ」『村上春樹　雑文集』新潮社。

村上春樹（一九九三）「対話　村上春樹×ジェイ・マキナニー『芭蕉を遠く離れて――新しい日本の文学について』」『すばる』三月号、一九八―二一三頁。

村上春樹（一九九七）『ねじまき鳥クロニクル』（第1部―第3部）新潮文庫。

村上春樹（二〇〇三）『ポートレイト・イン・ジャズ』新潮文庫。

村上春樹（二〇一〇）「村上春樹ロングインタビュー」『考える人』〇八月号、新潮社。

Murakami, Haruki (2007). "Jazz Messenger." Trans. Jay Rubin. *The New York Times Book Review* (July 8).

Rubin, Jay (2002). *Haruki Murakami and the Music of Words*. London: Harvill Press.

Updike, John (2005). "Subconscious Tunnels: Haruki Murakami's Dreamlike New Novel." *The New Yorker* (January 24).

第8章 自然・生態系のファンタジスタ

宮崎駿のインパクト

千葉伸夫

1 ユーラシア大陸の龍

宮崎駿作品は、不意に、思いがけないところで、意識を駆け上がってくる。

二〇一一年三月一一日、大地震の直後に「風の谷のナウシカ」の文明崩壊の設定が、原子力発電所の崩壊で「On Your Mark」の無人の街の光景が、暗い街と化した東京に向かうと「千と千尋の神隠し」の地中へ向かう闇の中の海上電車が、フラッシュバックした。生態系のファンタジーは一瞬で逆転、アクチュアリティを持ってリアライゼーション、現実化してきた。「未来少年コナン」の冒頭の設定で、予告していたことなのかもしれない。「こう変わるんだ」と戦慄のイメージ転換となった。

これに先立って、二〇〇八年夏、北欧へいった。

図1は、ノルウェーの、スカンディナヴィア山脈東側、氷河跡の長大な山麗に接した場所に建てられた、一一世紀ごろのスターヴ教会である。全体が木造、バイキング船を逆さにした構造といわれる。全面黒塗り、屋根は四層か、教会とはとても思われない異様、威嚇しているかのよう威容ぶり。一〇〇〇年後の今にも、飛び立ちそうでは

図1　2008年夏　ノルウェーのスターヴ教会（撮影千葉）

ないか。無人の峡谷、周囲には墓地。尖塔に、十字架、突き刺された白龍。建物のなんというのか、突起に（破風）、鉾と十字架を配している。上下の十字架との対比というこのシンボルは、歴史的意味を錯綜させ、ファンタジーにうってつけの建物であり、景観であるように思われる。自然・原始信仰とキリスト教の融和の、あるいは制圧されたメッセージを、想像することができる。

これこそ「ハウルの動く城」のモデルと直感した。この建物の像を、「ハウルの動く城」の冒頭にワンショット入れただけで、あの理解しにくいドラマに想像力が膨らんでいく。ハウルはなにものなのか。ハウルの城がなぜ「血を吸う」と近代の市民から恐れられているのか。ハウルと変身する城、その住人との関係。鳳（おおとり）になぜ変身するのか。ハウルと母親的な国王付きの魔女との関係、戦争をめぐるふたりの対立関係、ハウルと荒野の魔女との姻戚的な関係はどうなっているのか。さらにハウルが幼児時代のアルカディア（桃源郷）のような草原をルーツとするのか。ハウルと町娘ソフィーとの関係と、原作も、映画も、このルーツをはっきり示唆していない。

おそらくハウルは、自然・原始信仰のシンボルにあたるのだろう。この異様に接して、宮崎ファンタジー解読へのモティベーションを授けられた思いがした。

スターヴ教会を見てから七年後、二〇一五年春、ユーラシア大陸の西北端から東南端へ、地球の全周のほぼ三分の一離れたベトナムのハノイで、ふたたび龍にあった。ベトナムは龍の国だ。タンロン遺跡は、一一―一九世紀のベトナム王朝城跡。タンロンは昇龍の旧称の意味という。図2は、その建物の龍。古代信仰の龍は、宮崎作品では「千と千尋の神隠し」に、ハクのルーツ、つまり川の神として登場する。図3は、ベトナム中部のダナン近郊のホ

図２　2015年春　ベトナムのハノイにて（同）

図３　2015年春　ベトナムのホイアンにて（同）

イアンで会った「もののけ姫」ステッカーであるが、こちらも突然の、意外な出現だった。

ファンタジーは、現人類数一〇万年の歴史を想起させ、奥が深い。文字の発明は、五、六〇〇〇年前だから、古代信仰の龍の記録はおそらくなく、文字以前の表象だけが残ったことになる。いわばこの表象は、文字の時代を経て近代現代にいたるまで、ある意味で文明に抑圧され続けたものだといってもよいだろう。しかし、だからこそ今、ファンタジーを通して人類学的な発想のシンボルとなり、二〇世紀の後半から二一世紀の私たちに、刺激を与えないわけにはいかないのである。宮崎駿の言葉では、映画の中で、そのコスモロジーを語りつくしてはいけない、というところにあたるかもしれない。宮崎駿＋スタジオジブリのアニメーション映画は、アニメーション映画というジャンルのサブカルチャーと、自然・生態系ファンタジーというテーマのカウンター・カルチャーが、二〇世紀の終盤から二一世紀の現代にかけて、メジャーでグローバルなカルチャーへと展開し、進展していくのである。

そのあとをフォローしよう。

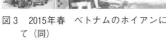

2　宮崎のフィルモグラフィーと主テーマの変容

宮崎駿は、一九四一年に生まれた。幼年期を第二次世界大戦下で過ごし、少年期を敗戦、戦後の混乱からの回復時代に送った。前述したような、文明の解体からの再生、という多くの作品に反映しているストーリーは、このような原初体験と関係があるとみてもいい。

宮崎は、少年時代から絵に興味を持っていたが、彼が、アニメーション映画以外に影響をうけた作品として名をあげる日本映画には、成瀬巳喜男監督の「めし」（一九五一年）など、五〇年代の作品が多い。当時の日本映画は、溝口健二や小津安二郎などリアリズムの最盛期だった。

一九六〇年年代初め、大学卒業後、東映のアニメーションの部門に入社した。六〇年代、日本映画は、産業としての全盛期から、経済成長に寄り添うように台頭したＴＶの拡大による底の知れない退潮へと転換した。つまりこの時代、日本映画は、経済成長による文明の転換、映像においての映画からテレビへの転換、さらに映画のリアリズムの後退を、年を追うごとに明らかにしていった。大戦による国家解体と再生につづく、映画の産業解体という体験をしたことになる。他方、勃興するＴＶの世界には、アニメーションというジャンルが急速に成長することになった。とくに、一九七〇年代になると、宮崎はアニメーション映画やテレビのアニメーション作品の制作をしていった。この制作の中で、実写映画なら美術・俳優・撮影までも含む原画を担当することが多く、これが宮崎の監督としての道を開くこととなった。

一九七八年、ＴＶの連続アニメーション「未来少年コナン」で監督としてついに長編デビューした。地球が物理的、政治的に滅亡して、小さな孤島群となったという設定と、そこに残された少年や少女をヒーロー、ヒロインにして、チームコメディ調の冒険ドラマとして展開していく。全部で一〇時間以上の長編であり、構成、キャラクター、ギャグ、オプティミズム（楽観主義）などは、のちの宮崎ワールドを予告することとなった。さらに一九七九年、宮崎は長編アニメーションの劇映画監督として「ルパン三世　カリオストロの城」でデビューした。原作のチームコメディ、アクション調は踏襲し、ドラマをオリジナル化して、ストーリーテリング、美術、色彩、ドラマの構成に特色を発揮、長編監督としての力量をデモンストレーションした。しかし、このモダニズム系列のアニメーション劇映画の世界からはこの一作で退いて、自身のアニメーションワールドに転換する。

オリジナルによる第一作が「風の谷のナウシカ」だ。文明崩壊から一〇〇〇年後の風の谷一族のプリンセスと環境破壊による生物・動物とのコミュニケーションを軸に、大国と極小国の攻防をドラマとした。こうした叙事詩的構成を、風の谷という集落にすえた美術による提示が斬新であり、宮崎駿が自身のコスモロジーをはじめてプレゼンテーションした感がある。「未来少年コナン」で設定されていたアイデアを大胆に提示し、動く美術として見せたといっていい。既視感のないオリジナリティ作家の素質は、一挙に注目された。

一九六八年の「天空の城ラピュタ」は、スタジオジブリの発足とともにある。世代的に先行したジョージ・ルーカスやスティーヴン・スピルバーグ等のアメリカの即物的な、スペース・ファンタジーに対する対抗策もあって、この作品は冒険活劇構成に仕立てられた。「風の谷のナウシカ」の腐海と風の谷を、一転させて、地球から飛び出した空中の島に設定、ＳＦ的なロマンティシズムを、子供たちに広める作品に仕上がっている。

一九八八年の「となりのトトロ」は、童話的に簡潔な構成となり、劇映画による三幕物の構成の見事な成果をあらわした。三幕物とは、プロローグ、第一幕、第二幕、第三幕、エピローグの劇形式のことである。ここに春から夏にかけての季節が重点的に配置された。トトロと猫バスは、それぞれ、一、二、三幕の後半に登場して、メイとサツキの姉妹のカウンセラーとして、さりげなくユーモラスに姉妹の危機を救う。「未来少年コナン」以降の群像ドラマ的な傾向は、トトロと猫バスに統一され、親身のあるキャラクター、フレンドリーな関係に凝縮された。トトロと猫バスを姉妹のためのカウンセラーだと、見ている人は全く気付かない。東映時代からの盟友高畑勲監督の「火垂の墓」との同時公開の作品のため、八九分という制約があって、きわめてシンプルな構成となったが、逆にそれはこの作品の利点になった。映画批評家が選ぶベストテンに「風の谷のナウシカ」「天空の城ラピュタ」はこれまで入っていたが、「となりのトトロ」で、ついにベストワン作品に選ばれ、歴史上はじめてアニメーション作品として一位になった（『キネマ旬報』誌）。ドラマ、ギャグ・ユーモア、ファンタジー、美術・映像、音楽のクォリティの高さはここに立証された。また、ドラマに添う、特に美術・映像の自然描写が、映像のカウンセリング機能を発揮していく。「となりのトトロ」は、映画公開の時期が映画のシーズンオフ的であったにもかかわらず、TVやビデオによって浸透した。イメージメディアの新展開に乗ったことと団塊の世代の子供たちが厚い視聴者層に成長したことを背景として、自然から送られた使者（ポストモダンのタイプのキャラクター）は、この一時代をしだいに画していく。

一九八九年の「魔女の宅急便」は新しい作風である。ここでは、日本を離れ、ほぼ同時代の外国、北欧を舞台に、魔女修行の少女のアイデンティティ追究のスタイルで、女子の社会進出を支援した。おりから、団塊の世代の子供たちが、社会進出する直前となった時代状況とあいまって、ついにその年最もヒットした作品になっていく。六年後の近藤喜文監督の「耳をすませば」も女子のアイデンティティ探究を探る同系統作品である。同時公開の宮崎監督の短編「Ｏｎ Ｙｏｕｒ Ｍａｒｋ」は、放射能汚染された（？）近未来の大都市の後日を黙示して見せた。

それまで、宮崎作品では、ほとんどは女子のヒロインをアシストする男子とのドラマだったが、「紅の豚」で男子、それも壮年の男をヒーローとした。自作の漫画から、第一次世界大戦に参戦してトラウマを追った男の、引退後の日々をアドリア海に、アクションと群像のチームコメディのスタイルで描く。作品に、男子の成長、社会参加を取り上げない作品できた理由は、歴史的な失意のイメージを見る宮崎の私感のためだ。

一九九七年の「もののけ姫」で一〇年ぶりに舞台を日本に戻し、「風の谷のナウシカ」以来の主題「自然と人間は共生できるか」、というテーマを真正面にすえた。動物に育てられたヒロインをアシストする少年と、鉄の製造にはげむ一団との死闘を歴史的な背景にすえて、個人と集団、植物、動物の生命体が渾然とした中世のドラマである。国内で歴史的ヒットを作り、英語バージョンのアメリカでの公開を成し、国民的監督から世界の宮崎をアピールした作品になった。自然描写、動物描写、群像描写のクオリティの高さ、音楽の格調の高さが、この長編の異色のテーマを支えた。これに先立って、高畑勲監督の「平成狸合戦ポンポコ」のタヌキ一族の現在を、開発されていく森とその新住民と比較して描いていた。人類の文明の底に抑圧され続けても決して消失しない、人間と自然の対立と調和のメッセージ。このメッセージ性の強さが、ここに発揮されたのであろう。

ゴーストタウン化したテーマパークに夜な夜なゴーストが登場、この旅館に迷い込んだ少女のゴーストとの交流と成長譚という、異色の設定を展開した作品が二〇〇一年の「千と千尋の神隠し」である。生物との交流という内容は変幻自在であり、人と生物、動物、その生きているものと死んだものとが、みな、同じコスモロジーにつどう。いわばアニメーションのルーツに戻った感を見せつけて、生命体交流の潜在意識を徹底的に刺激していくのである。この映画は周知のように、国内で二〇〇〇万人を動員、国外でアカデミー賞を受賞、世界の宮崎を決定づけた。アニメーションによる歴史的イベントを呼び起こした作品となったともいえる。

二〇〇四年の「ハウルの動く城」は、「千と千尋の神隠し」の国際的評価を受けて公開された。国内では凱旋的な作品である。舞台を二〇世紀初期的なヨーロッパにすえて、ハウル一党の孤立した漂流の旅を眺望する趣向で展開する。ハウル一党のルーツが明確に指定されていないために、国内では意味不明なファンタジー視されるが、これを「ユーラシアの龍」で説いた自然信仰の歴史的位置とみると、ドラマ性は際立つことになる。「千と千尋の神隠し」がアニメーションのルーツへの探究だとすると、こちらはアニメーションの歴史的イメージを世界へと広げた感がある。文化人類学的テーマへと、宮崎アニメーションが至ったことを示した作品だろう。ただし、その〈意義〉とともに〈異議〉を引き起こしかねないところに、二一世紀冒頭の歴史心理があるのかもしれない。

二〇〇八年の「崖の上のポニョ」は、人魚（姫）の人類への参加というドラマ構成を通して、男女の社会的、文化的位置とありさまをファンタジーのかたちで提示した。アニメーションとしては、海と陸の対比を重点にしている。ファンタジーに対してのモティベーションが後退して、後半の洪水のシークェンスから、初期の中篇「パンダコパンダ」の世界が再現されて、ファンタジーからの撤退を予感させる。

案の定、二〇一三年の「風立ちぬ」は、一九〇〇年代前半を舞台にした飛行機製作に懸けた青年のドラマだが、「紅の豚」のパイロットのファンタジーと対を成しており、ドキュメンタリーのタッチで日本の一九一〇年代からの歴史風景、心理風景を描いた。歴史的な語り手としてイタリア人の飛行機設計家を対比したことが特長となっている。宮崎は男子の世界を描くことにはやや消極的であったが、この作品はまぎれもなく、いままで描いていない設定に向かっている。二〇世紀、宮崎に先行した世代、すなわちモダニストの父親の世代の、モダニズムへのあこがれとしての飛行機にかかわる人々を描き、やがて国策化の時代に巻き込まれ、最後には戦争による挫折を経験するドラマを徹底して提示して、これをもって長編の最終作品とした。

3　社会的反響の広がりをめぐって

宮崎映画作品は、三四年余りのあいだに長編一一本が展開された。それらの興行業績をあらわす指標として、表1には動員の観客数を示した。これを見ると、社会的にどう受け止められたかについて、その傾向は実にはっきりしていることになる。
製作年代前半の六作品が、興行業績の前半を、製作年代後半の五作品が、興行業績の前半をしめた。いわば、製作年代前半のものが、宮崎作品のテーマをいち早く感知したコアな観客を生みだし、後半の作品が国民映画としての位置を不動のものにした、と解釈できる。つまり「もののけ姫」「千と千尋の神隠し」「ハウルの動く城」と二〇〇〇年前後の三作品が興行業績ベストスリーとなり、一五〇〇万人前後を動員している。大作のためだろうか。日本の年間の映画観客の一割を、三作品が集客した。歴史的に見るとここにいたったのは、前半の作品があったからなのだろう。

〈宮崎アニメとともに育った世代からの評価〉

社会的な評価を議論するために、表1と表2の評価をあげた。

ふたつの評価は、表1の評価Ⅰが映画評論家による年間作品からの評価であり、表2の後者の宮崎アニメで育った世代からの評価とその内容のまとめである。つまり母体が全く異なる。わたしは小津安二郎や山中貞雄などの映画監督の評伝を書いてきたので、このまったく別の作品群から一作品を選んでも、評価される作品が似てくることは、知っている。それでも、意外な感は残って、妙に面白い。

表2の宮崎アニメ世代の評価とは、大学での私の「映画論」での受講者からのものである。つまり、授業の冒頭のガイダンスで、「宮崎駿＋スタジオジブリ作品のベストワンは何か」というアンケート（授業での映像制作で必須となるコンティニュイティ履修のためにモデル作品を選定する）の結果である。この結果、作品評価のベストスリーは、「となりのトトロ」「千と千尋の神隠し」「もののけ姫」。これは順位に異動は有るが、学生の評価と評論家の年間評価とが同一となった。ただし以下の順位は、変動がみられる。これは、評論家の評価が男子主体なのに対

表1　フィルモグラフィー（作品歴）

作品	公開年	ドラマ：ヒーローとヒロイン	観客数(順位)90(9)	評価	
				Ⅰ	Ⅱ
未来少年コナン[TV]	1978	孤児の少年と少女			
ルパン三世　カリオストロの城	1979	怪盗と城主の娘	9　(90)	54	
名探偵ホームス（宮崎短編）	1981	探偵と少年少女			
風の谷のナウシカ	1884	オームとプリンセス	8 (264)	7	7
天空の城　ラピュタ	1986	孤児と城主のプリンセス	11　(77)	8	5
となりのトトロ	1988	トトロと姉妹	10　(80)	1	1
魔女の宅急便	1989	少年と魔女修行の少女	6 (747)	5	4
紅の豚	1992	パイロットと工場の娘	7 (305)	4	8
平成狸合戦ポンポコ	1994	多摩のタヌキたち		8	11
On Your Mark（下記と同時公開の宮崎短編）	1995	救命隊員と翼の少女			
耳をすませば	1995	中学三年生の男女		13	6
もののけ姫	1997	少年と狼に育てられた少女	3 (1420)	2	3
千と千尋の神隠し	2001	魔法使い志願の少年と少女	1 (2034)	3	2
ハウルの動く城	2004	魔法使いの青年と娘	2 (1512)	14	9
崖の上のポニョ	2008	男児と魚の女児	4 (1287)	13	10
風立ちぬ	2013	飛行機設計士とフィアンセ	5 (747)	7	

＊　観客数『毎日新聞』(2013年9月13日)，「風立ちぬ」は途中経過数（単位万人）。
＊　評価Ⅰは，各年の「キネマ旬報ベストテン」(各年決算特別号他参照)。
＊　評価Ⅱは，表2参照（宮崎世代の評価　2009年と2011年実施　したがって「風立ちぬ」は当時未公開)。
＊　本文展開上，宮崎監督以外の作品もあげている。宮崎作品以外（宮崎作品短編も含む）の観客数は記載していない。

表２　宮崎世代の評価

順位	作品名	コメント
1	となりのトトロ 18％(150)	童心　幼児での見聞　メイ・サツキとトトロ・猫バスのキャラクターとコミュニケーション　シンプルさ　核家族の愛　農村・田畑の風景と人情　ストーリー・テリング　自然　色彩　音楽　親しみやすさ　いやし　森羅万象の表現への愛情　あこがれ　郷愁
2	千と千尋の神隠し 16％(129)	千尋と年齢が一緒　千の勇気　ハクとの関係　舞台設定　サスペンス・ファンタジー　成長とアイデンティティの探究　神々のユーモアと孤独　潜在的イメージの表出　こちら(此岸)とあちら(彼岸)の世界　日本・アジア・西欧の混在　顔なしのリアリティ　食べ物　水の生命感
3	もののけ姫 16％(127)	アシタカとサン　テーマ＝自然と人間は共存できるか　その先駆性　美術・映像・音楽・ドラマの一体感　歴史へのロード・ムービー　ドラマの多様な展開　動物の擬人的表現　森の神話学・美学　中世の死の影の雰囲気　あらわれる物象の生命力と哀感と重量感　見るたびに発見
4	魔女の宅急便 11％(91)	幼児での見聞　普通の女の子・男の子　一人暮らしへの願望　実現可能な物語　旅と修業　むかえるコミュニティ人々　スウェーデンの風景　街の表現　新しいことをする勇気　空飛ぶ快感　なごみ　ジジ
5	天空の城ラピュタ 11％(87)	冒険活劇とミステリーのエンターテインメント　不思議なコスモロジーの設定　ラピュタ城　スピード感覚　タズーとシータ　多様なエピソード　ドーラなど脇役　名言　美術・音楽・音響　哀歌
6	耳をすませば ９％(75)	素直なストレート・ドラマ　現実世界のファンタジー　大都市郊外　夏の季節感　思春期の純粋さ　あわい恋愛　好きなことを実行する　アイデンティティ探し　親近感　バロン
7	風の谷のナウシカ ６％(52)	ナウシカのアニミストとしてのやさしさと強さ　特異な場所・時代・空間　宮崎駿の覇気　帝国と小国の関係　自然とマイノリティ(少数派)の意味　設定の難解さや複雑さを理解する楽しみ　人物描写　空を飛ぶことの快感
8	紅の豚 ４％(31)	飛行機で飛ぶこと・飛行機自体への愛着　大人の心理と行動の魅力　群像描写　南欧イタリアの空間描写　両大戦間の雰囲気　ダンディズム(男らしさ)　女のファション　敵役カーチス　音楽　雰囲気　エンディング(終わり方)
9	ハウルの動く城 ４％(27)	絵画表現の迫力　ハウルの苦悩　現代性とファンタジーの混交　変転していく場所と展開　フランス等ヨーロッパの街・風景　優しいソフィーと不器用だが格好のいいハウルの対比　難解さに魅力　音樂　原作との関係　カルシファー
10	崖の上のポニョ ２％(13)	ポニョ　色彩表現　海(中)と地上の使い分け　ポニョの異世界・人間界への冒険　恥ずかしいほど率直な愛を肯定　自然の豊かさと危うさの両極性　生命愛
11	平成狸合戦ポンポコ １％(６)	人間に抵抗するたぬき一族の悲哀　植民地に通じる寓話　おかしみとかなしみ　東京都民への諷刺　社会へのメッセージ

＊　(　)内は投票数，総計807人。上智大学での映画論。アンケートは2009年と2011年実施。コメントは学生の意見を要約した。11位以下は，「「火垂の墓」(5)，「猫の恩返し」(4)，「ゲド戦記」(2)，「おもいでぽろぽろ」(2)，「パンダコパンダ」(2)，「借りぐらしのアリエッティ」(1)，宮崎作品への違和感(2)，他作品(1)。％は四捨五入した。

＊　公表については学生の皆さんの了解を得た。

して、宮崎アニメ世代の学生は男女比が同じか、女子が多いことによる。つまり、宮崎アニメ世代の学生の方が劇場の男女の観客の構成比に、おそらく圧倒的に近い。宮崎アニメ世代をこの本章において優先して議論の俎上に載せる理由は、ここにある。

〈三つのカテゴリー〉

ほとんどの作品は、一つの作品に、さまざまなジャンルあるいはテーマが輻輳して構成されている。これを前提にしても、つぎの三つのカテゴリーにわけると、宮崎＋ジブリ作品は、わかりやすい。

そのカテゴリーと作品を順位の順にあげるとこうなる。（　）は、選ばれなかった作品である。

①　自然・生態系ファンタジー
「となりのトトロ」「千と千尋の神隠し」「もののけ姫」「天空の城ラピュタ」
「風の谷のナウシカ」「平成狸合戦ポンポコ」（「未来少年コナン」）

②　女子の社会進出
「魔女の宅急便」「耳をすませば」

③　男子の社会的立場
「紅の豚」「ハウルの動く城」「風立ちぬ」

他　この三つのカテゴリーに重複するか、特定しにくい作品
「崖の上のポニョ」（「ルパン三世　カリオストロの城」）

三つのカテゴリーに％を加えると、こうなる。

①六八％　②二〇％　③一〇％　他二％

以下、内容を分析していこう。

① 自然・生態系ファンタジー

自然・生態系ファンタジーの生態系とは、地象と気象と生命体との関係を科学的に分析する分野を指す。「自然」と一般に言われている対象は、ここに明確に対象化される。したがって、生態系ファンタジーと呼んだ方が適切かもしれないが、子供を対象とする作品と見られ、また一般にジャーナリズムもそれにしたがって、「自然」ととらえているから、こうしておこう。宮崎作品について、七〇％が自然・生態系ファンタジーをベストワンと指定し、最多となった。七作品と作品数も他のカテゴリーと比較して最多である。「となりのトトロ」「千と千尋の神隠し」「もののけ姫」の三作品をベストワンにした人は全体の五〇％をこえている。

一九九二年、宮崎は、〝木〟のアニメーション映画を作りたいと、こう語っている。

もし作るのだったら、『〝木〟というのは、どれほど素晴らしいか』とか、そういう映画を作りたい、それが本当にできるなら。それができたらどんなにいいだろうっていつも思っているんだけれど。〝木〟というものを通してね、光合成の秘密から、バクテリアの秘密から、風景の中での木、季節の中の木っていうあらゆるものを含めて、とういうのをたとえば宇宙の運行まで含めた中で、その真ん中にいる木っていう感じのね？　そういうのを描けたらどんなにいいだろうと思うんだけど。それは前から思っていることで、それについては全然変わっていないと思います（一九九二年のインタビュー『黒澤明　宮崎駿　北野武』）。

この構想から想像すると、生命発生四〇億年をみることになるかもしれない。「宇宙の運行」というところが宮崎らしく、作品化できなくともその思いは作品には窺うことができる。学生が「森羅万象に対する愛情」と指摘するところだろう。ベストワンの「となりのトトロ」は、まさにその木の生態系ファンタジーである。森や田地という地象、風や雨、夏の陽ざしなどの気象、そしてトトロや猫バスという生態系が生んだファンタジー。この生態系コスモロジーが、母親の入院のため、父子家庭となって、引っ越ししてきた姉妹を包みこんでカウンセリングする。トトロと猫バスという創造物あるいは想像物は、姉妹に贈られた、生態系からの使者である。しかしだれもが、とくに子供たちが、トトロと猫バスをカウンセラーとはみないのだ。生態系は子供たちに、カウンセリングという近代的な檻に頼らずとも、生きる力を回復させる〝カウンセリング機能〟を与えていく。このドラマは見事な配置というほかなく、宮崎の特色になっている。

一九八〇年代はじめに、宮崎は、「自分の原点」を、こう語っている。

もし、娯楽がないとほとんどの人は精神病院に行くか、精神分析のカウンセリングに行く羽目になってしまいます。その娯楽のひとつとしてアニメーションがあっていいのですが、ただその出発点においては、やっぱり子供のために作るんだということを忘れてはならないと思います。少なくともぼくはそう考えています。ぼくにとっての土台は、なんのために生きていこうとするかわからないままさまよっている人たちに、元気にやっていけよ、というメッセージを送ることなんです（「自分の原点」一九八二　宮崎著『出発点1979―1996』一九九六）。

「となりのトトロ」は、この「原点」をはっきりシンプルに提出した。

二位の「千と千尋の神隠し」では、かつての森や原っぱや田地の一画、その地表がテーマパークに開発され、やがてまた原野あるいは荒野に転じた場所が舞台だ。ここにいた生命体が、ゴーストとして復活するファンタジーである。ファンタジーランドからゴーストランドへの、ファンタジー的転換は、昼から夜への推移とともにあらわれる。人間は、豚にされて、食料になるブラックユーモアもある。いわば生命体の主客が入れ替わるコペルニクス的転回?もはたした。生命体も多種多様の群像劇として壮観に仕立て上げられている。いわば群像劇的な生態系とのコミュニケーションのドラマといえる。

三位の「もののけ姫」は、生態系クライシスのドラマ。鉄鉱石の採掘と精製のために森が破壊されていくのに対し、もともと森に生きていた生命体が団結して、人間集団と攻防を展開する。単なる「時代劇」を超える、生命体と人類劇的な広がりが描かれ、かつての人類の登場以前の生態系をイメージさせないわけでもない。森や山が持っていた先史的意味を教えてもいる。

五位の「天空の城ラピュタ」は、アクション、冒険、ちょっとミステリーのニュアンスを冒頭から展開しつつ、天空の城を登場させて、失われた生態系を復元してみせるファンタジーである。

六位の「耳をすませば」と同時公開の宮崎監督の短編「Ｏｎ　Ｙｏｕｒ　Ｍａｒｋ」は、いわば現代の都市空間をさらに都市化して、放射能汚染?によって無人地帯と化した都市郊外の住宅地と都市中心地を舞台とした、生態系の死滅した近未来のビジョンを提出している。

七位の「風の谷のナウシカ」は、「もののけ姫」のいわばプロトタイプである。現代文明を挟んで、一〇〇〇年前の「もののけ姫」と一〇〇〇年後の「風の谷のナウシカ」と、ふたつの生態系が対称的に表現されたことになる。前者が自然と人間の対決を、後者がその和解が可能かと問うている。

九位の「ハウルの動く城」は、有史以前の生態系ないし龍のドラマとは見せていないものの、冒頭に示したように、このカテゴリーに入れても差し支えがないはずである。おそらくヨーロッパの人々、あるいはキリスト教文化圏では、ハウルの暗喩は自然に了解されているにちがいない。アジアのモンスーン気象圏の人々にとって、シンボルとしての龍に存在感があった時代は、相当（?）遠いものであるにもかかわらず、堂々と二一世紀にも残されている。むしろ時代を経てもなお統合しえないアンダーグラウンド性をもつシンボルとして生き続けたというべきだろう。しかし、カテゴリーとしては、戦火、戦場で、孤軍奮闘の態で闘う男のシンボルとして、③の男子の社会的立場のカテゴリーに入れた。

一一位の「平成狸合戦ポンポコ」（高畑勲監督）は、「千と千尋の神隠し」と同様、同時代設定である。「平成狸合戦ポンポコ」公開から二〇年後に見ると、生態系を閉め出して開発した団地を主とした街は、一転して、「千と千尋の神隠し」のゴーストランド化した街のビジョンを思わせる。わずか二〇年で、少子高齢化による人口減少という哀歌の位相転換を思わせたところに、ドキュメンタリー調の寓話とした高畑の真意が生き返った。

② 女子の社会進出

女子の社会進出を描いた作品は「魔女の宅急便」と「耳をすませば」の二作品だけにもかかわらず、二〇％をしめた。アンケートを求めた学生に女子が多かったともいえる（正確に数えたわけではないが、総数のうち、女子が六割ぐらいだろうか）。それでも、この高率に驚かされる。「魔女の宅急便」は宮崎作品だが、「耳をすませば」は近藤喜文作品である。宮崎監督作品以外でベスト一一位入りしたのは、これと「平成狸合戦ポンポコ」のみである。女子の社会進出のモチベーションともいっていいアイデンティティの追究テーマがいかに強いかが見て取れる。

二〇〇八年の北欧旅行で、ノルウェーにしろ、フィンランドにしろ、日本の女子が、各所で働いていることを目撃した。「魔女の宅急便」の影響かどうかを聞きもらしたが、こんなところにと驚かされた。江戸時代に海外から日本へ送られた使節のひとりの日本日記を読んで、鎖国時代の日本人が、いかに「藩の外への旅」を熱望しているか記した文を見つけたことをふと思い出したが、これらもあながち無縁ではないだろう。女子学生の旅行業務志望は、わたしの調査したところでは、他業務をこえてベストワンだった。女子の世界進出には歴史的ルーツがあるのかもしれない。

六位の「耳をすませば」も、海外での職人修行を志した男子の同級生に刺激された女子のドラマである。「魔女の宅急便」のひとり立ちのドラマとはややニュアンスを異にしているものの、アイデンティティ探究譚であることは間違いない。宮崎監督以外の監督作品ではトップ、大健闘だろう。団塊の世代の子供たちが、宮崎＋ジブリの映画を押し上げたことのあかしが、ここに現れていると考える。

③　男子の社会的立場

三つ目のカテゴリーが、男子の歴史的、社会的状況、位置の困難さをテーマにしたものである。このテーマは、「紅の豚」で登場し、「ハウルの動く城」で微妙な背景から、大々的に展開され、「崖の上のポニョ」で幼児に変容し、「風立ちぬ」で歴史的ドキュメンタリーとして、終止符を打ったことになる。それまで、男子は、女子のアシスタント、バックアップの立場を通していたが、宮崎の後期作品に登場し始めた。評価の作品序列を見ると、三つ目のグループの特色があきらかになる。

引退したパイロットのドラマ「紅の豚」と戦う男子のドラマ「ハウルの動く城」は、表2の評価の上ではほぼ同じくらいに位置するが、表1の観客実数では差がある。いずれも社会的敵があったものの、引退した男ボルコ・ロッソと、一群の長として戦いをやめることの出来ない男ハウルの生き方の違いが社会的反応の差にあらわれたのだろう。カテゴリーの上で、他とした「崖の上のポニョ」は、②と③と二つのカテゴリーに入るが、女子が賛意を表したものの男子が避けたのも当然かもしれない。男子の歴史的位置、社会状況、位置の困難さをもっとも自覚しているのは、「崖の上のポニョ」のソウスケかもしれない。映画館で、おそろしいほど集中して見ている子供たちを見て、ただならぬ気配を私は感じた。

期せずして、最初の監督作品「ルパン三世　カリオストロの城」と最後の作品「風立ちぬ」は、投票から外れた。「風立ちぬ」で、男は、社会や、集団や、歴史の中でボロボロになって終わるという、宮崎のかねてからの発言が濃縮されて提示されている。男子の状況、社会的立場、位置の困難さのフィナーレであり、また歴史的集約である。第二次世界大戦直後のアメリカ映画、ウィリアム・ワイラー監督の「我等の生涯の最良の年」（一九四六年）は、大戦にパイロットとして参戦、帰還した男の、過酷な日々をあらわした。廃棄された戦闘機、輸送機、家を出ていった妻、邪魔者扱いされている戦友たちと、勝者にしてここにいたれば、日本人は敗者として、どこにいたるのか。映画がこれを避けたのは、当然だろうか。

他のカテゴリーに入れた、「ルパン三世　カリオストロの城」は、長編映画第一作にもかかわらず、あるいはそのためか、既存作品の踏襲や以降の作品との異質さのためか、ひとりもベストワンとしなかった。宮崎がこの系譜からただちに離れたことは、大正解だったことになる。

宮崎世代からの評価は、自然・生態系ファンタジーが圧倒的に支持され、残りを社会進出をはじめた女子のドラマと、歴史や集団での社会的位置に苦闘する男子のドラマがわけた。後者ふたつの割合は、二対一。自然・生態系ファンタジーがジェンダー（男女の文化的社会的位置）をこえた、普遍的な課題を追究しているためだろう。二〇世紀後半から二一世紀前半の歴史心理が、ここに投影されたのである。

4　ヌーヴェルヴァーグ、スピルバーグ、そして世界の宮崎へ

宮崎の展開は、二〇世紀半ば過ぎから二一世紀へかけての映画の歴史のなかで説明すると、立体的に見えてくる。

一九六〇年代を目前にして、市場規模の小さいヨーロッパ各国で映画製作の変貌があらわれた。フランスは、監督の世代交代のかたちで、一挙に変貌の様相を現わした。これはヌーヴェルヴァーグ、新しい波と呼ばれた。多くの監督がデビューしたなかで、突出していたのは、フランスのジャン＝リュック・ゴダールだった。ゴダールは、映画制作全般のスタイル、内容、制作方法、表現形式、観客を反転させた。

- 内容は客観的な物語を、文明批評を絡めた逸話に転換した。
- 制作を企業の制作から、監督個人の制作へ転換させた。
- リアリズムという伝統化した表現に拘泥しない自由なスタイルを採用した。
- 観客を不特定多数からはっきりと青年層、あるいは若い知識人層へと特定した。

こうした変貌は、経済成長にともなうテレビの浸透、内容・観客の特化に対応した、先駆的な表現となった。この潮流はイタリアをはじめ、世界の映画の変貌を明らかにしていく。

宮崎は、この潮流下にアニメーションを習得していく。四つの特色は宮崎が踏襲したものであり、とくにドラマを生態系のドラマへと発展させた。ヌーヴェルヴァーグが、経済成長にともなう文明と社会、歴史と個人の疎外（ディスコミュニケーション）の関係を描いたのに対して、一世代遅れた宮崎は、生態系と人類という分野へと発展させつつ進出した。日本の場合アメリカに比べて、テレビの浸透が遅れたことと、アニメーションがマイナーな位置にあったために、アニメーションのヌーヴェルヴァーグはおよそ二〇年遅れた。しかしそのために、一九六〇

年代におきた経済成長、一九七〇年代の経済成長のとん挫あるいは懐疑という、それぞれの時代の歴史心理をうけて、宮崎はアクチュアルな文明の変貌をテーマとして掲げて、デビューする環境を得たのである。宮崎は、いわばアニメーション映画によるヌーヴェルヴァーグの代表的な監督として成長していく。二〇年遅れたため、そう思われなかったとしても。

アメリカ映画界は巨大な制作システムのために、ヌーヴェルヴァーグ化がヨーロッパより一〇年遅れた。一九六〇年代後半に、アメリカン・ニューシネマがおきたのだ。これは、ゴダールの主張をアメリカの一九二〇、三〇年代世代が実践して見せたということであり、世界に一世を風靡した。アメリカ映画が発する、経済成長へのカウンター・カルチャーとしての意味が強烈だった。このような流れを経て一九七〇年代に、ジョージ・ルーカス、スティーヴン・スピルバーグが台頭した。この世代は一九四五年前後に生まれたベビーブーマーに近い世代であり、大学で映画製作スタイルを学んだ世代だった。おもにサイエンス・フィクションという、それ以前にはマイナーとしてのジャンルと見られたものをメジャーなジャンルに変えさせた。かれらの観客は、ベビーブーマーの子供たちであり観客数を激的に増大させた。アメリカ映画業界は、一九四六年をピークに底知れない観客数低下にあい、いわば右肩下がりのため、企業化の再編成下にあった。ルーカス、スピルバーグのベビーブーマーに近い世代は、この観客低減を喰いとめただけでなく逆に増加させ、さらに世界に拡大の道を開いた。

一九七九年の宮崎のデビューは、ルーカスやスピルバーグの台頭の後を受けている。宮崎が、スピルバーグにライバル意識をもっていたことも、映像史の背景や一九四〇年代という世代からみても、不思議ではない。ジャンルも実写とアニメーションのちがいはあれ、サイエンス・フィクション的なファンタジーである。以降、二〇世紀後半から二一世紀にかけて、一九四〇年代中期生まれのアメリカ勢と、一九四〇年代前半の宮崎とのファンタジー作品の興行対決となった。鈴木敏夫プロデューサーは、スピルバーグがスタジオジブリを訪問したことを知らせている。アメリカでの評価は、ジョシア・クライン（映画評論家）が、『五〇一　映画監督』で、「宮崎とディズニーはスタイルも内容も、その感性においても異なっている」として、ストレートにこう展開を要約している。

『風の谷のナウシカ』のテーマは、子供向けのファンタジーや環境問題など、その後の宮崎アニメに通じるものがある。宮崎は技術的に非の打ちどころがなく、伝統的手法を大切にする。その素晴らしさに目を付けたディズニーは直ちに宮崎映画の一部をアメリカで配給する契約を結び、宮崎ワールドを損なわないようにしながら有名な役者を声優として起用し吹き替え版を作った。結果的に、宮崎のやり方は正しかったようだ。世界的な成功を収めた『もののけ姫』は宮崎にとって突破口となり、以前にもまして高い評価を得た。さらに成功を収めるのが『千と千尋の神隠し』である。新しく設立されたアカデミー賞長編アニメーション部門作品賞を受賞……。

このようにアメリカでも、ファンタジーと環境問題に宮崎のテーマの現代性をみており、かつ、斬新でクオリティの高い表現はその評価の中心であることがわかる。

ところで二一世紀になって、映画製作がアナログからデジタルに変貌するなか公開された「アバター」（二〇〇九年）は、エポックメイキングな作品となった。ジェームス・キャメロン監督の「タイタニック」（一九九七年）から自然・生態系ファンタジーへの転換に驚かされた。しかし、さらに驚いたことは、「アバター」が、宮崎作品を下書きに構成されたことにある。

「天空の城ラピュタ」の空中島は小惑星となり、「風の谷のナウシカ」の風の谷はアバター族の楽園となり、「もののけ姫」の鉄の開発グループとの闘争は地球からの企業化軍団との闘争へ、「ハウルの動く城」の鳳は群れとなった。聖なる森、アルカディアのイメージは、即物的表現に変換されている。つまり、宮崎作品を実写的にデジタル映画化、３Ｄのファンタジー作品化し、ハイブリット作品に徹底、変容させたのである。３Ｄ化は、私が子供のころ見たシステムと大差なかったが、しかし、「映画は影響されやすい」といった飯島正（直談　映画評論家）の言葉を想わないわけにはいかない。映画フォーマットの世界的同一化と、ほぼ世界的同時代公開によるインパクトも大きい。二一世紀、「タイタニック」はここに来たか、と驚かされた。宮崎の自然・生態系ファンタジーは、拡大されたというべきだろうし、自然・生態系ファンタジーを受け入れる人々が、世界中いたるところにいたことを示した感がする。

「アバター」ブームの頃、宮崎はファンタジーの終焉、長編撤退を意識していた。自然・生態系ファンタジーを作りつくした、ということか、体力の限界だろうか。宮崎＋スタジオジブリの作品は、自然・生態系ファンタジーというカウンター・カルチャーとして、アニメーションというサブカルチャーとして、スタートし、展開し、評価された。しかし、次の世代がそれを担うことは出来ていない。自然・生態系ファンタジーは、宮崎駿の長編の終結をもって終わるかもしれない。

二〇世紀末から二一世紀に至る今日、地球温暖化、気象変動が確実視され、私たちの世界のさし迫った課題として進行しつつある。

参考文献

宮崎駿（一九九六）『出発点１９７９—１９９６』スタジオジブリ、八〇頁、八四頁。
宮崎駿（一九九三）『黒澤明　宮崎駿　北野武』ロッキング・オン、一九六頁。
スティーブン・ジェイ・シュナイダー編／尾原美保訳（二〇〇九）『５０１　映画監督』講談社、四四四頁。

第Ⅳ部 内なる外部を覚醒させよ

生きるために不可欠なもの
——性であり，笑いであり，からだであり——のなかの，
社会と激しく不協和音を引き起こすものを，
そのまま表現して発信することには
覚悟が必要だ。
しかしその覚悟さえあれば，
広く人々に訴える強い力をもちうる表現となる。
内なる外部を覚醒し，
ふんぞりかえる常識を瓦解させ，
なお残される自分の姿に向き合おう。

第９章

トランスジェンダー・カルチャーの昭和史

三橋順子

1 トランスジェンダーとはなにか

(1)「トランスジェンダー」とは？

文化人類学などでよく使うトランスジェンダー（Transgender）という言葉は二つのパーツからできている。トランスとは境界を越えるという意味、ジェンダーとは社会的・文化的性という意味。だから、トランスジェンダーとは社会的・文化的な性別の境界を越える現象や行為、あるいはそれをする人という意味になり、日本語訳では「性別越境」「性別越境者」ということになる。

本章では、トランスジェンダー・カルチャー、すなわち、性別越境という文化に注目して、昭和史をたどってみたい。ちなみに、トランスジェンダーには、男性から女性へと女性から男性への二つの方向性があるが、ここでは紙幅の関係から男性から女性への性別越境に限って述べることにする。

(2)「女装」「女装者」とは?

男性から女性への性別越境の方法は、現在では二つある。一つは女性の服飾を身にまとう「女装」、もう一つは身体を女性に似せてホルモン投与や手術などで改造する「女体化」である。しかし、女体化が不完全ながらも可能になったのは、せいぜい一九五〇年以降のことで、それまでは女装が唯一の方法だった。

その「女装」という言葉だが、辞書的には「女性の服飾(いでたち)」というのが元々の意味だ。『歴世女装考』(岩瀬涼山、一八四七年)など江戸時代の用例はあるが、それほど使われた言葉ではない。日常的には「女粧」と書いて「おんななり」「おんなづくり」と読ませることが多かった。そこに「男性が女のように見えることを目的に、女性の服飾を身にまとうこと」という意味が新たに加わってくるのだが、使用例は一八九〇(明治二三)年前後からで、明らかに近代語である。

「女装者」という言葉は、その付け加わった意味に則して、身体的には男性だが女性の格好をしている人、定常的に女装行為を行う男性という意味で、だいたい一九六〇年代になって出てくる、かなり新しい言葉だ。「女装者」にはパートタイム、つまり、男性の恰好だったり女性の恰好だったり、男と女の間を行き来するタイプと、フルタイム、ほとんど女性の恰好で暮らしているタイプの二パターンがある。

(3) なぜ女装するのか?——女装者のタイプ

「なぜ女装するのか」という質問をしばしばもらうが、一言で答えるのは難しい。女装者には、いろいろな理由、いろいろなタイプがあるからだ。まず一つ目として、女性の衣服や化粧に執着があり、そこに性的快楽・快感を見出し、性的快楽が目的で女性の服装を身に着ける「フェティシズム型」。二つ目として、自分が女装した姿に愛着や性的興奮を感じて、その姿を作る目的で女装する「ナルシズム型(自己愛型)」。三つ目に、男性に対して強い性的指向がある、つまり、男性が好きで、男性の視線を誘って性的関係を結ぶことを目的に女装する「女装ゲイ型」。そして、四つ目が、男性としての自分の性別に違和感があって、限定的・時限的であっても、女性としての自分を実体化し社会的関係を構築したいために女装する「性別違和感型」である。このタイプを医学的に病理として捉えた精神疾患概念が「性同一性障害（Gender Identity Disorder）」ということになる。

だいたい、女装者はこの四タイプに分けられると思う。個々の人で見た場合、ずばりこのタイプと言える人もいるが、いくつかの要素が混じっている人もいて、実態はけっこう複雑だ。これから紹介していく女装者は、「性別違和感型」を中心に、「ナルシズム型」や「女装ゲイ型」の人が混じっている感じだと思う。

2　歴史の中に女装者たちの足跡をたどる――前史として

(1)　前近代

国際学会などで日本のトランスジェンダーについて講演するとき、最初に「日本は建国神話に女装の英雄がいる国です」と話すことにしている。一六歳の少年ヤマトタケルが少女のなりをして、九州の豪族、熊襲タケル兄弟をやっつけるという『古事記』『日本書紀』の「熊襲征討」の伝承だ。

三重県鈴鹿市にあるヤマトタケルを祭神とする加佐登《かさど》神社には、一九〇三（明治三六）年に奉納された大きな絵馬がある。そこには、長い黒髪で赤い裳を着けた女装のヤマトタケルが、髭面の大男、熊襲タケル（弟）を、今まさに刺そうとしている場面が描かれている。兄はもう殺されていて、だから、ヤマトタケルが持っている剣は、既に血に染まっている。宴会の席で美少女姿のヤマトタケルに目を止めた熊襲タケル兄弟は、二人の間に座らせて体をいじった後、兄タケルがベッド・ルームに連れていく。そこで、ヤマトタケルは隠し持った剣で兄を刺殺し、続いて逃げようとする弟を刺し殺すという話だ。ヤマトタケルには、いろいろな説話があるにもかかわらず、わざわざこの女装の場面を絵馬にしたところが興味深い。

神話ではなく歴史事実として、中世、鎌倉・室町時代の寺院社会には、少女と同じように美しく装った女装の稚児がいた。鎌倉時代に描かれた「石山寺縁起絵巻」には、オレンジ色の小袿《こうちぎ》に繭げげという履物の少女と同じファッションで女院の行幸を見物する女装の稚児が描かれている。こうした稚児は、師匠である高僧に仕えて、性的な奉仕を含む身の回りの世話をしていた。天台宗などには、稚児は観音の化身という考えがあり、稚児と交わることは観世音菩薩と一体化する宗教的な意味をもっていた。

江戸時代中期、一七〇〇年代後半、錦絵の大成者である鈴木春信の「江戸三美人」図と呼ばれる作品には、左に柳屋お藤、右に笠森お仙という当時の江戸で評判の美人町娘を従えて、センターに立つ当代ナンバーワンの女形瀬川菊之丞（二世）が描かれている。江戸時代には、女形と生得的な女性を並べて三美人として鑑賞する感覚があったことを示している。そのあたり、当時に欧米諸国、あるいは現代とはまったく感覚が異なる。

江戸時代には、女装の少年が飲食、芸能、性的サービスなどで接客する陰間茶屋が栄えた。一〇代将軍家治の治世の一七六八（明和五）年の江戸には、日本橋、湯島、芝など九カ所五五軒の陰間茶屋があり、二三二人の陰間がいた。

ほぼ同じ頃、フランスやイギリスでは、同性愛者や異性装者が神の教えに背く者として死刑になっていた。ユダヤ・キリスト教社会では同性愛や異性装を厳しく禁じていたが、前近代の日本の宗教（神道・仏教）には、同性間の性愛や女装・男装を禁じる規範はなかった。社会の規範がまったく違うのだ。

(2) 近代

江戸時代には、少なくとも女装は禁制ではなかった。それが明治時代になると、状況がガラッと変わる。

図1の『大阪錦絵新話』には、女性が巡査に捕まっている様子が描かれている。通りがかりの人が「何して捕まったのかしらね」という感じでひそひそ話をしているが、別に盗みをやったわけではない。ただ男性が女装して暮らしていただけなのだ。では、なぜ逮捕されたのかというと、一八七二―七三（明治五―六）年に制定された「違式詿違条例」という、今の軽犯罪法の祖先のような法律の中に異性装禁止条項があり、だいたい一八七三―八一（明治六―一四）年まで女装・男装は犯罪とされていたからだ。つまり、文明開化は、女装者にとって抑圧の始まりだった。

江戸時代には禁制ではなかった女装・男装が、なぜ明治時代になって禁止されたのか？　それは、簡単に言えば、異性装を禁止するユダヤ・キリスト教の倫理観の影響である。日本がキリスト教化したわけではないが、明治の文明開化にともなってキリスト教的な感覚が入ってくる。「文明人であるキリスト教の人たちに見られて恥ずかしくない形に、日本の社会風俗を矯正していこう」という考え方が強くなった。「違式詿違条例」では、女装・男装とともに、いれずみ、裸体横行、立小便、男女混浴などが禁止された。それが文明国への道筋だったのだ。

図1　『大阪錦絵新話』5号（1873–75年頃）

こうして文明開化の始まりとともに、女装者への抑圧が始まり、男として生まれながらも女として生きたい人々は、社会の表面に居られなくなり、明治から大正時代にかけて、女装者はほとんどアンダーグラウンド化していった。

3　昭和のトランスジェンダー・カルチャーをたどる

(1) 昭和戦前期

こうしたアンダーグラウンド化した状況が、昭和に入ると少し様相が変わってくる。昭和戦前期には、女装した男娼が、しばしば新聞に登場する。場所は、東京だとまず浅草、そして新興の盛り場の銀座、大阪だと釜ヶ崎(現：西成区)から天王寺の界隈である。

図2は、一九三七(昭和一二)年の春、銀座で私服警官に誘いをかけてしまい、いわゆる「密売淫」(無許可売春)の罪で逮捕された福島ゆみ子と名乗る人。ところが、築地署に連行されて取り調べたら男性だということが判明する。現在の「売春防止法」もそうだが、戦前の売春関係法規も、売春の主体は女性であるという前提で法律ができているので、男性だとわかった途端に罪状が消えてしまった。だから、彼女は余裕の表情で新聞のカメラの前でポーズを決めている。

こういう人が、昭和初期にどのくらいいたのか、はっきりとはわからないが、一九三五(昭和一〇)年前後に撮影されたと思われる女装男娼たちの集合写真が二枚現存している。それぞれに八人、一〇人の女装男娼が写っているが、八人の方は大阪で撮られたもので、背景などからして、ちゃんとした料理屋で宴会をした後に撮っているように思う。こうした集合写真があるということは、それなりの人数の女装男娼がいて、組織というまでには至らないかもしれないが、横のつながりがあったということだ。そして、女装男娼の営業が成り立つということは、それだけのお客さんがいたということで、これもまた重要なことである。

文明開化の後、困難な状況下で、女装の人たちが生きていく術はきわめて限られていた。一つは、新派などの芝居の女形である。江戸時代の歌舞伎の女形は、「平生《へいせい》を、女にて暮らす」という江戸歌舞伎の女形を確立した芳沢あやめの言葉どおり、日常から女性として暮らすフルタイムの性別越境者だった。歌舞伎世界は女になりたい人たちが生きていく場として機能していた。ところが、明治の文明開化期になると市川團十郎（九世）の歌舞伎近代化によって「女をするのは舞台の上でだけ」という形になり、女形は適性ではなく門閥化していき、歌舞伎（旧派）には、もう、女になりたい人たちが居られる場所がなくなってしまう。女になりたい人たちがなんとか生きていける芝居の世界がいわゆる新派だった。

中でも、曾我廼家《そがのや》五郎《ごろう》劇団は女優を使わない女形天国で、曾我廼家桃蝶《ももちょう》をはじめとする多くの女形を輩出した。桃蝶は和装・洋装ともに見事な女っぷりで、婦人雑誌の表紙にもなっている。一九六六（昭和四一）年に舞台から引退するとき、自伝『芸に生き、愛に生き』（六芸書房）を出版したが、これは男が好きな男で、男らしさがまったくない女性的な性格であることを告白（カミングアウト）した最初の本となった。

図２　福島ゆみ子（『東京日々新聞』1937（昭和12）年３月31日特報）

二つ目は、芸事を生かした芸者である。女装の人の仕事は女性の仕事のコピーという形態が多い。芸者が栄えた時代には女装の芸者がいるし、ホステスが栄えている時代には女装のホステスがいるということだ。ただし、戦前の芸者は、鑑札制（届出登録制）なので女性しかなれない。したがって、女装芸者は厳密には「芸者もどき」である。

栃木県の塩原温泉に「花魁の清《せい》ちゃん」という「芸者もどき」の人がいた。かなりの有名人で、一九二九（昭和四）年元日の『読売新聞』にインタビューが載っている。なぜ、そこまで注目されたかといえば、当時の「エロ・グロ」（エロティズム＆グロテスク）ブームをまさに体現する人だったからだと思う。それにしても「なにも元日から……」と思うが、やはり、どこかおめでたいのだろうか。

こうした女装芸者は、昭和の戦前・戦後期、一九七〇年代ぐらいまでは、けっこうあちこちの温泉地にいて、それなりに人気で営業が成り立っていた。現在は、東京大井のまつ乃屋栄太郎さん、ただ一人になってしまった。

女形にしろ、芸者にしろ、それなりの美貌に恵まれ、かつ演劇なり芸事なりの技能を身につけていないと務まらない。そういう才に恵まれない女装者の生きる術は、すでに紹介したような女装男娼、セックス・ワークしかなかった。これが三つ目になる。

ここまで述べたことは、拙著『女装と日本人』（二〇〇八ａ）に詳しく書いてあるので、参照していただければと思う。

（2）戦後トランスジェンダー史の概念整理——プロとアマ、女装と女体化

さて、ここまでが昭和・戦前編で、ここから昭和・戦後編になるが、その前に少し概念の整理をしておこう。

戦後になると一つの大きな変化として女装を生業《なりわい》としない人が出てくる。つまり、女装を生業とするプロフェッショナルと、女装を生業とせず「趣味」で女装するアマチュアという形に分化する。昭和戦前期以前はほとんどプロしかいなかった。趣味で女装しているという人は、まずいない。それは趣味というものが経済の発展、生活の余裕がなければ成立しないからだ。逆に言うと、趣味の女装が成立してくるということは、日本がそれだけ経済的に豊かになり、生活に余裕が持てる時代になったということだ。

現在でも発展途上国では、趣味の女装はほとんど成立していない。女装する人はいても、それは生業になっている。だいぶ経済力をつけてきているタイやフィリピンでも、純粋な趣味の女装はまだ無理で、女装する人のほとんどは程度の差はあれ、それを生活の糧にしている状況だ。

アマチュアの女装は、日本社会が高度経済成長に入る昭和三〇年代に顕在化するが、それは性別越境者の歴史の中で大きな変化であり、昭和戦後期の特徴である。

もう一つ、戦後社会の大きな変化は、単に装いを女性に変えるだけでなく、身体を女性に近づけることができるようになったことである。これには二つの医学的な要素が関係する。まず、戦争で負傷した人を治療し傷を整復する技術、いわゆる形成外科が進歩したこと。それと、戦前から開発されていた女性ホルモンの人工合成が安価にできるようになったこと。この二つが相まってだいたい一九五〇年代ぐらいから「性転換手術」と呼ばれる身体を女性化する手術が可能になった。つまり、一九五〇年頃から女になることに女装と女体化という二つの路線ができてくる（二〇一二）。

そこで生業の視点と女装／女体化の視点を組み合わせると生業・女装、生業・女体化、非生業・女装、非生業・女体化の四つの類型ができる。このうち本書の基本テーマであるサブカルチャーに、いちばん近いのは非生業・女装のタイプ、女装を生業にしないアマチュアで、かつ、身体はそれほど変えないで装いを変えていく人たちだろう。つまり、アマチュア女装が一番サブカルチャー的であるということだ。

本章で四つの類型すべてについて述べるのは無理なので、昭和戦後期についてはアマチュア女装の流れを中心に述べてみたい。他の類型、ショー・ビジネスなどのプロフェッショナルな女装（二〇〇五）や身体を女性化する性転換（二〇〇六c、二〇〇六d）の流れについては、章末の「文献」を参照してほしい。

（3）昭和戦後混乱期（一九四五―五四年）

敗戦直後、アメリカ軍の空襲で焼け野原になった東京に最初に姿を見せたトランスジェンダーは、女装のセックスワーカーである男娼たちだった。一九四六（昭和二一）年には、東京の北の玄関口として人や物資の集散が活発

図3　「鉄拳のお清」姐さん（広岡敬一『戦後風俗大系 わが女神たち』朝日出版社，2000年）

図4　ジュリー・アリンダ（桑原稲敏『戦後史の生き証人たち』伝統と現代社，1982年）

図5　永井明子（『日本週報』1954年11月5日号）

で、上野公園という野外性交渉に絶好の広大な空間を抱えていた上野駅周辺に、多くの街娼（女性）に交じって数十人の男娼が集っていた。「彼女」たちこそがまさに「廃墟の中のフロントランナー」であり、戦後のトランスジェンダー・カルチャーの原風景である。

夕闇が濃くなる頃、下谷万年町（現：台東区東上野四丁目付近）などのアパートから出勤し、上野の西郷さんの銅像の下あたり（山下）や不忍池の畔（池之端）に立ち、道行く男を誘い、上野の森の暗がりで性的サービスを行っていた。その出身はさまざまで、戦前から浅草辺りで薄化粧して客を引いていた「男色者」、戦災で活躍舞台を失った「女形崩れ」、軍隊生活で受け身の同性愛を体験した「兵隊崩れ」などが中核だった。

上野のことをスラングでは逆さ読みして「ノガミ」と言うが、上野《ノガミ》の男娼世界の有様をリアルに描いた小説、角達也『男娼の森』（日比谷出版、一九四九年）はベストセラーになった。

しかし、一九四八（昭和二三）年一一月二二日夜、上野の森で行われた大規模な風紀取締（狩込み）を視察中の田中栄一警視総監（後に衆議院議員）が男娼たちに殴打される「警視総監殴打事件」が起こる。トラブルの原因は総監に随行していたカメラマンが街娼たちを無断撮影したことに男娼たちが怒り、もみ合いの中で男娼の腕が総監にぶつかった程度だったらしい。

この事件が新聞に大きく報道されたことにより、「ノガミの男娼」の名は一躍広まったが、警察はメンツにかけて上野の森の取締を強化し、一二月九日には上野公園は夜間立ち入り禁止になってしまう。仕事の場所を追われた男娼たちの多くは、新橋や新宿など都内各地の盛り場に分散していった（二〇〇八b）。

この事件、後に唐十郎の「下谷万年町物語」などで演劇化されて、ずいぶん話が変わっていくが、おもしろいのは「私が殴った」と言っている男娼が三人ぐらいいることだ。警視総監を殴ったことが権力に抗した武勇伝として説話化していくのだが、いちばん殴った可能性が高いのが「鉄拳のお清」姐さんという、まったく女らしくない二つ名のノガミの男娼のボスだった人で、猫を抱いた穏やかなおばさん風の晩年の写真が残っている（図3）。

「ノガミの男娼」に比べたらほとんど知られていないが、いわゆる「進駐軍慰問団」、アメリカを中心とする進駐軍の兵士に芸能を見せる人たちの中に、女装ダンサーが何人かいた。一番有名なのがジュリー・アリンダという「娘」で、アルゼンチン日系三世を名乗っていた（図4）。村上文子も日本人女性離れしたスタイルの良さで人気だった。また、メアリー園川のように進駐軍の将校の「オンリー」（契約愛人）になった人もいた。進駐軍が日本のゲイ&トランスジェンダー・カルチャーに大きな影響を及ぼしたことは間違いないが、進駐軍関係の情報はある種のブラック・ボックスで、資料的によくわからないのが残念だ。

さて、女体化が実現するのも戦後で、日本で最初の性転換手術は一九五一（昭和二六）年に行われた永井明とい

図6　『演劇評論』21号（1957年）の口絵「夏化粧」

う男性が明子になった手術で、造膣手術の執刀は石川正臣日本医科大学教授だった。永井（図5）は戸籍も男性から女性へ変えている。その証拠になる戸籍の写真を私が再発見するまで、日本では性転換による戸籍の性別変更はできないというのが通説だったが、これで完全に覆った。ちなみに、永井の性転換手術は、戦後では世界で一番か二番の、かなり早いものだった。日本の形成外科の技術は、それだけ優秀だったということだ。

（4）昭和三〇―四〇年代（一九五五―七四年）

昭和三〇年代になると、ようやく趣味で女装する人が現れてくる。最初のアマチュア女装のグループは一九五五（昭和三〇）年に結成された「演劇研究会」（主宰：滋賀雄二）という会だった。「秘密結社」というと大袈裟に聞こえるかもしれないが、かなり秘密性の強い会だった。『演劇評論』というガリ版刷りの会誌を発行していたが、内容は演劇の評論などはほとんどなく、女装告白記のようなものばかりだった。つまり、演劇の研究を女装活動の隠れ蓑にしていたのだ。

『演劇評論』にはほぼ毎号、ガリ版刷りの挿絵が載っていた（図6）。このように、まだ水白粉を塗る和化粧、日本髪の和鬘、着物の和装が中心だった。女装の世界が和装中心から洋装中心に転換していくのは、だいたい昭和四〇年代に入るころ、つまり一九六〇年代後半になってからである。

アマチュア女装者の出現は、女装して身体で稼ぐしかなかった、食うや食わずの戦後混乱期が終わり、戦後一〇年が経って日本社会が安定を取り戻し、生活に余裕が出てきたことを意味している。

図７　新宿駅東口で記念写真を撮る女装者（1964年６月）

図８　加茂こずゑ（『女性自身』1969年９月６日号）

高度経済成長真っ盛りの一九六〇年代になると、アマチュア女装の世界も発展していく。一九五九（昭和三四）年頃に結成された「富貴クラブ」は、一九六〇年代半ばには女装指導員を置いた会員の部屋をかまえ、性風俗総合雑誌『風俗奇譚』を広報媒体にする本格的なアマチュア女装の秘密結社に成長していく（二〇〇六ａｂ）。

図７の写真は一九六四（昭和三九）年六月、東京オリンピック開催に合わせて新装オープンした新宿駅東口駅ビルの前で撮影されたもので、写っている三人は「富貴クラブ」の女装会員である。日本の高度経済成長と時を同じくしてアマチュア女装者が社会的に顕在化していったことがよくわかる。

一九六七（昭和四二）年、「富貴クラブ」の有力会員だった加茂こずゑ（図８）が、新宿の花園神社の裏手の花園五番街に「ふき」という女装バーを開店する。それまでのプロの女装者が男性客を接客するゲイバーと異なり、アマチュア女装者と女装者が好きな男性（女装者愛好男性）が、いっしょに飲み楽しむ場（出会いの場）としての店というスタイルを作っていく。後に「富貴クラブ」から離れて、一九六九（昭和四四）年には「梢」と改称し独自の立場で女装者の育成に取り組むようになり、新宿の女装コミュニティーの原点となった。

(5) 昭和五〇―六〇年代 (一九七五―八八年)

一九七九（昭和五四）年、日本初の本格的な商業女装クラブ「エリザベス会館」が東京神田にオープンする。商業女装クラブとは、簡単に言えば男性客がお金を払って女装させてもらう場所である。規模の小さなものは以前からあったが、「エリザベス会館」はビル全部が女装関係の設備で、女装用品のショップ、専門のメイキャッパーや美容師が常駐するメイク室、女装姿でくつろげる談話室、プロ仕様の機材を揃えた撮影スタジオを完備した大規模なものだった。

図9は一九八〇年代の「エリザベス会館」の広告だが、「エリザベス」という文字の下に「趣味とストレス解消の店」と書いてあることに注目してほしい。一九八〇年代は、日本経済が「ジャパン・アズ・ナンバーワン」の掛け声とともにバブル経済への上り坂を駆けのぼっていった時期である。その時代を担った「二四時間働けますか」（ドリンク剤「リゲイン」のCMソング）というコピーに象徴される猛烈サラリーマンのストレス解消のための女装趣味という路線をはっきり打ち出し、それがマスコミに取り上げられ知名度を上げていった。

実際、私のエリザベス時代の先輩には、ミニワンピースの女装姿で、最初期の肩掛け式の大きな携帯電話を使って部下にてきぱき指示を出している一流企業のエリート・ビジネスマンがいた。

「エリザベス会館」のシステムの特色は、外出の制限と非女装の男性客を排除したことである。それによって安全な女装環境が提供され、気軽に楽しめる趣味・娯楽としての女装という形態が確立された。また、非女装の男性を排除したことで、アマチュア女装者は、それまで表裏一体の関係にあった男性との性愛関係から切り離されたことも大きな変化だった。

一九八〇（昭和五五）年、「エリザベス会館」の母体である「アント商事」から最初の女装専門誌『くいーん』が創刊される（図10）。女装専門の雑誌媒体によって全国に散在していた女装趣味の人たちがつながり、女装趣味の普及に大きな役割を果たした。一九八三年に『くいーん』主催の「全日本女装写真コンテスト」が始まると、全国の女装者が女装技術を磨き、グランプリや入賞を目指して女装写真の出来栄えを競うようになる。それはまさに「競技」であり、こうした女装者のミスコンを私は「競技女装」と名づけた。

ところで、一九七八（昭和五八）年、新宿花園五番街（「梢」の隣）に開店した女装スナック「ジュネ」は、一九八四（昭和五九）年に中村薫がママになると新宿の女装世界の中核に成長していく。「ジュネ」は「梢」の伝統を引き継ぎ、アマチュア女装者と女装者愛好の男性客とが空間を共にする「男女」の出会いの場を提供するという営業スタイルを確立した。加えて女装会員制度を設けて店付属の支度

図９「エリザベス会館」広告（1985年頃）

図10『くいーん』49号（1988年）モデルは相沢一子

部屋を使用する便宜をはかることで、一九九〇年代前半にかけて宮沢万紀子や中山麻衣子など数多くのハイレベルな女装者を育成した。

また、一九八六（昭和六一）年に女装スナック「嬢」を新宿三丁目に開店した愛沢有紀をはじめ、一九九〇年代にかけて「ジュネ」出身者やその営業スタイルに習った者が新宿歌舞伎町から新宿三丁目のエリアに次々とスナックやバーを開店して女装スナックを場とするセミプロ的な色彩をもつトランスジェンダー世界、新宿女装コミュニティーが形成されていった（二〇〇六e）。

(6) 平成時代（一九八九年―）

一九九〇年代になると、パソコン通信が普及し、女装者たちがパソコンを通じて連絡を取り合い活動するようになっていく。一九九〇年代半ばには東京拠点の「ＥＯＮ」（主宰：神名龍子）と大阪拠点の「スワンの夢」（主宰：白鳥美香）の東西二大ネットが並び立つ。これらをベースに女装に関する情報（ノウハウ）が広く共有化され、孤立していた女装者や潜在していた女装願望者がネットワーク化されていった。そして、相互刺激的に個々の女装活動が活性化され、その総体として「電脳女装世界」というまったく新しいトランスジェンダー世界が構築された。

パソコン通信には「オフ会」というものがあった。電脳空間で知り合った人たちが現実に会う集会のことだが、その「オフ会」の会場に新宿の女装酒場が使われるようになる。「電脳女装世界」の現実世界の受け皿となる形で、新宿女装コミュニティーは再活性化され、九〇年代半ばに全盛期を迎える。

九〇年代後半になると、女装者による自由で社会性のある自主企画イベントが活発化する。私が主宰した「クラブ・フェイクレディ（ＣＦＬ）」は、春のお花見や夏の屋形船、年一―二度の女装温泉旅行を企画して、女装者の社会進出をリードした（図11）。

トランスジェンダーが遊びの場で社会に出ていったのが一九九〇年代だとすれば、仕事、職業的にも社会進出していくのが二〇〇〇年代である。

二〇〇〇年度に琉球大学の蔦森樹と中央大学の私とが、日本最初のトランスジェンダーの大学教員となった。今でこそ、トランスジェンダーが大学の教壇に立っても学内新聞すら取材に来ないが、当時は図12のように写真週刊誌の見開きになるほどの衝撃的な出来事だった。

二〇〇〇（平成一二）年春には、トランスジェンダーである藤野千夜が「夏の約束」で第一二二回芥川賞を受賞。二〇〇三（平成一五）年春の統一地方議会選挙では性同一性障害であることを公表した上川あやが世田谷区議会議員に当選し、日本初のトランスジェンダー議員となった（以後四選）。二〇〇七年大晦日には歌手の中村中《あたる》が第五八回「ＮＨＫ紅白歌合戦」に戸籍的には男性のソロシンガーとして初めて紅組で出場を果たした。二〇〇八年にはニューハーフ・タレントのはるな愛が大ブレイクし、二〇〇九年、Trans Woman の世界的「ミスコン」である「ミス・インターナショナル・クイーン」（タイ・パタヤ）でグランプリに輝いた。

図11　「クラブ・フェイクレディ」の温泉旅行（1997年・那須温泉）

二一世紀になり、長い間、社会の底辺に押し込められてきた性別越境者たちが、その才能によって花を咲かせることができる時代にようやくなったのだ。

一方、二〇〇〇年代には、性別を越えて生きたいと考えることを病（精神疾患）とみなす「性同一性障害」概念が日本社会に流布される。そうした中で、性別を越えて生きることは病ではないと考えるトランスジェンダーへの抑圧が一時的に強まった（二〇一〇）。

図12　三橋順子（『FLASH』2000年９月21日号）

図13　現代の「男の娘」（「女装・ニューハーフ　プロパガンダ」2014年・新宿歌舞伎町）

しかし、二〇〇九—一〇年くらいから、いわゆる「男《おとこ》の娘《こ》」が出現し、トランスジェンダー文化は再び活性化する。「男の娘」は、二〇〇〇年の長い歴史を持つ日本の女装文化の二一世紀リニューアルバージョンと考えられるが、重要なポイントは、伝統的な男性と女装者という関係性が退潮し、女性と女装者という関係性にシフトしてきていることだ。こうした社会的関係性の変化は、日本の女装文化の新しい、より広い展開の可能性を思わせる（二〇〇九、二〇一三a）。

4　日本のトランスジェンダー・カルチャーの特質——日本人は女装が好き？

これまで、ヤマトタケルから昭和、そして平成まで、駆け足で日本の女装者たちの足跡をたどってきたが、最後に日本のトランスジェンダー・カルチャーの特質について考え、まとめにしたい。

私が『女装と日本人』を書いたときの一つのポイントは「日本人は女装が好きなのではないか？」ということだった。言い方を換えれば、日本人はトランスジェンダー文化への親和性を伝統的に強く持っているということだ。日本人は、能、歌舞伎、そして宝塚歌劇のような性別越境を重要な要素、見せ場にした芸能をずっと愛好してきた。性別越境の要素がない芸能は、面白味がないと思われた節すらある。それほど、演劇や芸能の中では性別越境が常態化している。

しかし、欧米の演劇・芸能では、そうした要素がないとは言わないが極めて希薄である。男の役は男が演じ、女の役は女が演じるのが「自然」であり神の摂理に適うとされてきた。女の役を男が演じたり、男の役を女が演じたりすることは「不自然」であり、神の摂理に背くことだった。その点における彼我の違いはきわめて大きいが、そのことに日本人は鈍感だ。

ところで、東京の観光バス「はとバス」の夜の一番人気はニューハーフ・ショーを組み込んだコースだ。毎シーズン、七―八コースが組まれている。たとえば、浅草の「今半」ですき焼きを食べて、湾岸の夜景を眺めて、六本木か新宿歌舞伎町でニューハーフ・ショーを見るというコースで、だいたい一万円ぐらいのお手頃な値段で参加でき、とても人気がある。本物の女性がメインのショーが組み込まれているコースは、一―二コースしかないから、ニューハーフ・ショーの人気は圧倒的だ。お客さんは、東京見物の老夫婦、地方から来た男性のグループ、仕事を終えたOLさんのグループなど、ほとんど「一般人」である。

欧米の人にこの話をすると、とても驚かれる。パリにもニューヨークにも、そういうショーを見せる店はあるが、それはかなりアンダーグラウンドな雰囲気の店であって、一般の人たちが気楽に行けるようなところではない。私が知る限り、こうした都市は日本の東京・大阪とタイのバンコクくらいだと思う。つまり世界的に見て、かなり特異なのだ。

あるいは、ほぼ毎年、欧米のバレエがオフ・シーズンになる六月末ぐらいになると、メンバー全員が男性で女性の役は女装して踊る「トロカデロ・デ・モンテカルロバレエ団」が来日する。七月、八月と日本各地で公演し、どこでも人気があってチケットの売れ行きが良い。一九八二（昭和五七）年が初回で二〇一五（平成二七）年が二九回目だそうだ。メンバーは入れ変わるが、これだけ毎年のように来日するということは、日本がそれだけ「おいしい」市場だということである。世界で一番、女装バレエ団を喜んで観るのは日本人なのだ。

さらに、日本のテレビでは、はるな愛、ＩＫＫＯ、マツコＤＸ、ミッツ・マングローブなど女装の芸能者が日常的に頻繁に登場するだけでなく、一流企業がテレビ・コマーシャルに起用している。こうした現象は欧米ではまだほとんどないと言っていい。しかし、日本人はもうほとんど誰も疑問に思わなくなっている。実は、そこにこそトランスジェンダー文化への強い親和性という日本文化の大きな特色があるのだ。

その背景には、「男でもあり、女でもある」こと、つまり双性（Double-Gender）的な存在を、通常とは異なる力（異能）を持ち、通常の人間ではない（異人）ことから神により近い存在として神聖視する「双性原理」が存在すると考える（二〇一三ｂ、二〇一五ａ）。

欧米キリスト教世界では、固有のトランスジェンダー文化をほとんどすべて潰してしまったので、伝統的なトランスジェンダー文化は残っていない。アジア・パシフィックでは、多くの国に伝統的なトランスジェンダーの文化が残っているが、経済的事情で生業と密着していることが多い。伝統的なトランスジェンダー文化の基盤の上に、生業と離れた趣味の形でトランスジェンダー文化が発達しているのは、世界でも日本だけと言っていい。日本のトランスジェンダー文化が、特色あるサブカルチャーとして、世界的に注目されているのは、そういう理由からだ。

二〇一〇（平成二二）年、ＮＨＫ国際放送から「現代日本のトランスジェンダー文化を海外に発信したいので、コメントをお願いします」という依頼があった。早稲田大学の男子学生が卒業記念に女装写真を撮るというコンセプトだった。「こんなこと、海外に放送しちゃっていいんですか」と確認したところ、「いえ、むしろ海外で、日本のトランスジェンダー文化は注目されています。これからますます……」というディレクターの返事だったが、まさにその通りになった。今や、現代日本のトランスジェンダー文化は「男の娘」の写真集など世界的にも注目度が高く、「Cool Japan」の一翼を担っている。

トランスジェンダー・カルチャーは、日本の文化伝統に根差し、日本人のある種の嗜好に支えられた文化である。だから、とても根強いし、今までもそうだったように、これからも何度もブームが反復されるだろう。『女装と日本人』の帯に、「女装を抜きに日本文化は語れない！」と書いてもらったのは、そういう意味なのだ。

参考文献

三橋順子（二〇〇五）「トランスジェンダーと興行――戦後日本を中心に」『現代風俗2004　興行』新宿書房。

三橋順子（二〇〇六ａ）「『女装者』概念の成立」。

三橋順子（二〇〇六ｂ）「女装者愛好男性という存在」。

三橋順子（二〇〇六ｃ）「性転換の社会史（１）――日本における「性転換」概念の形成とその実態、一九五〇―六〇年代を中心に」。

三橋順子（二〇〇六ｄ）「性転換の社会史（２）――「性転換」のアンダーグラウンド化と報道、一九七〇―九〇年代前半を中心に」。

三橋順子（二〇〇六ｅ）「現代日本のトランスジェンダー世界――東京新宿の女装コミュニティを中心に」。

（以上の五点は、矢島正見編『戦後日本女装・同性愛研究』中央大学出版部 二〇〇六年に収録）。

三橋順子（二〇〇八ａ）『女装と日本人』講談社現代新書。

三橋順子（二〇〇八ｂ）「女装男娼のテクニックとセクシュアリティ」井上章一編著『性欲の文化史 １』講談社。

三橋順子（二〇〇九）「変容する女装文化――異性装と自己表現」成実弘至編著『コスプレする社会――サブカルチャーの身体文化』せりか書房。

三橋順子（二〇一〇）「トランスジェンダーをめぐる疎外・差異化・差別」『セクシュアリティ』シリーズ「現代の差別と排除」第六巻、明石書店。

三橋順子（二〇一二）「異性装と身体意識――女装と女体化の間」武田佐知子編著『着衣する身体と女性の周縁化』思文閣出版。

三橋順子（二〇一三ａ）「『男の娘（おとこのこ）』なるもの――その今と昔・性別認識を考える」『日本文化研究』一〇号、駒沢女子大学日本文化研究所。http://junko-mitsuhashi.blog.so-net.ne.jp/2015-08-09-1
三橋順子（二〇一三ｂ）「性と愛のはざま――近代的ジェンダー・セクシュアリティ観を疑う」『講座　日本の思想　第5巻　身と心』岩波書店。

三橋順子（二〇一五ａ）「トランスジェンダー文化の原理――双性のシャーマンの末裔たちへ」『ユリイカ』二〇一五年九月号、青土社。

三橋順子（二〇一五ｂ）「日本トランスジェンダー小史――先達たちの歩みをたどる」『現代思想』二〇一五年一〇月号、青土社。

第10章　挑発を仕掛ける

『天井桟敷』と『ビックリハウス』

榎本了壱

1　アンダーグラウンド・シアター、立ち上がる

一九六八年、私が大学四年の夏、武蔵野美術大学の研究室から自宅に電話があった。「粟津先生がバイトを探しているのだけど、君、ひまじゃないか」と言う。すぐＯＫした。粟津潔の仕事というのでともかくやってみたかった。指定された青山一丁目の草月会館に行くと、半地下にあったスタッフルームに回された（草月会館といっても現在のものではない。同じ丹下健三の設計だが、紫色のタイルを張った瀟洒な建物である）。行ってわかった仕事の内容は、創刊される『季刊フィルム』という雑誌のレイアウトと版下作りの作業だった。

その頃の草月会館にあった草月ホールは、勅使河原宏が主宰する草月アートセンターのプログラムを中心に、音楽、映像、演劇、舞踊、アートや詩のパフォーマンス、トークと前衛芸術の一大拠点として機能していた。『季刊フィルム』は草月シネマテークの活動をきっかけに、映像を中心とした広くはメディアの文化誌といった内容のものだった。しかもフランスではヌーヴェルヴァーグの絶頂期、中国の文化大革命に呼応して、映画もゴダールを中心に激しい政治的な動きの最中にあった。編集委員というのが、粟津潔（三九歳）、実験映画の飯村隆彦（三一歳）、

図1　『季刊フィルム』創刊号（1968年10月25日）

現代音楽の武満徹（三八歳）、映画監督で草月のプロデューサーの勅使河原宏（四一歳）、美術評論の中原佑介（三七歳）、映像作家の松本俊夫（三六歳）、フランスのカイエ・デュ・シネマ同人の山田宏一（三〇歳）。若い錚錚たる七人の侍である。こうして「草月」での私のバイトは始まった。しかも一夏だけのバイトと思っていたら、パリに一年暮らす直前の七三年まで、五年もの間通うことになる。

『季刊フィルム』の「発刊のことば」はこんな言葉で綴られている。「芸術ジャンルの境界を破壊し、そして、芸術そのものを〈仮象〉や〈虚構〉から脱出させる、その変革的機能において、映画ほど、今日の迷宮世界に突き刺さる強力な武器はないはずだ」。いかにも、六八年という時代を反映しているいきり立った文章ではないか。創刊号は、ジャン=リュック・ゴダールの特集で「中国女」のシナリオを採録している。私が工事の始まった渋谷の天井桟敷館を訪ねるのは、その年の暮れだった。

工事中の埃っぽいその空間は、裸電球が二、三本ぶら下がっていて周囲を照らしている。「ここが喫茶店になるのね。二階は今いらっしゃった事務所でもう使ってるんですけど、地下が劇場。劇場は黒く塗る予定です」と制作の九條さんが言う。九條映子（今日子）は寺山修司と離婚する直前だったはずである。二〇坪あるだろうか。しかしこの自動車修理工場跡を改装した地下劇場から、のちに天井桟敷のいくつものレパートリーが生み出されることになる。

私たちは内外装のデザインを依頼された栗津潔の手伝いで、現場を見に来ていた。シブちゃん（渋川育由）、ヨシコさん（鈴木嘉子）、そしてのちに俳優・下馬二五七の女房になるマッちゃん（松井友子）、武蔵美の同級生四人だ。「今年中に仕入れシときたい物がありましたら、買いに行きましょう」、九條さんの隣りに立っていた三つ揃いの職人刈りで度付きサングラスをかけた東京下町っ子の男が言った。都電がゴットンゴットンゆっくりと前を走り抜けて行くそこは、渋谷駅から明治通りを並木橋に向かう左手にあった。陸橋を渡った反対側にはピンクのアマンドがある。街はクリスマスも終わり、年の瀬の慌しさが寒さのなかで凍りついている。「いちご白書」（一九六八年）の年が一挙に暮れようとしていた。年を越せば私も大学を卒業する。街にはいつもサイモンとガーファンクルの、映画「卒業」のテーマが鳴り響いていた。その頃、高校からの後輩のKと付き合っていた私は、「卒業」の主人公レイモンドのように、ぼんやりと自分の行く末を決めかねていた。

私たちは寒風の下町の問屋街を、まるでピクニックにでも出かけたように楽しく回り、クリスマス用の、売れ残りの金の天使や、下駄やお面を抱えきれないほど買い込んで、戦勝品を引いて帰る桃太郎軍団のような心地だった。

作業は三カ月に及んだ。栗津先生は内装にはほとんど私たちのアイディアを採用し、外装の巨大な看板をデザインした。鼻が大きな時計になっているピエロの顔の半分は棚で、周り中に極彩色に塗られた幾体ものマネキンが散らばっている。先生得意の方位図が左上に、事務所の窓には自転車の車輪をはめ込んだ。まるでいかがわしいサーカス小屋だ（ピエロのデザインは、のちに三沢市に出来た寺山修司記念館の外壁に少し姿を変えて再現された）。

内装は、入ってすぐ左の壁面が、目玉と天井桟敷の人々をモチーフにした大曼荼羅。そして厨房のカウンターがあって、壁に貼られたスリッパを花瓶代わりに造花が差し込んである。角を挟んで下駄のオブジェ、そして銭湯のペンキ絵が北斎の富岳のパロディで、湯船につかった奇優濃紫式部が大波に呑み込まれそうになってムンクのよう

図２　目玉の壁

に叫んでいる。逆立ちして天井を渡り反対の壁につながるピエロの切りだし。コーナーを曲がって、装飾品の壁。この辺りにいつも寺山さんは座った。そして何故かモノクロのゴリラの写真。これは粟津先生のアイディア。それから等高線状に塗り分け、ドロッピングした絵の具が飛び散るお面のコーナー。そして一坪ほどのくぼみに、横尾忠則デザインの天井桟敷の唇マークをプリントした壁を造り、切り出しの半裸体の人魚が二体で目玉を持っている「目玉座」。私はそこで人形劇をやって欲しいと寺山さんに頼んだが、実現することはなかった。その頃私が目玉に凝っていたのは、勿論バタイユの『眼球譚』の影響である。その横がトイレとなっていた。

天井はビクトリア時代の発明図録や、神秘主義の図像などを複写して張り巡らした。その作業は萩原朔美の同級生で一緒に天井桟敷に入った山崎博がやる。（すでにその頃は退団していた。）店の真ん中には発砲スチロールで作ったジャイアント・ベイビーというデブ人形が立っていた。シブちゃんの労作である。誰もがそうは呼ばなかったがこの喫茶店の名前は「ジャイアント・ベイビー」だった。道路に面したガラスには粟津潔得意の顔型に三文判をペタペタ押した白いイラストも描かれていた。

完成してからしばらくして、追加したものがある。入り口右のレジのあるガラス窓に描かれた寺山さんのお母さんの、ハツさんの等身大の肖像だ。誰の提案だったのか、ともかく着物姿のその絵はお母さんをモデルにきちんと座らせ、何日かかかって私が描いた。とても綺麗に描けたので、怖いと評判だったお母さんも、私に対してはそれからずっといつも優しかった。

六九年春、天井桟敷館の柿落としの「時代はサーカスの象に乗って」（萩原朔美・演出）も、再演、再々演と好調だ。そして『季刊地下演劇』という演劇理論誌を創刊するから手伝って欲しいと言われる。早速にロゴタイプを作って見せると、寺山さんはじっとそれを見ていてぽつりと言った。「エノモッちゃん、これは地方演劇と読めるね」。下の点と演の氵をつなげてデザインしているので、そう見えたのかもしれない。世界のアンダーグラウンド・シアターの理論武装をしようというのに、ドメスティック・シアターでは困る。しかも世間ではこの異才・寺山修司をどこかで「青森県出身者」として蔑視攻撃しようとする雰囲気が多分にあった。だからなおのこと寺山さんにとって「地方演劇」では困るのだ。けれども私が「そうは読めないと思う」と言うと、寺山さんはそれ以上のことを言わなかった。寺山修司は若い才能が好きだった。私もその一人に加えてもらえたのだ。

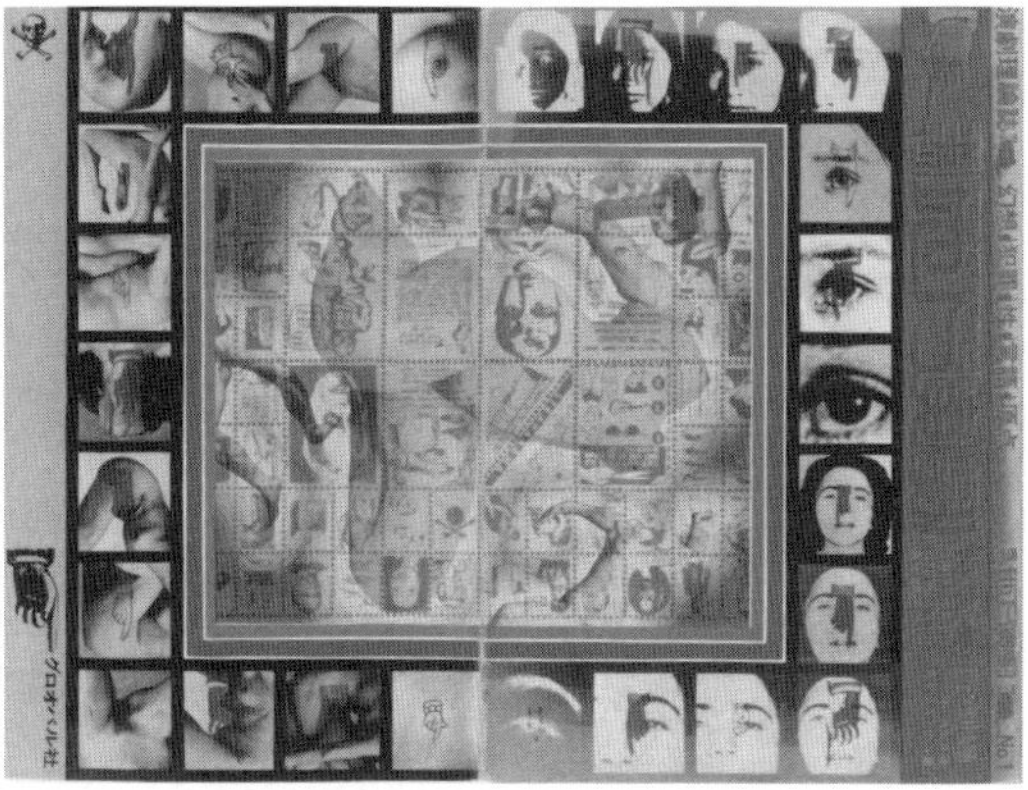
図3　『季刊地下演劇』No. 1（1969年）

寺山修司は著作『アメリカ地獄めぐり』（芳賀書店、一九六九年）に続いて、『ヨーロッパ零年』（毎日新聞社、一九七〇年）、『ガリガリ博士の犯罪画帖』（新書館、一九七〇年）、『寺山修司全歌集』（風土社、一九七一年）とブックデザインをやらせてくれる。『地下演劇』も季刊ながら続く。フリーペーパーの『MONSTER GROUND』も始まった。実験映画『トマトケチャップ皇帝』のタイトル・デザイン。市街劇『人力飛行機ソロ

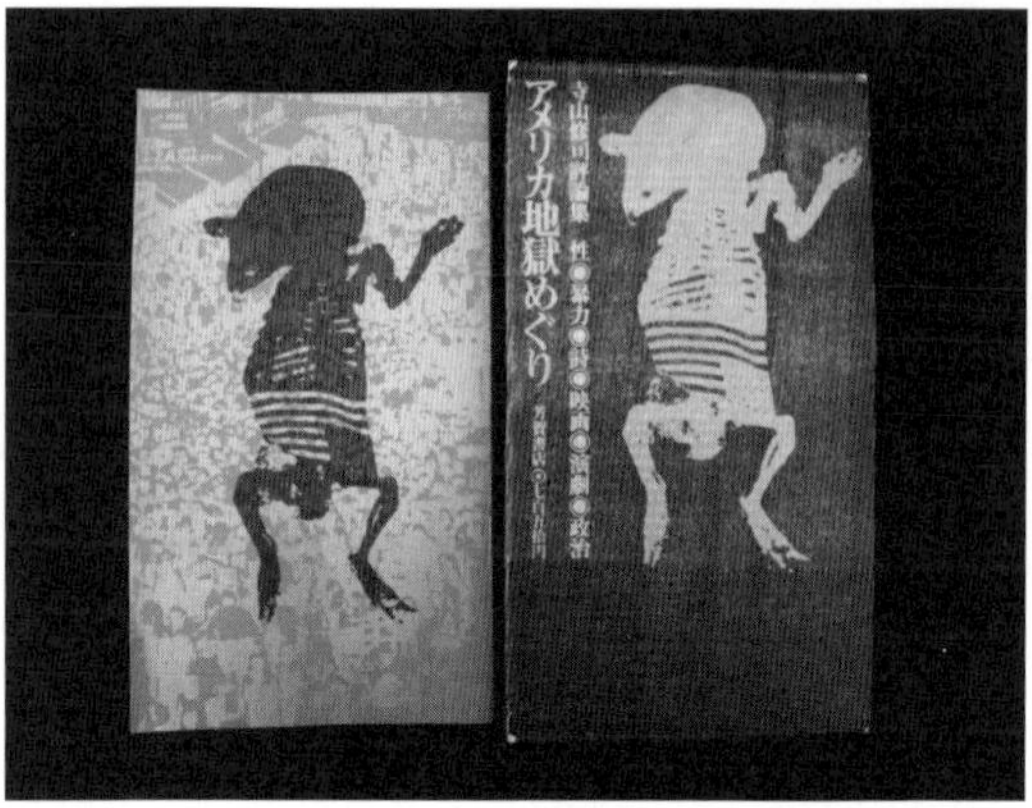

図４　寺山修司評論集『アメリカ地獄めぐり』（1969年）

図５『寺山修司全歌集』（1971年）

モン・新宿篇』の地図書き。漫画のなかの出来事だったのに、力石徹の追悼式（喪主＝寺山修司）が盛大に行われた『あしたのジョー』（作＝高森朝雄・画＝ちばてつや）のレコードジャケット。そして冬には美術を担当する映画「書を捨てよ町へ出よう」の撮影も始まる。

七〇年に寺山修司は、『潮』で三島由紀夫と対談をしている。戯曲、映画と表現の領域を広げる三島とは幾つかの共通点があった。若い男子を集めて「盾の会」を組織していた三島に対して、天井桟敷をやっている自分は「角兵衛獅子の親方」みたいなものだと自嘲的に語っている。しかし寺山修司もまた、盾の会のようなものこそは組織しなかったが、密かにヒトラー・ユーゲントの青年隊長のような気持ちだったのではないだろうか。対談相手の三島由紀夫が一一月二五日、市谷の自衛隊駐屯地東部方面総監部に入り、益田総監（陸将）を椅子に縛り、自衛隊員にバルコニーから「君達は武士だろう！」と檄を飛ばし、反駁されてそのまま割腹、断首の自害となった。いわゆる「三島事件」である。

数日して寺山修司に会うことになった。風土社から出る全歌集のためのプロフィール撮影である。撮影者は寺山さんに初めての小説『あゝ、荒野』を『現代の眼』に書かせた中平卓馬。彼はすでにコンポラ写真といわれる、画質の荒れたドキュメンタリー写真を撮る写真家になっていた。しかし到着した撮影現場が、白金の北里大学付属病院の病室なのには仰天した。市街劇「人力飛行機ソロモン」などの過労でダウンしていたのだろう。「書を捨てよ町へ出よう」の撮影を控えた検査入院も兼ねていたようだ。

寺山さんは病室にパジャマ姿で不精髭を伸ばしていた。案外元気そうだった。「三島がね、腹切って死んだというのに、俺は病院で病気を治してさ、生きようとしているわけね」と言ってはにかむように笑った。みんなも笑いを押し殺して肩を揺すった。病室の窓から初冬の柔らかい光が降り注いでいたが、中平さんは結局一枚もシャッターを切らなかった。

退院するとすぐ「書を捨てよ町へ出よう」の撮影が始まった。美術は最初、高松次郎、林静一と私の三人だったが、高松さんは結局参加しなかった。後楽園ホールのボクシング・リングの上でのポスター撮影に始まり、天井棧敷発祥の世田谷のマンションでの撮影や、早稲田の都電沿いにある木造の廃屋などを使って撮影が続く。シブちゃん（渋川育由）や後輩の三嶋典東にも来てもらって、書き割りなどを造る。丸山（美輪）明宏の入浴シーンなどのセットを造る。朝まで造っていた場面がすぐに撮影現場になる。簡単な打ち合わせだけでどんどん進む。同時に三種類のポスターのデザインもする。プロデューサーの葛井欽士郎さんのところで、九條映子（今日子）さんと一緒に、緊張しながらプレゼンテーションもした。

都電沿いの早稲田の廃屋で、ぼろぼろに腐って蒸れた匂いのする畳の上に寺山さんは無造作にどかっと腰を下ろした。「撮影記録のための座談をしましょう」と言う。「はい」と私は答える。「あなたはこの家を、映画のセットに造っていて、どう思いましたか」寺山さんは質問好きである。「ええ、家屋としては壊れ方がひどくてとても大変でした」「うん、その壊れた家にどんな家族が住んでいたと思いますか」「想像できません。壊れた家屋としか見えませんから」「うん、でもこの家にも家庭があってね、家族が住んでいたわけですね」「でももう、誰もいない壊れた家屋ですから」「ふむ」寺山さんは不服そうに私の目のなかをじっと覗き込んだ。寺山修司にとって、「家」とは「家族 Family」であり、「家庭 Home」を意味しているのだ。だからここでは「壊れた家族」のことをイメージしてもらいたかったのだと思う。それを私が「家屋 House」だと、形而下的に答えたのが、不思議でも不満でもあったのだろう。

2　天井棧敷、ヨーロッパへ行く

「書を捨てよ町へ出よう」のプレミアム試写が終った直後の四月一八日、羽田発パリ行、ＰＡ（パン・アメリカン）００１便は、南回りで三〇時間、気の遠くなるような時間がかかる。ナンシー国際演劇祭の参加を皮切りに、パリ、アムステルダム、アーヘンと続く、第二次天井棧敷ヨーロッパ公演の総勢三五人。奇妙な長髪族たちは、躁状態の渡り鴨のようにギャアギャアと飛び立った。

パリから東へ三〇〇キロ、そこにアールヌーヴォーとフェスティバルの街ナンシーがある。会場のサル・ポアレルは五〇〇席ほどの風格のある劇場だ。赤いビロード地の客席は、絵金のドロップにも、丹塗りの十字架にも似合う。しかも舞台を緋毛氈で覆い尽くすことにする。その前に総元締めのディレクターに予算交渉だ。この若いいなせな男は、大きなディスクに軽く腰掛けて口早に話した。彼がのちにミッテラン政権で、文化相にまでのし上がっていくジャック・ランゲである。

図6　映画「書を捨てよ町へ出よう」（1971年）

初日の夜の劇場前には人があふれ、入れない人が騒いで怪我人が出た。開場時から客席は興奮騒然としている。迎え撃つシーザーの呪術的な音楽と、新高恵子（けい子）の甲高い歌唱。煙幕に霞む絵金のおどろおどろの絵、丹塗りの十字架に縛られている巨乳の女（鈴木いづみ）、場内をうろつく黒子達、もう一触即発の緊張感だ。舞台は順調に進行していった。最後に屋台崩しがあり、十字架が折れ舞台が壊れると、新高恵子に名前を呼び出された役者とスタッフが次々と、素の自分に戻って自分の言葉でアジテージョンを始める。怒鳴り、激昂し、押さえきれない自分を露出しだす。私も何か叫んだ。マイクで怒鳴った。気がつくと舞台には、観客がどんどん上がって来る。私はみんなと同様握手され、抱擁された。そしてシーザーの音楽に合わせて観客は一時間以上も踊っていた。舞台袖で照明の指示をしていた寺山さんもあきれたように、照れくさそうに、その大成功を見つめていた。

つづく市街劇「人力飛行機ソロモン」の当日は朝から小雨が降り出した。正午、カリエール広場で誕生した「一時間一メートル国家」は、白い腰布だけの細いシーザーと大きな乳房の太ったジェニファーによる、アダムとイヴ風の神話的な出会いから始まる。偏陸の吹く角笛、雨に濡れそぼる山羊の鳴き声。響き渡る新高さんの歌。ハプニングで参加して来たアフリカの劇団の、打楽器の狂騒。火を焚く男達、やがて車に火が放たれる。国家の神話が騒然と膨張していく。教会で全裸の小野正子が踊る。いろいろな街区で繰り広げられる冒涜、虚構、詐欺、不条理、諧謔――。「革命の演劇ではなく、演劇の革命」、そう提唱する寺山修司のもくろみも、やがては夕暮れのカリエール広場で祭りの輪となり始める。街中で何が起こっても不思議でないような興奮。虚構と現実の境界線上の時間。そんな

図7 「人力飛行機ソロモン」（ナンシー，1971年）

異常な興奮の只中で、私もまたジゼールという女の子と、小さな神話の冒頭を記述し始めていた。

パリ公演はレアールの中央市場パビリオン。公演の「毛皮のマリー」は下馬二五七主演、息子の少年役が佐々木英明。私はその少年を操る黒子で、毎晩彼に逆襲され殺される役だ。舞台は巨大な回廊型のステージを作った。そこにいくつものセリ穴があり、そこから登場人物が出入りする。装置は「邪宗門」の物をほとんど流用する。芝居

展開も相似形だ。

その地下のピカソ展をやっていた、埃っぽい冷凍室がみんなの宿泊場所となる。みんなは蝋燭の光でピンポンをしたりして元気だ。しかし環境は劣悪。こんな生活が一ト月も続くかと思うとうんざりだ。本番が終わって、外で食事をとればやることもなく地下冷凍室に帰ってくる。それから安いワインを分け合って、眠くなった順から寝る。雑魚寝だ。

図8　ヨーロッパ公演（「邪宗門」ナンシー市）

私はそのあと、「人力飛行機ソロモン」をやったオランダのアーヘンから、もう一度パリに戻ってジゼールと落ち合い、それから列車で一人フランクフルトに出た。帰りにどうしてもインドに寄ろうと思っていたからだ。私はフランクフルトの空港を飛び立つ時、なにやら砂浜に打ち上げられたリリパット国のガリヴァーのように、記憶の糸でこのヨーロッパの土地にしっかりと、つなぎ止められているような思いがした。

3　渋谷のタウン誌の挑戦——若者を新宿から奪え

一九七三年から再びパリに行き、一年住んで東京に帰った夏の終わる頃、萩原朔美は、「アート、映像、演劇、ダンス、音楽、デザイン等をテーマにしたアート雑誌を作らないか」と、話を持ちかけてきた。「どこか目当てがあるの？」と聞くと、「最近、渋谷の区役所通りに、パルコという高級ブティックビルが出来たのだけど、出版にも手を出し始めている。」と言う。

パリにいるとき、東京に「カフェ・ド・ラペ」と、「イヴ・サンローラン・リヴゴーシュ」が出来たことが話題になっていたが、それが渋谷のパルコであることをあとで知った。勿論、区役所通りはパルコの働きかけで、街灯などを整備し、公園通りと改名されたのだけど。言うまでもなく「パルコ」とは、イタリア語で「公園」の意味なのである。

だらだら坂を上った突き当たりの代々木公園の一隅に、NHK放送センターが引越して、パルコが出来ると、この辺りがメディア門前通りとして、あっという間に一変していく。それまでは、坂の途中にシャンソンのライヴなどをやるレストラン・カフェのジローがポツンと灯をともし、山手教会の下で、ライヴシアターのジァンジァンが怪しげに活動していたくらいの、ラブホテルに囲まれた区役所通りは、うら寂しい通りだったのである。

萩原朔美という人はある種の発想魔なのだ。早速に、天井棧敷に関わった山崎博、安藤紘平と、『アンダーグラウンド・シネマテーク』のかわなかのぶひろ、『季刊フィルム』の編集をしていた高橋克己等が召集されて、企画書作りの会議が始まった。


——六〇年代の若者たちによるカウンター・カルチャーの台頭は、旧来の価値を崩壊させ、さまざまな表現領域がクロスオーバーしながら、変革し始めた。それは七〇年代に入り、経済の高度成長の追い風を受けて、メイン・カルチャーとしてのステージを獲得しようとする勢いである。この時期、こうしたカルチャー・シーンを総覧するアート・マガジンの登場することが望まれているのは、自明の理である。誌名は『MEDIA』……。

パルコの増田通二専務へのプレゼンテーションは失敗したが、タウン誌をやらないかというオファーをもらってきた。まあ、メディアを持てればそこでやりたいことも出来る。もう一回企画書作りが始まった。

一方、「丸物」あとに開店させた池袋の一号店から、渋谷に本拠地を移したばかりのパルコは、もともと東急グループの牙城であった渋谷に、先に進出していた西武百貨店のグループとしての、援護射撃的な要素もあったのだろう。近くの空き地にはトレヴィの泉のコピーも造ってしまった。だらだら坂の途中に建つ荒削りの白い石の壁面に、ストロボライトが一面に点滅するパルコは、モービーディック（白鯨）のような巨貌に見えた。そこの最上階には西武劇場（のちのパルコ劇場）が、老朽化し保守化した東急東横店最上階の東横劇場をあざ笑うかの勢いで、若々しいプログラムを組んでくる。その下のレストラン街には、京都の老舗「瓢亭」が分店の禁忌を破って店を出していた。

公園通りから路地を下った井の頭通りに面したところに、レストラン・シアター「カサビアンカ」を中心とした飲食ビルの、チャオ・パルコも造っていた。その小さな抜け路が、のちにスペイン坂としてクローズアップされることになる。その頃はラブホテルと、小さな開業医と、あとはしもた屋だけの、ひっそりとした路地だったのだけど。西武百貨店の渋谷進出が、東急vs西武の「東西戦争」の一幕目であったとしたら、パルコの開店は第二ラウンドである。その渦中に私たちは西武グループ陣にアプローチしたと言うことになる。

雑誌のコンセプトは「タウン・ライフ・グローバリズム」。これも当時流行のヒッピー・ジェネレーションのサバイバル教本、『ホール・アース・カタログ』に影響されたものだった。都市を楽しく行き抜くためのマガジンということで、誌名は『ビックリハウス』。昔懐かしい遊園地に行くとあった、萩原が命名した。ノスタルジックで可愛らしいこの誌名は、のちにも長く親しまれるようになる。

あれやこれやとアイディアを盛り込んだタウン誌の企画が通ったら、その場で編集費だといって一〇〇万円の現金を渡されたのにはビックリした。創刊企画は、銀座五丁目、渋谷道玄坂、下北沢などで採集した一二種類の雑草

（中には毒草のトリカブトもあった）を分析し、調理して食べたりもした「大雑草物語」と、「宇宙に立つ」という特集だった。

その頃のパルコの広告に出てくるモデルも半端ではない。「モデルだって顔だけじゃダメなんだ。」というＣＦにはレネ・ルッソが、同じく「鶯は誰にも媚びずホーホケキョ」にはグレース・ジョーンズやドリス・スミスが出て

図９　『ビックリハウス』の企画者たち

図10　『ビックリハウス』表紙

くる。いずれも三宅一生のコレクションにも出ていたスーパーモデルである。ルイ・マルの映画「ルシアンの青春」に主演したオーロール・クレマンも、セブ島近くの小島の海辺で「裸を見るな。裸になれ。」と、眩しくヌードになった。また祇園の芸妓豊千代、小林麻美の日本の美。そして、ドミニック・サンダ、フェイ・ダナウェイと仏米を代表する大女優が登場し、最後は沢田研二も全裸で海から現われて来た。すべてが、大人っぽいエロスに充満していた。パルコはカッコよかった。

私たちが請け負っていた雑誌『ビックリハウス』は、情けないことに若者向けのタウン誌だった。深夜放送まがいの読者参加と、パロディがもっぱらの中心テーマである。それはドメスティック（地域的）で、低俗で、かろうじて先端的ではあったけど、しかしおおよそノンブランドな性格のものだった。カッコいいパルコの日陰の子のような存在だった。しかし増田通二はそれをよしとした。編集するわたしたちの方が半信半疑だったが、一年ほどして雑誌としての成果が出始めた頃に、増田さんはこう言った。

「いんですよ。『ビックリハウス』の読者は、今うち（パルコ）のお客にはなれないけど、一〇年もたてばみんなパルコに帰ってきますよ」。それは達観だった。八〇年代に入ると急速に新たな若者文化が興隆してくる。一〇年待たずにヤング・カルチャーの大潮流が押し寄せてきた。若者は消費者としての能力をあらわし始め、店内の店舗展開もヤング向けに変わり出していく。しかもその若年化の勢いはあっという間に渋谷を、公園通りスペイン坂界隈から若者の街に変貌させていく。そしてそれはそのまま、若者の牙城新宿から、王者の席を奪うように、九〇年代末のガングロ山姥族の隆盛まで、一貫して若者文化の中心地として君臨することになる。もしこの記述が間違いないとしたら、その発端の仕掛人は増田通二である。

雑誌『ビックリハウス』を編集することになると、月々の特集企画のプレゼンや、前月の成果など、頻繁にチェックが行われだした。当時のパルコではそれを専務決済といい、ともかく増田通二の決済がなければいかなることも進行できなかった。専務室の前の待合には、決済を待つビビリまくる列が出来、専務室から罵声が頻繁に漏れた。呵責のない決裁の大恐慌と、それに対応する疾風怒涛のような新しい課題提出の強制。増田さんはひそかに鍛えがいのあるやつらだと思っていてくれたのかもしれない。仕事は千葉テレビの「TVビックリハウス」（一九七七―七八年）という番組作りや、新しい雑誌のヴィジュアル系『ビックリハウスSUPER』（一九七七―七九年）、のちの『SUPER　ART』（一九七九年）、『SUPER ART GOCOO』（一九七九―八一年）、『ビックリハウス』の大人版『BH』（一九八四年）（いずれも私が編集長）、文芸誌『小説怪物』（一九七八―七九年）、科学誌『月刊ヒント』（一九七九―八〇年）などの出版、「JPC（日本パロディ広告）展」（一九七七―八五年）、「JPCF展」（一九七八―七九年）、「エビゾリングショウ」（一九八〇年）、「日本グラフィック展」（一九八〇―九一年）、「オブジェTOKYO展（日本オブジェ展）」（一九八四―九一年）と、さまざまなイベント制作へと展開していった。面白いことにはNOはない。「SUPER　SCHOOL」（一九八〇―八一年）という塾や、ビデオアートのための「STUDIO　Spoon」（一九八三―八四年）もやらせてもらった。仕事をしていても、私たちにはいつもどこか、仕込まれているという感覚があった。やはり天性の教師「マスダ先生」なのである。

初期のヒット企画「ノンセクション人気投票」（六号から）は、アンディ・ウォーホルの「誰でも一五分づつ有名になれる」といった警句を受けて、『平凡』や『明星』という芸能雑誌がやっていた歌手や俳優を対象にした人気投票を、無差別対象にして応募してみる。当時人気のアグネス・チャン、山口百恵、天地真理等を大きく押さえて、全く無名のニッポーのおねえさんという早稲田大学近くのレコード屋さんの娘さん・小林香津子さんが半年間で、三万一七五点を獲得して堂々の第一位。少なくともニッポーのおねえさんは数カ月間、有名人になってしまったの

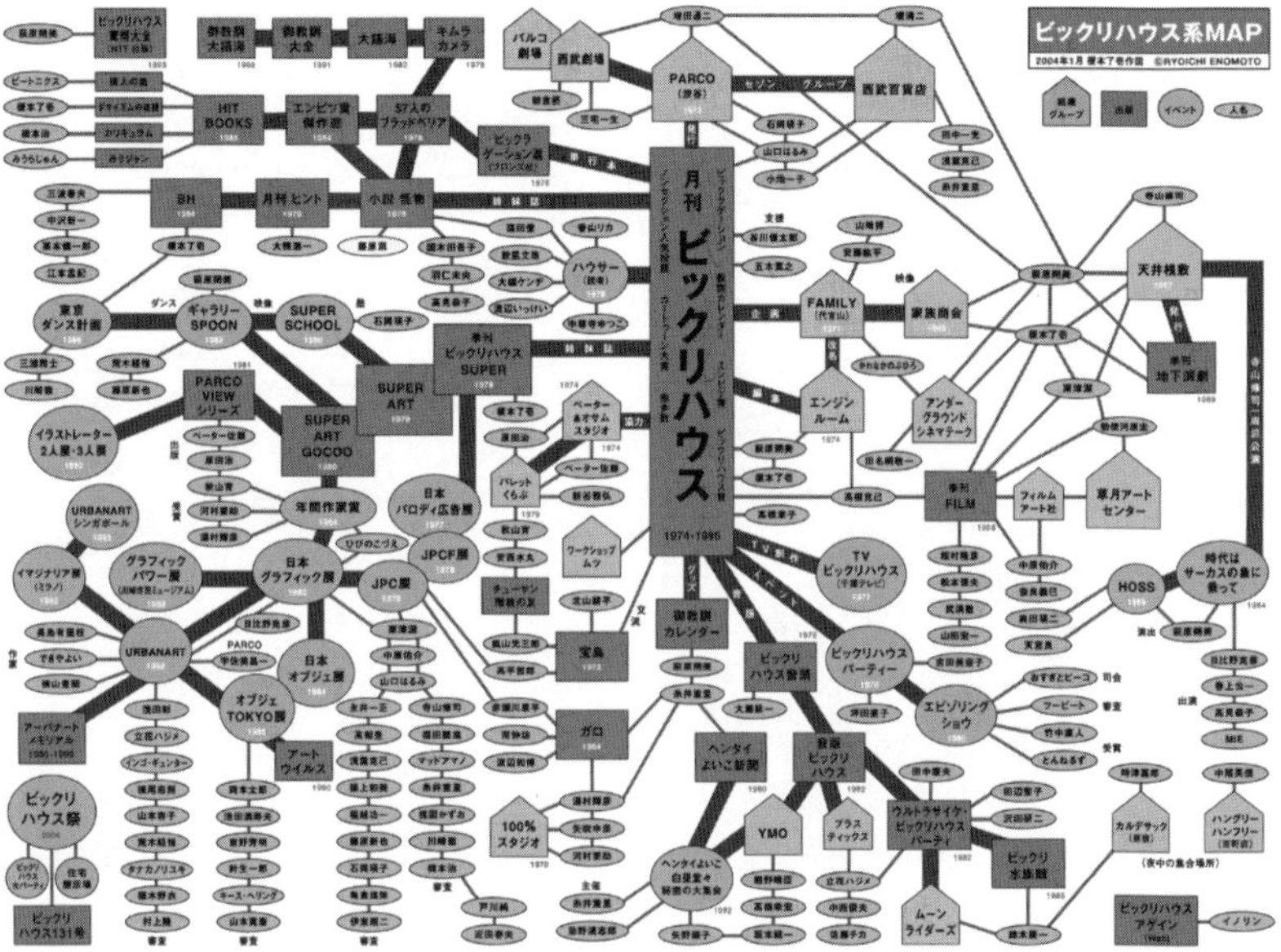

①

②

③

④

⑤

⑥

① 図11 『ビックリハウス』相関図
② 図12 「第１回日本グラフィック展」特集（1980年）
③ 図13 キース・ヘリングと「オブジェ TOKYO 展」審査
④ 図14 「オブジェ TOKYO 展」（1987年）
⑤ 図15 「URBANART 展」（1992年）
⑥ 図16 『BH』創刊号，創刊２号（1984年８月，９月）

図17　『ビックリハウス』第10号（1975年11月）

図18　「特集 wan・wan」（1975年）

だ。既成の価値体系をひっくり返すバリューニヒリズム（価値懐疑）の宣戦布告である。その後猛烈な葉書の山が連日編集部に舞い込むことになる。

「ビックラゲーション（最近ビックリした出来事）」（七号から）は、例えば「映画をこうふんして観ていたら、となりにいたセーラー服の女子学生に『あのう、鼻息がかかるんですけど』と、言われた」というような誰にもある日常的な変な体験レポート集である。この作品はちなみにビッグムーン大槻こと大槻ケンヂ一三歳の時のものだ。この企画も直ぐに『ビックラゲーション選』（ブロンズ社、一九七六年）という単行本になる程、人気コーナーになった。

しかし私たちは雑誌作りのノウハウが全くなかった。そんなわたしたちが始めたのは、人気雑誌の研究だった。特集の作り方、原稿の書き方、誌面構成デザイン、そうやって見てみると、七〇年に創刊の新しいタイプのファッション誌『an・an』は、なるほどすべてが斬新だ。文体は若い女性言葉、書体（フォント）は丸文字風のタイポスやナール、タイトルコピーの作り方がシャレている。いっそのこと『an・an』スタイルで『ビックリハウス』を作ってみようかということになり、犬の特集を組んでそのタイトルを「wan・wan」としてしまった。

本表紙は原田治による歯磨き中の犬のイラスト。特集の扉イラストはペーター佐藤のベレー帽をかぶった犬。『ELLE JAPON』を『INU JAPON』にして、パンダのキャラクターを白黒のブルドック犬に変える。犬の美容院、病院、ドッグフーズ、アクセサリーと「ブティック探し」コーナーがあり、その頃『an・an』でイラストマップを描いていた原田治さんが表参道、明治通り周辺の犬地図を描いた。フランスの女子高生リセエンヌならぬリセイヌのファッション写真。料理や、ヘアスタイルやアクセサリーのコレクション。イヌ情報満載の「ワンワンジャーナル」、おまけに犬飼智子さんの掌編小説とすべてが『an・an』風。ヤケクソ半分、イナオリ半分、こんなことアリ？　ヤバくない？　しかしやってみると犯罪を犯しているみたいにスリリングで面白い。結果、この企画は本家の『an・an』編集部にも好評を博した。のちにパロディ雑誌と言われるようになる『ビックリハウス』の夜明けである。七五年一一月号（通関一〇号目）のことだった。これに気をよくして、雑誌のパロディ続けて、これがやがて「日本パロディ広告（ＪＰＣ）展」の公募につながり、「日本グラフィック展」などのアートコンペティションのさきがけとなっていくのである。

「ＪＰＣ展」「ＪＰＣＦ展」「エビゾリングショウ」、「日本グラフィック展」、「日本オブジェ展」「オブジェＴＯＫＹＯ展」、「ＵＲＢＡＮＡＲＴ」とつながる、一九七七年から一九九九年までの二三年間、四〇回に及ぶパルコ系コンペからは、日比野克彦を始め、現在活躍している若い才能が続々と登場したが、その審査にも、それこそモンスターランドの紳士淑女録とも呼べる多くの人々が参集している。感謝を込めて、その一部を記録しておく（敬称略）。

赤瀬川原平、赤塚行雄、浅田彰、浅葉克己、荒木経惟、アラン・チャン、粟津潔、池田満寿夫、石岡瑛子、糸井重里、伊東順二、伊藤隆道、稲越功一、岩井俊雄、インゴ・ギュンター、内田繁、楳図かずお、大林宣彦、大貫卓也、岡本太郎、小川晋一、おすぎとピーコ、葛西薫、亀倉雄策、川北秀也、川崎徹、河原敏文、キース・ヘリング、操上和美、久留幸子、黒鉄ヒロシ、黒田征太郎、桑原茂一、小池博史、合田佐和子、小森和子、崔在銀、サイトウマコト、佐藤雅彦、椹木野衣、三遊亭楽太郎、シー・ユー・チェン、しとうきねお、ジョアンナ・リー、高梨豊、高平哲郎、高松伸、武邑光裕、竹山聖、立花ハジメ、田中俊治、タナカノリユキ、田中ルミ、ダニエラ・パラッツオーリ、谷口広樹、近田春夫、ツービート（ビートたけし・きよし）、デイヴィッド・デヒーリ、TK・バパティー、テイ・トウワ、寺山修司、東野芳明、戸川純、戸田正寿、永井一正、中沢新一、中島信也、中野裕之、長友啓典、中原佑介、奈良原一高、橋本治、長谷川逸子、原田治、針生一郎、ハン・ザイポー、ピーター・フレイシグ、日比野克彦、ひびのこづえ、ビンセント・シャム、深井隆、福田繁雄、藤幡正樹、藤原新也、マジョリエ・チュ、松井桂三、松本弦人、マッド・アマノ、マルコム・ギャレット、村上隆、山口小夜子、山口はるみ、山藤章二、山本寛斎、山本容子、山脇一夫、横尾忠則、横澤彪、四谷シモン……。

4　笑いの中にこそ挑発を――パロディ・ヘンタイ・アバンギャルド

『ビックリハウス』は新しい価値を生み出すというよりは、生まれ始めた価値を素早く察知して、評価すること。株で言えば先物買いというところもあった。しかもちょっと変わった価値でなくては意味がない。そしてともかく誉める、かまってあげる。創刊号から始まり一九七九年一一月号まで五年続いた「今月のビックリハウス賞」はその点では象徴的な企画である。エンゼル体操のムキムキマン（七七年一二月号）、『ビックリハウス』の編集部に遊びに来て、松田優作やブルース・リーの模写のネタ下ろしをしていた頃の竹中直人（七九年三月号）にも贈った。世田谷の下野毛にある「シモノゲ美容室」にも店名が凄いので勝手に賞を贈り付けた。七九年三月の通巻五〇号記念に「あの賞（ビックリハウス賞）を獲ると売れる、とまわりから言われたけど、アタリましたね」とコメントしているのは、七六年三月号受賞のタモリだった。

図19　「今月のビックリハウス賞」の竹中直人（『BH』1979年３月号より）

深夜ラジオで「北京放送の赤穂浪士討ち入りニュース」や「中韓米独人による麻雀実況中に喧嘩が始まり、それを当時の美濃部東京都知事が解説する」といった過激芸をしていたミスター・タモリ（そう呼ばれていた）三〇歳の、授賞式会場になったのは深夜の新宿のバー「ジャックの豆の木」。まだサングラスもしていない、照れくさそうに入ってきたタモリさんは、まるでコンピュータ・エンジニアか、信用金庫の集金人のように丁寧な人だった。私は手書きの賞状を書き、写真を撮り、インタビューをまとめた。そのあとほんとにあっという間に、タモリは日本を代表するエンターテイナーになっていく

「石橋をたたいて割る」「ブルータス、おまえモカなら、おれコロンビア」というスタンダードなことわざから、「クロネコヤマトの卓球部員」「昔のナマコで出ています」というコマーシャルや歌詞のパロディまで、「御教訓カレンダー」（七七年一〇月号から）は、これは萩原朔美の発案。朝日新聞の「百人一首」のパロディが評判になったと

き、教訓やことわざでやったら絶対ウケると閃いた。母屋の『ビックリハウス』がなくなった現在でも公募しており、ロングセラー、ベストセラー・カレンダーとして健在だ。一九九九年一一月には二五年分の御教訓をまとめた『御教訓大語海』（パルコ出版刊）も出版した。ともかく『ビックリハウス』誌上空前の大ヒット企画となった。

単行本化といえば、糸井重里責任編集の八〇年一〇月号から八二年七月号まで連載の『ヘンタイよいこ新聞』（パルコ出版、一九八二年）だ。これには、細野晴臣、南伸坊、和田誠、横尾忠則、渡辺和博等、単行本には、村上春樹、栗本慎一郎、谷岡ヤスジ、赤瀬川原平等といった人たちが投稿寄稿するに及ぶ。この辺のネットワーク作りがイトイさんの真骨頂で、まあみんながイトイさんの友達になりたくなってしまうのだった。一九八一年『ヘンタイよい子白昼堂々野音を目指す秘密の大集会』を、池袋西武百貨店スタジオ２００で、翌八二年、品川プリンスホテルのゴールド・ホールで『ヘンタイよい子白昼堂々秘密の大集会』を開催する。勿論、大盛況だった（そしてこれを契機に『ヘンよい』は終刊する）。出演者は、ＹＭＯ（細野晴臣、高橋幸宏、坂本龍一）、鈴木慶一、忌野清志郎、仲井戸麗市、井上陽水、矢野顕子、コント赤信号、東京乾電池、三遊亭円丈等など。このうちの何人かが一六年後、一九九八年六月六日午前０時（バリ島時間）に始まる『ほぼ日刊イトイ新聞』の、主要筆者になっていく。

この「ヘンよい」に先んじること七七年七月号から始まった「日本勉強協会」は、「ジャパベン合衆国」に成長し、ゴミン大統領として雑誌内独立国を統治し、のちにオメイニ師に転身して国を逃れたのが私だった。成績のよい者には国民番号を与え、「トモノエ！　トモノエ！」と私の苗字を逆さから叫ばせた独裁者だった。ここで展開された「商売半畳＝小さな店」みたいな新解釈の「専門熟語講座」や、「エルビス＝肥満で死ぬ」のような英訳動詞の「新動詞大系」、あるいは「ナバロンの洋裁＝ナイロンに変わる繊維ナバロンがひきおこした洋裁革命とそれをめぐる人々のみにくい争いを描く」といった「USJ大事典」は、言葉遊びをまとめてベストセラーになった単行本『ビックリハウス版・国語辞典　大語海』（パルコ出版、一九八二年）に多大な貢献をすることになる。所ジョージの「四文字熟語」などの源泉的なコーナーだった「ジャパベン」は八一年一一月号まで続いた。

イトイさんともっとも長い付き合いになるのが、『ビックリハウス』から生まれた「御教訓カレンダー」の審査だ。『ビックリハウス』誌上で始まった「御教訓カレンダー」は、一九八〇年からカレンダーとして売り出され、最盛期一〇万部を刷る一億円事業のおばけカレンダーとなった。この利益でしばらく我らエンジンルームのスタッフのボーナスが払えた。いまでも母屋の『ビックリハウス』が終刊しても生き残り、テレビ番組『ボキャブラ天国』にパクられ、所ジョージの『四文字熟語』になったり、近くは松本仁志による類似商品も出ているが、イトイさんはその審査を二〇年以上にわたって一緒にやってくれた。

その二〇〇〇年版を選考しているときだった。「二千円札が出まわっているので御注意下さい」（大方直哉）という作品があった。この「二千円札」は、「ニセ円札」にも音が紛らわしく、評価が高かった。するとイトイさんが、「これさあ、あるといいね。ほぼ二千円とか、約二千円とか、タクシー代払うときなんか、つりはいらねえとか言えそうだし」「いいね、二〇〇〇年に二千円札というのは、ミレニアムの記念紙幣になるよ。堺屋さんに連絡してみよう」ということで、私は日本文化デザインフォーラムで何度かお目にかかっている、当時経済企画庁長官をしていた堺屋太一さんに手紙を書いた。しかし議会中で忙しいのか一向に返事がない。それで当時の大蔵省の有能なキャリアだった友人の岸本修平さん（現・衆議院議員）に連絡すると、「それは面白いですねえ、でも、紙幣を作るのは日本銀行だし、やっぱり政治家を動かすのが手っ取り早いでしょう」というので会ったのが、民主党の鳩山由紀夫氏だった。

「アメリカのATMも二〇ドル紙幣が出てきますし、今、千円札一枚で足りる支払いというのが減ってますよね。

単行本も千数百円みたいに」等々、私が二千円札の効用をプレゼンすると、鳩山氏はダビデ像のような大きな目でにらみ返しながら、「なるほど、大変面白い、早速、超党派の議員団を組織して実現に動きましょう」と言ってくれる。しかし鳩山氏は直後、民主党の党首選に出て、なかなか進捗しない。一方、岸本氏は大蔵省内や、日銀の関係者に動いてくれていた。そのニュースをキャッチしたのが、小渕恵三首相だった。第二次小渕内閣発足の目玉として、沖縄サミットと、弐千円札（正式にはこう記述する）紙幣の発行を発表した。私は「やられた！」と思ったが、一方で「実現するのか」という驚きもあった。

この発表の直後から、どういう経路でか、イトイさんと私が弐千円札の提案者であるという情報が流れて、新聞や、週刊誌、テレビなどの取材攻勢が始まる。イトイさんは「エノモッちゃんが動いたのだから」と、取材をすべて私のほうに振ってきた。数日して夕方、事務所に内閣官房庁から電話が来た。「来たか！」と思った。その頃小渕首相は午後のある時間から、いろいろな人に電話を掛けまくっているという噂が立っていた。それを世間では「ブッチホン」と呼んでいた。「小渕です。エノモトさんですか」明るい声が耳に飛び込んできた。結局直接には弐千円札の話はまったくなかったけれど、「いろいろよろしく」とのことだった。一部の新聞や週刊誌が、イトイ・榎本組の提案を小渕首相がパクッたという報道に対する、ご挨拶であったようだ。すぐに娘さんの書かれた絵葉書が何葉か送られてきた。しかし驚いたことに、その後小沢一郎氏の自民党離反のショックなどから、あっけなく亡くなってしまう。

一九八〇年『SUPER ART GOCOO』二月号での、田中一光、石岡瑛子、草刈順の鼎談「企業広告とアートディレクション」で、石岡さんはこう発言している。

――私は渋谷パルコのオープニングキャンペーンから企業広告を本格的に創ってきたんですが、実はパルコが一体核に何を持っていきたいのかがわからなかった時期があったんですね。というのは私とその時期のチームの人間があるキャンペーンを手がけることになって、私たちなりの表現が出てくる。そうすると突然『ビックリハウス』あたりがポーンと出て、全く別個のパルコのキャラクターを創り出していく。そして西武劇場（現・パルコ劇場）からは田中（一光）さんが独自の世界を送りだしていく。それがパルコのような企業にとって一つの非常に有効な方法論であると気がつき出したのは、渋谷パルコが動き出して西武劇場が本格的になって、『ビックリハウス』が登場し出してからだと思います。

うれしい一言である。私たちにしてみれば、石岡瑛子という存在は、パルコそのものといってもいいほど、カッコいい保守本流の堂々たるクリエイターである。西武劇場をふくめてカッコいいパルコのなかで、私たちはいわばいかがわしい異形の軍団、裏パルコのクリエイターであったことは、石岡さんの発言からも十分にうかがえる。あるいは広告が表層のメッセージであるとしたら、私たちのやっていたことは、雑誌やイベント制作を通じて、まさにパルコのソフトウエアをつくっていたのである。渋谷のパルコのみならず、その頃全国に急速に増殖し出したパルコ各店に私たちのソフトはばら撒かれていった。増田さんにしてもまさかの成果ではなかっただろうか。アートディレクターに石岡瑛子を起用するよりも、ずっと安易に選択しただろう。萩原朔太郎の孫で、アングラ演劇崩れの若造とその仲間にどんなことが出来るものか。だめなら切ればいい。それが仕込んだら、案外ハマッタ！賭け好きの増田通二は賭けに勝った。

萩原朔美は二年ほどで初代編集長をおりたいと言い出し、かわりにお茶汲みバイトみたいにして入った、対人恐怖症だった高橋章子が編集長になる。時々編集室に遊びに来ていた寺山修司の推薦だった。寺山さんはアッコちゃ

図20　天井桟敷館

んの作る、クリープやニドの乳粉末をお湯で溶いてたっぷり砂糖を入れた、奇妙な特製ドリンクがすっかり気に入って、アッコちゃんを変なところから評価していた。これもとても寺山修司らしい。この大抜擢の人選は大当たりして、花の編集長を略して「花編アッコ」を自称するアッコちゃんの人脈造りは、糸井重里、鈴木慶一とムーンライダーズ、ＹＭＯ、とんねるず、みうらじゅん、ナンシー関と、一九八五年一一月号（終刊号）まで、凄まじい勢いでネットワークを築き上げていった。

終刊号には、糸井重里、橋本治、浅田彰をゲストに、萩原朔美（初代）、高橋章子（二代目）編集長の座談会があった。少し抜粋する。

糸井　本物志向というか、アヴァンギャルドの匂いを残しつつね。とにかく孕んだ女とアイビーカットの男が並んで歩いているという、そういう時代だったんだ。〝若者〟というと、それになってしまう。ぼくはちょうどその歳だから、どうやって反論していいか分からなかった。そこに、パルコのような、セロリを前歯で喰うみたいな、えーいっというのが出てきた。助かったと思って、その反動で、オレたちは「御用刃」（糸井重坊・原作、湯村輝坊・劇画の漫画・七五年一〇月号）のようなわざと汚い絵を出したりした。カウンター・カウンター・カルチャーなんだよ。

橋本　見事やめられるというところで教育は一貫していたから、いいと思うよ。俺、別に教育が悪いことだとも思ってないし。子供を突っ放すことによって〝教育〟は完結するわけだからね。売れなくなってから止める雑誌はざらにあるけれど、そうじゃないわけだから。基本的には、今までは子供が元気になればいいなぁ、と、元気になる雑誌をつくってきて、わたしも元気にやってきたんだけど、このままでは子供は依頼心ばかり強くなって、ちっとも元気にはならない、だから、お母さんはやめて、家を出ていきます、ということよね。

浅田　まあ、全体的に景気は悪いんだけど、第三世界の収奪を基礎に、消費社会を華やかに演出していこうっていうのがあるでしょ。『ビックリハウス』だって、〝若者〟という第三世界から、アイデアをただでかき集めてきては、使える部分は大人がひっさらってね、それで不況の乗り切りに使っていたということはあるのよね。だけど、第三世界だけでいじいじやっていてもしょうがないわけだし、むしろその連中が主導権をもって楽しく遊んだっていう側面の方が大きいんだから、すごくよかったんじゃない？

一九八三年五月、寺山修司は四七歳で急逝し、『天井桟敷』は一七年間の実験に幕を閉じる。二年後の八五年一〇月、『ビックリハウス』は、一二年間の挑発に終止符を打った。

＊　寺山修司『書を捨てよ、町へ出よう』『戯曲　毛皮のマリー』など、角川文庫より刊行されている。

＊　榎本了壱『東京モンスターランド』（晶文社、二〇〇八年）の一部を底本に、再構成、加筆しました。

第11章 舞踏

未知の世界が開いたもの

山田せつ子

私が踊ることになろうとは！

ましてや、こんなに長い年月踊り、踊ることを通して考え、生きることになろうとは！

二〇歳になる頃、演劇に夢を見ながら、ふとしたことで「舞踏」の存在を知り、謎めいた世界を覗き込んだ。そこから自分のからだと意識とをまるごとかかえて踊ることがはじまってしまった。そして、「舞踏」と出会ってから一五年ほど過ぎた頃、私は自分の身体表現の形を「ダンス」と呼ぶことにした。そこには、踊ることの意識の変化があり、社会の中で自分が踊ることをどう捉えていくかという問いがあった。七〇年代、八〇年代、九〇年代、そして二一世紀と踊ることに向かいあってきた原動力はいったいなんだったのか。未知の世界が開いてくれたものがなんだったのか、たどってみようと思う。

「ダンス」という言葉から、まずイメージするものはどんなものだろうか。

ダンスにはいろいろな種類があることは、皆さんご存知なので、私がダンサーであることを知ると、まず「どんなダンス?」と聞かれる。そして、私はいつも「う〜ん」と口籠る。次の質問は、「バレエ?」「モダンダンス?」が一般的である。私は「現代舞踊というような〜」といいながら、さらに口籠る。そこで話が終わらない場合には、

図1　山田せつ子／SANARI（2013年）　©神山貞次郎

「もともと舞踏という世界があってね、そこから始めて、今は自分のスタイルで踊っています」などと言う。「舞踏？　あ、あの白塗りの？」と言う人がいると、「あ、いわゆる白塗りの舞踏とはまた違って～」説明するのはまったく大変なのである。

「いったいどんなダンスなんだ！」という気配が相手の顔に浮かぶ。こんなことを何十年も繰り返してきている。そう、私はなんと説明したらいい「ダンス」を踊っているのだろうか。めんどうなので、「一度、観に来てください」と言うのだ。私は、説明したくないのではない、けれど、説明が難しいのだ。バレエにしたところでまったく情報がない人に、「ヨーロッパから始まったダンスで、」と、説明するのはとても大変なことで、まず観てもらうしかないのだ。そして、私が出会った舞踏は、まだ半世紀ほど前に日本に出現したものなので、よほどその世界に関心がある人以外には、何かを引用しながら話すということも難しいのだ。まして今、自分が踊ることを舞踏と名乗らず、ただ「ダンス」と言っている私はさらにことの次第が難しい。

1　舞踏のはじまり

舞踏は多くの方にとって、耳慣れない言葉かもしれないが、六〇年代に日本で産声をあげた身体芸術のことだ。広く言えばダンスのひとつのジャンルだ。いいや、舞踏はそれだけではなく、ひとつの思想だという人もいる。どちらも正しいのだろう。この舞踏にも流派といったら軽過ぎるが、幾つもの考え方の違い、方法論の違いがあり、そのひとつひとつ、あるいは全体について語ることは私にはできないことだが、少しその成り立ちに触れてみる。

六〇年代はじめ、それぞれにノイエタンツ、バレエ、モダンダンスなどを学んだ、土方巽(1)、大野一雄(2)、笠井叡(3)という先駆者が、西欧の影響の大きかったダンスの場に独自の身体の扉を開け、飛躍的に斬新な身体表現を世に問うたのが舞踏という世界の始まりで、これまでのダンスの概念を打ち砕くような作品を発表していった。この先達のまわりには、三島由紀夫、澁澤龍彦、中西夏之を始めとする多くの作家、美術家、思想家達が惑星を作り、ダイナミックな宇宙を展開していた。

もちろん、私は六〇年代のこの活動を観ていない。

映像で残された「バラ色ダンス　澁澤さんの家の方へ」などを観ると、どちらかというとパフォーマンスに近く、全身を乱暴に白塗りにした男達が白いドレスで、あるいは裸体でソロや男色を思わせるデュオを踊る。軽妙なステップを踏み、唐突に走り、転げる。はたまた、胎児のようにからだを丸めて奇妙なチューブをくわえる。畳を背負って旋回する。いわゆる美的なムーブメントや、わかりやすい物語はなく、身体の神経がムーブメントを起こしてくるような異形の形、猥雑さ、ノイズのような表現、およそ既存のダンスのイメージとは遠く、通常の倫理を告発するような行為を繰り広げる。観客は観るというよりも、そこで発生していく出来事を目撃しているようだ。観客達は、どのような体験をして帰ったのだろうか。簡単に想像することはできない。しかし、映像のフレームを越えて伝わってくる男達の開かれた意志や、傍若無人、破天荒なからだの遊びは、いつ見ても衝撃的である。私達に、すぐれた舞踊批評を残してくれた舞踊批評家、亡き市川雅は、かつて「カウンターカルチャーとしての舞踏の登場」という言葉でこの頃の事を語っていた。おおきな意味で、それまでの西欧文化移入への抵抗として、また既存の文化の制度への抵抗として出現してきたことを指すのだろう。そのような場が開かれたことは、先駆者たちの才能に発することは勿論だが、同時代の芸術や思想の場の交通が豊かであり、それを担う熱が人々の中にあったことの証でもあるように思える。

この時代のことを想像すると、羨望の思いすら湧いてくる。

しかし、衝撃的な舞台が展開された後、「暗黒舞踏」を名乗った土方巽は六八年の「肉体の叛乱　土方巽と日本人」を最後に、七二年「四季のための二七晩」まで沈黙をし、大野一雄は七七年、七〇歳を過ぎての記念碑的作品「ラ・アルヘンチーナ頌」まで作品を発表していない。特異な渦の中で生まれた世界が、それぞれの形で育てられ、まったく別の様相を持って舞踏が現れてくるのは一九七〇年代に入ってからである。七〇年代から、土方巽は目黒の『アスベスト館』を拠点とし、舞踏手、芦川羊子を中心とした『白桃房』で次々に作品を発表する。土方の教えを受けた舞踏家たちは麿赤兒を中心に『大駱駝艦』を結成し、スペクタクルとしての舞踏を展開するようになり、さらにその後、設立メンバーである天児牛大は『山海塾』を結成しヨーロッパで独自の美的世界を創り、室伏鴻、カルロッタ池田など、土方巽の影響を受けた舞踏が、東洋の新しい身体表現の出現として注目を集めはじめる。

笠井叡は二七歳の若さで、七一年に舞踏研究所『天使館』を設立して、即興舞踏の場を開く。二〇代の舞踏を志す若者達とともに、舞踏公演「丘の麓」を皮切りに多くの公演を持ち、同時にソロ舞踏公演「タンホイザー」をはじめとして、多くのソロ公演を行い現代思潮社より『天使論』を上梓する。その後も『聖霊舞踏』『神々の黄昏』といった著作を出版している。土方巽とはまったく異なったあり方で、独自の舞踏思想を展開している。

七〇歳を過ぎて「ラ・アルヘンチーナ頌」で鮮烈な舞台を現した大野一雄は、八〇年代に入りナンシー演劇祭で大きな驚きを持って迎えられている。その頃、ドイツのピナ・バウシュが演劇とダンスの境界を越えた斬新な作品を次々に発表して来た時期でもあり、既成の概念を打ち崩すようなダンスが次々に出現してきていた。これが、コンテンポラリーダンスと呼ばれるダンスの登場の時期である。

広く舞踏が知られるようになったのは、日本においてよりも、このような世界の流れの中で注目されたと言っていいかもしれない。舞踏はあらたな身体観、身体思想を問うものとして現れてきたのだと言っていいだろう。それは、より生命に生々しく接近するというだけでなく、身体そのものを基軸としてあらたな思想を生み出していこうとする行為だったただろうと思う。

図2　笠井叡／個的秘儀としての聖霊舞踏（1976年）　Ⓒ神山貞次郎

私が出会い踊り続けるスタートとなった場所は、笠井叡の主宰する『天使館』だった。笠井叡は、土方巽の舞踏とは思想も、方法も大きく異なる舞踏家だった。

『天使館』という名前に少し恥じらいがあり、友人にどこで踊っているの？　と聞かれてかすかな声で『天使館』と言ったものだ。天使でもないのに、なんだかすまない気持ちになったのだ。当初は、こんなに長い時間を踊ることになろうとは思ってもいなかった。踊ることへの関心というよりも、「舞踏」を巡る言葉の急進性に惹かれたと言っていいし、いまだ方向の見えない自分の存在に、今ここにある「からだ」を見つめることから始めるしかない、という切迫感もあった。舞踏と出会った人には、そういった人が多いのではないだろうか。私自身がそうだが、幼い頃からダンスメソッドを習い、ダンサーになりたいと考えてきた人よりも、舞踏の身体性や身体への眼差しや思考に惹かれて、自分の生き方を問い直すように始めることが多くあったと思っている。

2　踊る衝動の訪れ

七〇年のはじめ、荒々しい風は凪ぎ、伝説的な言葉だけが残り香のように香っていた。社会は、政治の渦の残骸の中にあったが、それでも街には未分化な未知の風が吹いてくる気配は残っていた。その風の方へ顔を向けていくことが自分の未来に繋がることのように思えていた。

一九六九年、明治大学の演劇科に席を得たものの授業は始まらず、社会は七〇年安保、ベトナム戦争反対闘争の直中にあり、お茶の水の通りは学生と機動隊が向かい合う日々が続いていた。演劇の学生もデモの隊列に入り、催涙弾が頭の上を飛び交った。社会全体が大きな渦の中にあったその頃、私達も多くの問いを前に焦燥感とともにどこかあらたな場への水路を探していたのだ。自分自身の方向が見つからない感覚を手探りで解こうとしていた頃、演劇にも映画にも、美術にも新しい風が吹いていた。既存の言葉を疑い、方法論を疑い、瑞々しい風に顔を晒していく動きが、若い私達を魅了していた。

大人びたクラスメート達に誘われて、街に出ては連日、演劇や映画を観る日々。私の二〇代最初までは、ほぼ街が学校だった気がしている。今のように情報誌やネットの情報があるわけではなく、『現代詩手帖』『美術手帖』といったアート系の雑誌の情報欄を頼りに歩いていた。アンダーグランド演劇と呼ばれる状況劇場や、早稲田小劇場、天井棧敷の特異な空間の中で目を凝らし、青山の草月会館が主催していた草月シネマテークの会員になって、ゴダールを始めとするヌーベルシネマを連日観る。そうかと思うと、土曜の夜は東映のやくざ映画を観て朝まで過ごす。

未知の言葉や表現を探しに行く。

そんな時に、暗号のように現れてきた舞踏という言葉があった。前記したように、暗黒舞踏の土方巽は八九年の「土方巽と日本人――肉体の叛乱」のあと沈黙し、笠井叡もこの数年踊っていなかったので、一九六九年から七〇年に私達に届いてきたのは、舞踏をめぐる「言葉」だけだった。しかし、この舞踏というもののまわりには、様々な詩人、哲学者、文学者、美術家が幾重もの渦を作って、謎めいた気配を漂わせていた。シュールレアリスムの匂いが立ちこめ、バタイユの『内的体験』や『眼球譚』を読んでいなければ、後ろめたいような時代だった。澁澤龍彦の『夢の宇宙誌』の裏表紙にワクワクし、今思えば新しい服を見つけたような、気分だったのかもしれない。戦後四半世紀を経て、権威に対して素手で闘う術が、百花繚乱、私達には、そんなふうに見えた。

その中で、舞踏は、舞踊のひとつというよりも、もっと存在に関わる思想として現れてきていた。その舞踏と出会ったことが、踊ることと遠い所にあった私の「生きる矢印」となったことは、私の中に内在する何かがこの場所を見つけ出した結果だったのだろう。環境や日々の教育の中から様々な芽が育っていくのだろうが、私にもそれと思える時間があったと言える。突然にではなく、やっぱりこういうことだったのか、と。ささやかに重なっていった時間が、私自身を「踊る」ことに連れ出した。自分が昔から身体表現に関心を持っていたとは思わない。それよりも、自分でないものになる、自分が変容することに関心を持っていたと思う。それは想像力の遠い旅にでかけるような未知の好奇心だった。

3　踊ることの謎に導かれて

転勤族だった父親の仕事で私は小学校を三回、中学校を二回転校している。転校も一度ならともかく、二度、三度ともなれば、新しい場所で人との関係、自分の世界を見つけ出すことが、どのように大変か自覚するようになる。

それぞれの土地の言葉や風習が色濃く残っていた時代だ。「見るもの、聴くものすべてが違って見えるような場所」で、母も私達子供も、その土地の慣習に馴染むことへのストレスを無意識に抱え、常に近い将来またココではない場所に自分のからだが運ばれていくという不安も感じていた。しかし、同時に外界と自分を隔てているのは、まず内的ななにかではなく、場所で培われてきた身振りや、言葉のイントネーション、作法の違いとしてやってきて、その先に互いの出会いがあるのだということも知っていった。

三度目に転校したのが、木曽の御嶽山の裾野にある小さな町だった。木曽川を下に眺め、山野に囲まれた町では、遊びも街の子供の遊びとはまったく違っていた。体育の夏の授業は木曽川で泳ぎ、冬はグランドに土嚢を積んでつくられたスケートリンクで、下駄に紐をつけたスケート靴？で滑るか、シンプルなスキーの板を持って山にのぼり、一気に学校まで滑り帰る。熊が降りてくることを知らせる営林署のアナウンスがあれば、家から空き缶をたたきながら小学校にむかう。深い山に住む同級生は、トロッコに乗って通学してくる。家々は高く組まれた石垣の上に作られる。鉄砲水と呼ばれる水が山から出た時に、道が川になって水を逃し、家が押し流されないためだ。車がほとんど通らないその道は、冬には子供達のソリ遊びの絶好の場所となる。

そんな中にいきなり飛び込んだ私は、山道もギクシャクとバランスが悪い、ただただ歩く遠出の遠足も体力が無い。山道を上がってくる車をよけるためには、谷底におちないために山側にからだを寄せて待つということも知らない。板を長靴に止めただけのスキーは、勝手に流れて追いつくこともできない。

異なった身振りは、好奇心の対象で、いじめられることもある。そうした、外界とのコミュニケーションが苦手だった私は、次第にひとり遊びが一番の楽しみになっていった。想像力はどこまでも自由であり、ささやかな物語を組み立て、それに見合った身振りを探しだし、ひとり遊びをする。至福の時間だったと思う。

母が度々私を映画や演劇、コンサートに連れていったことも影響したのだろうと思う。母自身が田舎の暮らしから少し距離を置き、自分自身を安らがせることの出来る場所を楽しんでいたのだろう。子供の私にとっても日々の裂け目のように訪れるその時間は、未知の空気を運んできた。開演前の闇の中で、からだが次第に広がっていくような感覚を覚えた。ココでない場所が無数にあるということ、私でないものが無数にあるということ、そしてその幾つもの存在を想像することができるのだということが、知らず知らずに私のからだに入ってきていた。「ここから、解き放たれる、自分で世界を見つけることができる」未来はこの世界にしかない、とすら思った。それは、大きな意味で「遊び」というものの可能性が私を生かしてくれるかもしれないということだった。

初めは七〇年、土方巽「暗黒舞踏」の世界だった。

ようやく言葉と写真でしか知り得なかった舞踏を観た。

客が二〇人も入ればいっぱいになる小さな空間で、全身を白く塗り、腰を低く落として、異形の形で佇み、四つん這いで床の上を動く。折りたたみ椅子のようにからだをたたみ、一瞬で小さくなって、さらに微妙に振動し続ける。喉元から「キューン」と音を出し、人のようで人でない生き物、眼球がまるでガラスの玉であるかのように無感動に動き、瞬時に空間の気配を変えてみせる。日常的な物質がその用途を無視されて、新たなものとして出現する。人も物も等価に変容する。緊張と弛緩が繰り返し訪れ、時間の感覚を遠くに追いやっていく。人の世のことなどにまったく関心を寄せていないような残酷な世界。たとえば、切り子ガラスのように正確な角度を持ったものから、突然、蒸気が上がり始めるような気配。極めて物質的で凄まじく優れた見世物小屋の出現。向こう側で淡々と反復されるからだの論理。これが、私のはじめての舞踏体験、新宿の小さなジャズ喫茶の二階、土方巽振付けで芦川羊子と小林嵯峨が踊る世界だった。

睨むように舞台を凝視しながら、初めて観る舞踏に驚愕していた。

現在では「からだ」とか「身体」という言葉が使われるが、当時は「肉体」という言葉が多く使われていた。「肉体の叛乱」「特権的肉体」「肉体的言語」などなど。言葉によって語り得ない生々しい生命の在りようをこの言葉に託そうということだったのだろうか。意味によって捉えきることの出来ない、もっと手触りのあるものとして存在を捉えようとするエネルギーを感ずる言葉だった。この舞台は、まさに「肉体」という言葉を投げかけてきた。陶器のようにつるりとした皮膚の下で、熱が液体や固体を変容させクツクツとマグマが動き続けている。統制され、制御された日常の意識の皮を知らぬうちにずるりと剝がれるような感覚が起こり、思わず無意識に抵抗したくなる。

土方巽という人の風貌が目の前に浮かんだ。謎めいた言葉も次々に脳裏に浮かんできた。

私は果たしてこの凄まじい世界の踊り子になりたいのだろうか、舞踏とはこの一座で生きることなのだろうか。ここに私の問いの出口はあるのだろうか。傲慢に聴こえるようだが、一九歳の私の中でそんな言葉が走り続けていた。脳裏に焼き付いた鮮烈な映像は、そのあとも衝撃を持って繰り返し蘇ってきた。しかし、自分自身のからだがその場所に立つことは想像できなかった。観たものの圧倒的な世界と、私自身に繰り返し訪れていた問いの間には微妙に距離があった。おそらくその世界では、私などというものは問題にされていなかった。大きな存在の前で自己放棄していくことが絶対条件であるように思えた。舞台で表現するという欲望に先んじて、何故、表現をしたいのかという自問に抱かれていた私は、あの時代の若者の多くがそうであったように、ここにあるからだを丸ごと投げ入れて、問いを負いたいと思っていたのだろうと思う。

そんな思いの私は、ほどなくもうひとつの舞踏の場所と出会った。それが、笠井叡の主宰する『天使館』だった。私が出会い、学び、今の私のダンスを成り立たせた舞踏は、いわゆる土方巽の「暗黒舞踏」とはまったく異なったものだった。

4　『天使館』という場所

『天使館』を設立してメンバーを一〇名のみ募集するという、『現代詩手帖』の小さな広告を見て訪ねた。それ以前に、同じ雑誌に載っていた笠井叡の文章を読み、そこに書かれた舞踏論に深い関心を持ったことがきっかけだった。短い面接のあと、何をするかは、見ないとわからないから、次回の稽古にくるように告げられた。

主宰する笠井叡が二七歳、一〇名ほどのメンバーはほぼ二〇歳か、それを少し越えたくらいの年齢だった。初めて稽古に行くと、すでに笠井叡が、即興で踊っていた。確か緑色のドレスを着ていたように記憶している。それは、いままで私が観た何にも似ていなかった。私が観た舞踏というイメージからほど遠く、からだの中で思考も感情も坩堝のようになった生命の形がそこにあった。本当の孤独というものは、このように一瞬も留まることがなく動き続ける形の中にあるのだと思えた。恐怖と安堵が一緒にやってきた。私の中から言葉が失われ、ただそこにいることの確かさの感覚だけがあった。

その日は、すでにメンバーになっていた人達が、建設中の『天使館』の建物の最後の仕上げをしているところだった。小さな窓の装飾を、素人手仕事で仕上げをしているのを不思議な気持ちで見たことを思い出す。私は魔術にかかったように、ぼんやりとしていた。

他のメンバーはすでに稽古を重ねていて、週二回、ヨガやバレエを成り立たせている身体を作る訓練、ランニング、呼吸法などかなりハードな基本があり、そのあとに即興で踊る稽古が繰り返された。ダンスを踊ったことのない人がほとんどで、ターンの練習などをするとクスクスと照れ笑いが起きたりした。だれもダンスを学びに来ているという自覚は無かったのではないだろうか。踊るというよりは、存在の根拠をめぐって、からだを途方も無い場所に連れ出して行こうとしているような稽古だった。

即興で踊るといえば、音楽にあわせて楽しく踊るとか、自由に音楽にのって動くとかいうことを想像される方も多いと思う。しかし、『天使館』での即興の場では、その日いったい何が起こるかわからない緊張の場だった。

笠井叡は、何もしゃべらず、突然に踊りだし、私達はただ取り残されているような時間もあった。ひとりでここにある自分のからだをまるごと引き受け、何もいい訳のすることができないような時間。あるいは、笠井叡の唐突で嵐のような言葉の海にからだを晒しているだけのような時間。受け身であれば二時間近い時間をただ呆然と立ち尽くすだけ、動くことができなかった。壁際に佇んで、言い訳がましく、ずるずると情けない足踏みをする。果敢に、踊ることに挑戦していく仲間達をこわばったからだで見据えて時間が過ぎていく。手がかりを探すことができ始め、稽古場で動き始めたのは、ほぼ一年たった頃だった。

舞踊、あるいはダンスと呼ぶものをはじめとして、身体と向かい合う表現は、美術や、音楽、言葉と違って、自分自身が自分の表現を観ることができないものである。鏡に映したところで動きながらそれを観ることはできないし、映像で記録されたものを観ても、その時そこで現れるものを受け取ることはできない。では、踊るものは何を手がかりに自分のからだと向き合っていくのだろう。通常は、西欧の制度化されたダンスのように、それぞれのダンスのメソッドをひとつひとつ習得して、作品の振付を踊れるようになる。あるいは、伝統舞踊のように振付作品を踊ることを学びながら、技を習得していく。また、現在の韓国伝統舞踊のように、基本的な舞踊メソッドを制度化した（基本《キボン》）を学びながら、振付作品を踊るというよう合理的な方法を編み出している場合もある。いずれも指導者の身体を見て、動きを自らの身体に移し、さらに運動感覚や知覚で確認する。関節の角度や筋肉の動き、呼吸、目や耳、触覚を総動員して、まるで地図を創るように身体を捉えていく。そして、踊る者は自らの内部でそれらの地図を旅するようになる。だから、踊る者の地図は平面ではなく、立体なのだ。立体的な地図を明確な感覚を持って旅するあり方を、人は「身体感覚がいい」という言葉で評したりする。それは、とても長い時間を必要とすることでもある。

しかし、この稽古場では、いっさいそのような手続きが排除されていた。鏡もなく、勿論、前もって用意された身体テキストや、物語もない。振付けもない。身ひとつで、今ここにある場を感じ、からだから生まれてくるものを形にしていくことだけが踊ることとされた。ある日、少し経験のあったバレエのポジションを何気なく使うと、笠井叡が傍らで「その上げた踵から床までには何万もの点がある」とつぶやいた。既存のメソッドを単にからだに載せるのではなく、物としての自分のからだを自覚する必要がある、からだの存在を微細に意識化しなくてはいけないと言うことだろうとわかった。そうかと思うと、とにかくからだを投げ出せと言われる。その投げ出し方がわからない。ただ、暴れるように投げ出したところですぐに途方にくれる。

無数の言葉がからだの中で混沌として渦巻くが、その言葉を振り切ってからだの動きに変換しなければ、また立ちつくすしかない時間が始まる。何を頼りに、何を根拠に踊ったらいいのか。しかし、まずその発想を手放すことを求められる。

ただ、立つ、寝る、歩く、倒れる、走る、人はそんなことからまず始めるしかない。

ゆっくり倒れる、急に倒れる、静かに倒れる、強く倒れる。

ゆっくり歩く、早く歩く、唐突に止る、静かに止る。

何故ということから離れれば、いくらでも思いつくことができるし、こわばった意識が溶け出せば、幾つもの入り口を発見することができる。

脈絡なくやってくるそのようなものを、無防備に受け入れていく。

瞬時に決断していかなくては、躊躇の嵐がやってくる。

そのような時間を重ねていくと、からだがひとつの器であることに気がつき始める。からだが器になると、その器に入ってくるものがある。喉から手が出そうなイメージへの欲求や、感情への水路を断ち、慣れ親しんだ私から遠ざかると、唐突に入ってくるものがある。思いがけない、イメージが立ち上がる。それは、夢の中で脈絡のないイメージが唐突に、しかし、鮮やかに登場するのに似ている。現れてくる感情も、理由をもたない感情として登場する。たとえば、喜びや悲しみや怒りの感情も日常では、常に原因と繋がっているが、ここで現れてくるものは、それとは異なって、ただ、喜び、悲しみ、怒りの感覚というような、知覚として現れてくる。「私」という主語が解体されるような状態なのだ。

踊ることによって、そのような場があることを私はこの稽古場で初めて知った。

一〇名ほどだった稽古場は、次第に人数が増え、一二坪ほどの空間は人の間をかいくぐって踊るほどになっていった。当然、踊りながら人とどう出会うかということも試されていく。踊れば、その人のありかたがあらわになっていくような踊りだから、思いがけない共存や、反発、恩寵のような出会いも生まれる。様々な疑問も発生してくる。そのひとつひとつをからだも心も全開で受け止めていく。そのことは、ほぼ、私が踊ることの根底を作ることになった。

稽古が終わると、そのあとは様々なことが話された。しかし、ダンスを旨く踊ることができるようになるための技法などについては、やはり、一切話されることはなかった。身体は、身体とともにある意識はどういうものなのか。身体と意識をめぐる思想と言っていいだろうか。それは、日常においてもどのように生きるかという問いを必然的に連れてくるものだった。限りなく混沌とした稽古場での時間とともに、禅問答のような応答の時間の往復が続けられる。そうして、そこでは様式としての舞踏ではなく、イデアとしての舞踏が生み出されていく。これが、私が出会った舞踏というものだった。

5　舞踏というイデア

七〇年代後半、笠井叡は八年間続けた『天使館』を閉じ、ドイツに渡ってオイリュトミーの習得を始め、私も独立して稽古を始めた。海外での舞踏の評価を逆輸入するような形で、国内でも舞踏が認知されるようになっていった。さらに土方巽の「東北歌舞伎計画」が始動していく過程で、舞踏がある意味、土方巽の舞踏観を基軸にする世界に集約されるようになっていった。その思想は「衰弱体」という言葉に象徴されるように、それまでの舞踊、ダンス観を一気に覆すような身体観を持っており、『病める舞姫』という土方巽の著書は、言葉の舞踏と言えるようなもので、日々の生活が多様にイメージ化され、さらに言語化されていくことへの挑戦として、大きな衝撃を与えるものだった。

七七年、私は独立して自分のソロ公演を多く持つようになっていたが、舞踏と名乗る私の作品も、土方巽の舞踏観の文脈から批評され、読み取られることに違和感を覚えるようになった。そうした語られ方に反発するような気持ちが次第に大きくなっていった。舞踏とは何か、舞踏とはこうである、そういった語り口に対しての大きな疑問が、舞踏という言葉から離れることを決断させた。

では、私が踊ることをどう言ったらいいのか。ジャンルを説明できれば、人は安心して納得する。その最小の言葉を私は選んだ。私は、自分の公演の表記を「ダンス」とすることにした。時代は、コンテンポラリーダンスというモダンダンス以降の呼び名で新しいダンスを示していた。今思えば、なんだか、舞踏を取り囲む世界が面倒くさくなったというのが、本音だろう。自分の踊りをダンスと呼ぼうと決めてから、とにかく、武者修行のように踊る時間が過ぎていった。当時、池袋西武デパートの八階に『スタジオ200』という場があった。堤清二さんの肝いりでできた実験的空間で、ダンスも音楽も美術も演劇も落語も、様々なアートが瑞々しい実験を展開していた。私もそこでフリージャズの人々に鍛えられ、現代美術の人に鍛えられ、多くの出会いの中で贈り物のような体験をもらった。

決して良い条件の空間ではなかったけれど、若きディレクター久野敦子（現・セゾン文化財団）は、小さなからだで淡々と私達の面倒な注文をクリアしてくれたことを思いだす。企業がアートを支援していこう、条件を出さずに自由に活動の場を開こうとした始まりだったように思う。また、飯田橋にある日仏学院には小ホールがあり、当時の院長がダンスを好んでいたこともあって、多くの舞踏やダンスの公演が企画されていた。当時、秘書をしておられた相沢顕子は、やっぱりダンスを愛して、惜しみない協力をしてくださった。そのような人達に支えられて、私たちの世代の活動は動いていた。

八三年にアヴィニョン・シャルトルーズのフェステイバルに招かれてから、海外公演も多くなったが、そのことはあらためて、自分のダンスが生成してくる根拠を考え直す機会になった。

踊ることの手がかりを求めて、日常の行為の中や、街行く人のからだの傾きからムーブメントを採集し、日本の武道や中国武術の方々からも多くの教えをいただいた。既存のダンスコードに、身体を寄せることにリアリテイを感じることができなかった私は、そのような中から無手勝流で、ムーブメントもそれを支える身体の知覚も総動員で自分の身体と向かい合いダンスを見つけ出そうと思った。同じようにしてダンスを踊ることに興味を持つ若い人達とともにダンスカンパニー「枇杷系」を立ち上げた。「系」としたことには、ひとつの思いがあった。ひとつの王国のように場を作るのではなく、蔓のように様々にリンクしていく、そんなものを願ったのだ。カンパニーのメンバーに投げかける自分の言葉に、時にはっとすることが多くあった。それは、『天使館』で踊りながら見つけて

図3　笠井叡・山田せつ子／セラフィータ（1994年）　©神山貞次郎

図4　山田せつ子／薔薇色の服で（2010年）　©神山貞次郎

図5　山田せつ子／薔薇色の服で（2010年）　©神山貞次郎

来た感覚が、いつの間にか言葉になっていった過程だった。自分自身のあり方を徹底して見つめることから生まれる形、リズム、呼吸それが重なりあってダンスになっていく。身体に様式を与えるのではなく、身体そのものが思考するダンスは、無限の可能性を持ち、観るものに存在の喜びを与える。そんなダンスを私は彼女や彼らから幾度も見せてもらった。そんな瞬間に、踊ることへの態度だけを手がかりにして踊っていたような天使館の舞踏の未来の姿を観るような思いにかられた。そこでは、舞踏という言葉はすでになくとも、イデアとしての舞踏が遺伝子のように存在していることを感じた。

二〇〇〇年から、演出家の太田省吾が学科長を務める京都造形芸術大学の映像・舞台芸術学科でダンスの授業を持つことになった。太田省吾をはじめ、映像の伊藤高志、評論の八角聰仁達が学生とともに新たな実験を重ねる場をともにできたことは、大きな転換となった。そこでは、七〇年代に見つけ出された数多くの種が芽吹いて、初々しくあらたな局面を開いていく姿が、見出された。若い世代が、演劇から、ダンスから、舞踏から、美術から、映像から様々な場所から種を拾い交通し、それぞれの表現の可能性を見つけ出してきている。ある意味、巨人がいないかわりに、それぞれの声が響きあっているとも言える。圧倒的な存在が切り開くこともある、また響きあう世界がゆるやかに切り開くこともある。

ひとり、獣道のようだと思い込んで歩いてきた道のりも、舞踏の先駆者達の幾つもの種が深く根を下し、私という品種を生んでくれたように思える。受け渡されていく様式ではなく、イデアとしての舞踏は時間を越えてこれから何を生み出していくだろうか。

＊『神山貞次郎写真集 I LOVE BUTHOH!』（現代書館）より抜粋。

神山貞次郎（一九四八―二〇一三）：一九七〇年代より大野一雄、笠井叡の舞踏と出会い四〇年に渡って、多くの舞踏家の写真を撮り続けた。二〇一四年に集大成としての写真集が刊行された。

注

（1）土方巽（一九二八―一九八六）：「暗黒舞踏」の創始者。ドイツのノイエ・タンツを学ぶ。二四歳で上京、モダンダンサーとして活動後、「禁色」を契機に「暗黒舞踏」を創始し、大野一雄と出会い活動をともにする。「肉体の叛乱　土方巽と日本人」その後、「四季のための二七晩」などを発表。目黒のアスベスト館を拠点にし、その思想によってジャンルを越えた多くの芸術家に影響を与える。『土方巽著作集』が河出書房新社から新装版として刊行されている。

（2）大野一雄（一九〇六―二〇一〇）：日本体育会体操学校（現・日本体育大学）に学ぶ。石井漠、江口隆哉と宮操子にモダンダンスを学び、太平洋戦争に出征、復員後、土方巽と出会い活動をともにする。独舞踏「ラ・アルヘンチーナ頌」をはじめ多くの作品を発表、世界の注目を集める。一〇〇歳を超えても舞台に立ち衝撃を与えた。『大野一雄　百年の舞踏』がフィルムアート社から刊行され、舞踏の写真と言葉にふれることができる。『御殿、空を飛ぶ』（思潮社）等、稽古、作品に関わる多くの書物が刊行されている。

（3）笠井叡（一九四三―）：江口隆哉、宮操子にモダンダンスを学んだ後、大野一雄の門を叩き、大野一雄、土方巽とともに活動をする。「タンホイザー」をはじめとするソロ舞踏作品を多く発表し、国分寺に『天使館』を開設する。ドイツに渡り、ルドルフ・シュタイナーの身体芸術オイリュトミーを習得し、帰国後は、あらたにオイリュトミー学校『天使館』を設立、オイリュトミーとダンスを平行して精力的な活動を続ける。『天使論』（現代思潮新社）をはじめ、『カラダという書物』（書誌山田）など、著作多数。

エピローグ

表現者たちと現代社会

中江桂子

1　人は、みな、かいぶつである

かいぶつ祭りに来ませんか。

榎本了壱さんからのお誘いに、かなりおどおどしながら出かけたのは、ある春も盛りの夜だった。会場でもある榎本さんのアトリエに入ると、詩人や映像作家や、デザイナーや俳優や落語家や、なにをやっているかよくわからない、いろいろの人びと……プロアマ問わずに集っていて、私にわかることも全然わからないことも、いろいろな会話が飛び交う場所があった。そして私は、言葉によく表せないのだが、納得した、のだ。そうだ、人間はみな、かいぶつである、と。そこにはこのわけわからなさが、とてつもなく怖かった、とてつもなく嬉しかった。以後私はたびたび、このパーティーを思い出す。

人は社会制度や慣習のなかに生まれ、そのなかで生きざるをえないとしても、常にその枠のなかでのみ生きるわけではない。むしろ、与えられた枠によって自分を守ったり、枠を出て自分の可能性を試したり、そのような〝心の運動〟によって生きられているといってよい。しかし政治的コントロールがあらゆる水準にいきわたるほどに、世界は平和にみえるようにはなるものの、私たちはその生きた運動にたいして臆病になってしまう。それがゆっくりと自分のなかで起こってしまうと、その変化にも気づかない。そのうえ、未知なること、予測や計算ができないこと、異形というものは、いつの時代のどこの文化でも警戒され恐れられ、常識的な立場からは不要のものとしてまずは排除されていくようだ。しかし私たちが忘れてはいけないことは、未知なること、予測や計算ができないことは、自分自身のなかにさえも広い領域を占めていることである。変化激しい時代のなかで世の中にフィットしていくことにどんなに懸命であろうとも、そのこと自体が、人の生きることの根っこが誰かから与えられた枠の外側にあることを示している。だからどんなに社会から警戒されようとも、人は本当のところ、その危険と無関係に生きていくことはできない。平和な枠から出たり入ったりして、自分でさえ見通せない自分のかいぶつ―可能性―を、はじめて手繰り寄せることができるからである。そして、これまで私たちがこの本のなかで取り上げ論じてきた表現活動のひとつひとつは、まさに、日ごろの常識的感覚のなかでは隠されてしまう、自分のなかの／社会のなかの、深い秘密と向かいあうことからはじめられているといってよいだろう。新しい表現とは、この世界に新しい形をつくりだすことであり、つねに世界のオルタナティブを提案し、やがて世界を更新する可能性に手を伸ばそうとするものであることを、もう一度確認しておこう。

二一世紀の今日、未知なるものや不可解なものへの抑圧を強いられる社会がますます強まっている。テロや災害や事故が多発する時代になればなるほど、予測される危険すべてに備えるためには、予測できないものすべてを最初から排除するしかない、といわんばかりに、統制は正当化されていく。そして自由の概念はいつのまにか矮小化され、与えられた安全な選択肢の多様性のことだという通念がまかり通っている。しかし、その結果安全が高まっているかといえば、そうではないのが現実である。

そもそも何が安全かは、いったいだれが決めるのだろう。社会学者のジンメルは、貨幣経済と貨幣制度の浸透した世界のなかで、人間が、人間の作り出す関係性の網の目としての社会ではなく、人間関係の外部にある制度に依存していくことを指して、これを「客観的依存」（ジンメル　一九九九：三二四）といった。しかしその客観性などというものが既に自明のものではなくなり、その正当性も政治力によってしか創出されなくなった現在、どこに責任主体があるかの不明な選択肢の内側でのみ生きるしかないのであれば、それ自体が最も危険なことではないだろうか。いまや私たちは、いかなる制度であろうとそれがつねに疲労のなかにあることを認めなければならないだろう。不確定性の高まる世界のなかで、私たちがみずからの生きる力を脆弱化させることを良しとしないのであれば、この制度依存から脱出し、私たちひとりひとりの力をつうじて自分の世界を作り出していく営みが必要となるのである。

このことを言い換えれば、自由の意味もその重心を移しつつあるということである。伝統的な近代社会は、因習に満ちた諸関係からの解放を指して「自由」という風通しの良い言葉を使っていた。言葉のこのような受け止め方は、時代が移り変わっても今も続いている。たとえば場所性や時間性に拘束されることなく世界を漂泊していくような、ノマド的なコスモポリタンに出会ったとき、どこにも定着しないことこそが自由という印象を、私たちは強く受け止めがちである。しかし、「今日ではわれわれ皆がよく知っているように、最良の意図が非常に壊滅的な結果をもたらしうる。自律を際限なく行使するある種の仕方は、自律それ自体を殺してしまう」（トドロフ　二〇〇八：二六二）。先の見えない不安とアクシデントへの警戒にとらえられた私たちは、寄る辺のない不安のなかで何かに守られたいという欲求がいやおうなく高まっていることをも認めなくてはならない。守られたい何か、とは、国家、民族、ＳＭＳ、あるいは自分の心地よいカプセルなどのことである。Ｅ・フロムの言った「自由からの逃走」と同じメカニズムが、楽しげでソフトな空気のなかに機能してることが予想できる（フロム　一九六五）。しかし前述したように、もはや制度やシステムそのものが依存や信頼に足らないものであるなら、私たちは、みずからの力と責任のもとで、自身を守り生かす枠組みをつくらなければならない。ひとりひとりの人生という世界を創造することと、そこに〝定着する自由〟が、求められているといえよう。もっともそれは、かつてのように属性として与えられた土地や人との抜き差しならない関係につながれて生きることを意味しているのではない。いわば、自分の生きられるライフスタイルを自分自身の手で具体的につくるという権利を、獲得することに尽きる。自分のライフスタイルとしてみずからの世界を創造すること、その個別的で具体的なみずからの世界を愛し、そこへの定着を実現する、という自由。この意味での自由への決断と行動のみが、自己の地平を拓いていくことができるのであり、その結果として、ようやく知らず知らずのうちに潜り込んでいた鎧を、脱ぎ捨てる可能性が芽生えるのであろう。

いま、私たちが表現者たちの挑戦に学ぶことの意味は、ここにある。

2　合理主義と差別意識は同居する

とはいえ、言うは易しである。借り物ではない自分の世界をつくることとは、決して楽なことではない。わざわざ苦労をするなど、おそらく今の現代人の価値観からすると最も遠いのかもしれない。

私は、昭和のサブカルチャーの連続講義のなかで、学生や市民の混じった多彩な受講者に、成績評価とは関係ないことを断ったうえで、連続講義全体にたいする率直な感想を書いてもらった。もちろん、「二次創作を扱わないなんて期待外れ」「おれは閉塞なんかしてないぞ」「授業で結局何が言いたいのか不明」といったご批判もある。しかし、授業の感想といったシチュエーションだったからか、よくある感想「楽しかった」「有名人にあえてよかった」「懐かしかった」「みんなすごい人ですよね」、「大御所ばかりでしたね」「面白い昔話で、楽しかった」、などという、優しく、温和で、良心的なものが多かった。これは今回の受講者だけのことではなく、現代ではよくある一般的な反応であろうと思われる。さて、そのコメントの言葉を受け止めつつ、私はいつものごとく、その多くの優しいコメントの意味を探りながら読み進めた。……そうだ。これらの優しく良心的なコメントには二つのファクターが絡み合っている。あの人たちはもともとすごいからすごいことができるのであって、自分には無理だ／そもそも時代が違うからできたことであって、今の自分とは状況が違いすぎる、という、いずれも距離を測りつつ自分の立ち位置を表明していることである。

もちろん私を含めて、誰もが成功者になれるわけではなく、表現者になれるわけではない。登壇者のような表現者になれ、という授業でもない。そうではないのに、自分とはずいぶん違っている、という印象が、ほぼ自動的に自分と他者との間に線を引き、つきはなす距離をつくる根拠になってしまっている。「昔話」という感想も同じである。平成と昭和とは、もちろん同じだとは言わないが、隔絶したものでもないはずだ。しかし、スタートから計算された未来を予測することと、結果から計算して原点を理解することは、実に退屈なトートロジーであったとしても、それが計算予測性に満ちた現代社会の習俗になっているといってよいだろう。冷静に考えれば、昭和と平成とは連続性もあれば変化もあるだろう。しかしその複雑で中途半端な事実を見据えることよりも、昔話として処理してしまうほうが、分類して格納することに慣れた現代の認知様式に適合するということなのだ。もし、テクノロジーの進歩には隔世の感があったにしても、果たしてどれほど人間が進歩しているのだろうか――などという面倒な考えに巻き込まれる人を見ようものなら、たちまち「変わった人」という分類になってしまう。

しかし、予測できないことや新しいことに出会い、なにかしら〝ただならない〟という印象をもつことは、それが魅力であれ恐怖であれ、どこかに自分と対象との間に隠された共通の秘密を見出し、感じとっていることだ。つまり、未知なるものに、ただならない魅力／恐怖を感じた瞬間は、同一性と異質性とのはざまで揺れている、といってもよい。そして、魅力か恐怖か――その区別は難しい。しかしいずれにしても、同一性と異質性のあいだの宙ぶらりんの未確定な状況は、現代社会の習俗からいって、長続きさせてはもらえない。未確定な状況を無理やりにでも意識のなかで分類・格納・収納して処理するのが、合理的だとされ処理されるのがオチだからである。これは善悪の問題ではない。たとえば、「何かのために自分の時間や労力を犠牲にすることは愚かなことだ」という、近代合理主義のなかには馴染みの考え方があるが、これは結局のところ、あらゆることを計算可能性のなかに引き入れたうえで天秤にかけて功利的な判断をしているということだ。社会学者が注目するべきなのは、計算可能性が問われることなく認められ、無意識のうちに起動されていく日常が、人びとにもたらす結果である。

不思議なもの、奇妙なもの、不気味なもの、枠組みに収まらない、しかし、ただならぬ存在を、一括りにして認知的に馴染みやすい枠のなかに「処理」するという行為は、言い換えれば、個々の目の前にある現象を一般化して整理するということでもある。もっとも、強い影響力をもつコミュニケーションとは意思疎通の技術的な道具として有用なものなのであり、一般性や普遍性を与えられることがその有用性を保証するものと思われている。だから人が、直ちにその一般的な枠組みを援用して理解しようとする気持ちもわからないではない。しかしその行為は、結局は知らず知らずのうちに制度（与えられた枠組み）に依存することである。またそれは、特殊で個別的な現象とそこから生まれる感情のあらゆるものを、コミュニケーション過程から断絶していく行為であり、必然的に新しい相互理解の可能性を断ち、他者への想像力を根絶やしにする機能があることを、自覚しなければならないだろう。

しかし、人々の日常生活は、ひとりひとりの個別的で具体的な経験の積み重ねによってはじめて成り立つものであり、それは細分化されたひとつひとつの部分としてではなく、総合的な感覚の全体でつくられていくものである。さらに日常生活は、ひとりの人間の生活として孤立した世界ではなく、そのひとりを取り囲む具体的な隣人たちとの間の感情的なコミュニケーションの反応として成り立つものであり、だからこそ、人が自分の生きる意味や価値を確認することのできるアクチュアルな場所ともなる。これは、社会の一般性や普遍性からは決して提供されないものである。

R・セネットが近年の研究において論じている現代社会の深刻な陥穽とは、まさにこのパラドックスであった。セネットは、たとえば、現代的コスモポリタンの象徴ともいうべき新資本主義における典型的な成功者、コンピュータソフト開発会社の社長のライフスタイルを追いかけている。ブルーカラーである父の手作業をする背中をいつも見て成長した彼は、大学を出て、最先端のコンピューター技術者として会社を立ち上げ成功する。絵にかいたようなアメリカンドリームの体現者でもある。しかしその彼が、自分の息子を見ながら、ふと思うのだ。自分は、父親を愛しつつも彼を乗り越え、自分の価値やアイデンティティを育ててきたが、息子は自分に、自分が父にたいして抱いた感情は持たないだろう、と。なぜなら、達成してきたどんな成功も、お金以外のいかなる褒章を、達成者である自分にもたらすことはなかったから。すなわち、仕事への努力と継続から生み出される、誇り、満足、人生を振り返る余裕、そして人生の意味。それらはすべてブルーカラーであった父にはあったのに、自分にはない、ということの愕然とした自覚だったのである（セネット　一九九九）。

セネットの含意を、ここにおける文脈の上に言い換えるなら、制度やシステムの内部のゲームの勝利者とは、たしかに成功者であるかもしれないが、彼はどこまでも一般性をもって君臨する経済世界のなかで勝利し続けるための、果てない不安と警戒のなかに取り残されてしまう。セネットは、経済世界があまりにも人間の日常感覚から隔絶した抽象的なものに変化してしまった現代において、なお、その一般的かつ抽象的な世界に依存しかつ成功しつづけなければならない人間が、たとえ成功したとしても、自動的にはその人間の人生に個別的かつ特殊性のある意味を与えることには成功しないという、パラドキシカルな悲劇をここに論じている。だからこそ余計に、勝利者の恩賞のように見える経済的な豊かさに縛られ続けなければならないし、だからこそ失敗者を差別し貶めなければならなくなる。これほど不自由なことがあるだろうか。合理主義と差別意識が、実は同根であることは、この理由による。

人間とは意味を求める動物であり、文化とは意味の網の目のことであり、人間はみずから作り出したその網の目にひっかかっている動物だ、というC・ギアツの定義（ギアツ 一九八七）に従うなら、人間ひとりひとりの意味作用からあまりにも遠ざかってしまったシステムを、私たちはいったいどのように理解すればよいのだろう。

3 体験へのアパシーを超えて

さて、このことを鶴見俊輔の用語法にしたがって「経験」と「体験」を区別して言い換えるなら（鶴見 一九六七）、小さなカプセルを鎧としてみずからを固めた人間が「経験」することは、巨大システム化した世界のさらなる拡大やその変化の激しさとともに増加と多様化をきわめているだろう。他方、カプセルの内と外とのコミュニケーション、すなわち他なるものとの交感――身体的感受性や欲動を経由した血肉化――という意味での「体験」は、意識どころか知覚の外におかれてしまう。ところが鶴見にとって「体験」の尊重は、戦後の人間が生きていくための基礎にある哲学だった。彼はいう。「体験から考えるという方法は、体験の不完結性・不完全性の自覚をてばなさない方法である。ある種の完結性・完全性の観念に魅惑されて、その尺度によって状況を裁断するということがないようにすることが、私の目標だ。北米体験が自分に教えてくれたことは、一口に言えば、かりものの観念による絶対化を排するということにつきる」（鶴見 一九七一：一八五）。しかし、誰かから与えられたかりものの観念の津波が、現在の日常にはある。その津波のなかで、自分の精神の内部でどのような対話がおこなわれているのか、については、それぞれ個人的なこととして互いにほとんど注意を払わないようにする、といった社会関係が進んでいく。やがては自分が自身にたいして対話をすることも忘れられていく。もちろん、ひとりひとりの人間が自覚的に体験を軽視しようとしているわけではない。しかし、グローバル化や情報化によるゲームの肥大化によって一般的な「経験」が目まぐるしく消費されるうちに、いやおうなく個別的で具体的な「体験」は不能にさせられているといったほうが当たっているだろう。とはいえ、現代社会だってそんなに冷たくない、感情の交感はたくさんある、と感じる場合もあるだろう。たとえばスポーツやスキャンダルに熱狂する社会現象は、一般的な経験の共有と興奮が社会に拡張することによる陶酔だともいえようが、それはカプセルのままに安全に陶酔できるからこそ熱狂できるのだともいえる。一般社会に広がる集団的熱狂が、「他なるものとの交感」となることは難しい。むしろ体験の不能から生み出されたストレスの蓄積を経験の拡張によって埋めているというほうが、実体に近いのではないだろうか。

消極的、無自覚的、良心的であれ「体験の否定」は、結果的に「無関心」を蔓延させる。平和な豊かさのなかに育ち、社会生活のほとんどが、よりよいプログラムの争奪のために埋め尽くされている人々にとって、「体験へのアパシー」が浸透するのは、むしろ自然な成り行きだともいえよう。生活の実感が失われ、効率に対する配慮が、個別の人間を前にした喜びより優勢になってしまうことを、トドロフは「近代における人生の悲惨」といった（トドロフ 二〇〇八：二〇二）。そしてそれは私たちの運命でもある。

さて、体験へのアパシーをいかに乗り越えるのか。

自分にとっての人生の意味は、一般性や経験を追いかけるなかには発見することはできない。むしろ広い一般性の世界のなかに自分の価値を追い求めれば求めるほど、自分の個別的で具体的な価値は貶められてしまう危険があることに、深い注意を向けるべきであろう。世界は細分化され専門化されなければならないとしても、しかし人間が何かの意味を求めるとき、それは社会にしても人生にしても、その〝全体〟のなかにしか、すなわち〝総合的な実体〟においてしか発見されることはない。

作田啓一は芸術と社会の関係にかんする論考なかでいう。

> 人間はその生存の必要上、あらゆる事物を、そして他者や自己である人間そのものを、利用可能な客体として取り扱う。こうして事物は、そして事物としての人間もまた、目的―手段系列のなかに織り込まれてしまう。そうである限り、事物はその全貌をあらわすことなく、客体としての一面を現前させるに過ぎない。この系列のなかでは、私自身も私にとって客体であり、私は「主体」ではありえない。……そこ（芸術家の創造の現場：執筆者）では事物（人間を含む）の客体としての壁が破壊され、人間と事物、人間と人間との間に全体的なコミュニケーションが行われる。人間はみずからの客体の枠を超え、宇宙へと溶解していくのである（作田 一九九六：一九）。

この文章から、以下のふたつの大切な含意をくみ取っておきたい。

ひとつは、コミュニケーションとは本来、事物と人間、現象と人間、あるいは人間と人間との間の壁を壊すことであり、外部に開くことであり、なんらかの総体性を取り結ぶことである、という意味である。テクノロジーや情報によって半ば強いられながら似た者同士が過剰に結びつくことをコミュニケーションとはいわない――この社会がどんなに孤独に満ちているかを、私たちは知っているではないか。それなら私たちはまず、細分化専門化の斧で腑分けされてしまった身体を、もう一度全体として生きてみるしかない。全体をつなげてみたら、それが痛みでしかなかったとしても。それが馴染み深い形をしているかどうかはわからない――かいぶつ――だったとしても、である。それでも私たちは安全なカプセルを捨てられないだろうが、それでよい。次に、カプセルから細いアンテナを出すだけではなく、手も、足も、そしていずれは首までもこの世界に突き出して、未知なるものや隠蔽されてきた秘密に触れて交感し体験することこそが、不効率で計算不能で、でもだからこそ個別的な価値をもつ存在として、自分の世界を創り出す主体となることにちがいないからである。そこから伸ばした手が、なにか新しいこと、予測できないこと、理解不能なことに触れ、なにかしらただならぬ印象をもつことは、それが自分にとって他なる存在である証である。だとしたら、この怖さ不気味さを決してありきたりな概念で格納せずに、よくわからない未確定な状況のまま向き合い続けることに挑戦しよう。それは、不安で怖いことだし、すぐに理解も結果も得られるわけでもない。その精神の内部で起こっていることは、決して一般的で客観的な物差しで測れないことである。しかし、だからこそこのコミュニケーションは重要なのだ。

もうひとつは、私たちは広い世界と比べて自分を小さな存在と思いがちだが、もしかすると逆の場合だってあるかもしれない、という含意である。私たちは、この客体の世界を超えてはじめて、みずからが「主体」となる。セネットが新資本主義社会の問題を指摘したように、この世界があまりにやせ細ったゲームになってしまった現在、それを超越し離脱することができることこそ、人間がみずからの意味を取り戻すことであり、「成熟」である。それは、一般的な物差しでは測れないこと——他なるもの——の世界に向き合い、認め、それを生かそうとする強さをもつことを意味する。もっとも、離脱するだけでは足りない——そこから自分の人生の表現を創り出すことまでが、自由には必要なのだが。

加藤周一はあるエッセイのなかで、人がその後の人生のなかで決定的な出会いをする体験に関連して、アンナ・カレーニナを例にしながら、以下のように述べている。

> われわれは、生涯のめったにない瞬間に、「潜在していた自分の夢」を、突然、一つの風景に、一人の女に、または一つの文化に、見出すことがある。……アンナ・カレーニナはヴロンスキーの眼のなかに、「潜在していた自分の夢」を見たに違いない。しかしその一回限りの経験を、彼女の生涯にとって決定的なものにしたのは、その後のアンナ・カレーニナであって、ひとめぼれの瞬間におけるアンナ・カレーニナではなかった。ひとめぼれ

の経験は無意味なものとして忘れ去ることもできるし、決定的な意味を持つものとして、原体験にまで結晶させることもできる。アンナ・カレーニナがはじめてヴロンスキーに出会ったときに、相手を知らなかった。彼女が知っていたのは、そのときの自分のなかに起こった変化だけであり、その変化の一回性、非可逆性、非還元性だけであったろう。彼女はその具体的で特殊な経験の、具体性と特殊性を、決して見捨てようとせず、そこに生涯の意味を見出そうとすることで、その経験を彼女の原体験にしたのである（傍点引用者による付加）（加藤 一九七二：一三六）。

「潜在していた自分の夢」とは、言い換えれば、自分ですら気づかなかった自分のなかの隠された秘密のことである。もっとも、本書の読者にとっては、アンナ・カレーニナを引き合いに出す必要はないだろう。村上春樹がジャズに出会ったとき、それはたんなる「外国の音楽」ではなかったはずだ。村上はジャズバーのカウンターの奥で何年間も何を感じ何に向き合っていたのだろう。山田せつ子が舞踏との出会いを語るとき、その内容をわかりやすい言葉で伝えることなど決してできず、長い間悩んでいたことを告白している。確実なのは、彼らはその出会いによって、自分の身体のなかのずっと奥にある大いなる秘密を大きくゆさぶり起こされたことである。秘密をゆさぶり起こすこのただならぬ力から、もはや一時も目を離すことができず、それを知らなかった時代にはもはや戻れない、具体的で不可逆的で決定的な体験だったのだ。彼らはそこから何年も、その秘密から離れられず、その秘密から自分にたいして無尽蔵に突き上げてくる想像のひとつひとつと向き合う以外には、生きられなかったはずである。外からは見えないその深いコミュニケーションが、結果的に、自分の信じるに足る、意味の満ちた世界をつくり上げていくのである。

そしてふたたび言おう。私たちはみな、自分の世界の表現者である。

4　あいまいさの社会的効用——「表現」の必要性について

しかし私たちが住む予定調和が壊れた世界のなかでは、コミュニケーションが、結果として相互理解や和解に結びつくとは限らない。何年ものコミュニケーションをしたところで、他なるものの秘密はどこまでも秘密のままである。また、多様性・多元性の世界のなかでは、私たちがあたりまえであることが、他者の世界ではまったく無意味で無力だという可能性をも、認めなければならないだろう。それでも人間は、他なるもの——それは内部／外部を問わず、大いなる秘密である——との共存をせずに生きていくことはできない。

私たちは、どこまでも他なるものである秘密に、接近することはあっても、たどり着くことはない。近代意識のなかでは、目的の達成が阻まれていることが分かっている努力をするのは意味がないことだ。はじめから結末は計算できているのである。

それはシジフォスのようだ。

中川五郎は歌とともに生きる民衆の心に向き合いながらも、その心そのものを解明するわけではない。宮崎駿は自然のなかに溢れる神秘にとらえられているとしても、神秘をまるごと理解できるわけではない。しかし表現の世界では、目的が達成されないからこそ可能なことが、最も大切なことなのである。中川は、関東大震災直後の調布の日本人や朝鮮人を知らないが、だからこそ想像力を駆使して接近して理解しようと努力し、現在の自分や社会と対話させながら、心にドシンとくる歌詞を書くことができる。宮崎も、自然の神秘そのものを理解できるというわけではないけれども、だからこそそれを身近に感じる世界を想像し具体的に表現しようとする——そしてトトロやハウルやハクを生み出すことができるのである。昭和サブカルチャー講座の登壇者のひとり、麿赤兒が主宰する

『大駱駝艦』の演目のひとつに「ムシノホシ」がある。地球は人間のものというより、むしろ人よりずっと昔から生き続けるムシのものといっても嘘ではない。ムシから見ると、人間も生命の樹の一つの枝葉にすぎないわけだが、いったい人間は、地球は、どうみえるだろう。……麿はムシと人間との関係を知るわけではない。しかしその壮大な想像力と生命観をもとにして、この作品が生みだされていく。そして私には、この麿のような感性なくしてエコロジーや環境などを語ってはいけないように思え、印象深く心に残っている。

表現は、表現者と他なるものとの間の、不確定で不完全で曖昧な空間にこそ、その可能性が広がっている。人間がカプセルのなかにいたままでは新たな表現は生まれないが、他なるものを理解してしまっても表現は生まれない(他なるものとは理解しえないものなので、論理矛盾だが、しばしば人間は傲慢に「わかった気」になるという過ちを犯す)。表現者は他者や他なるものとの関係のなかで、つねに未確定で、不完全で、あいまいであり続ける。よりよいものへと工夫をしたり、間違いを直して全体を整えたり、という不断の実験のためには、私たちはいつもどこかで失敗し続けなければならないからである。しかし、この世界でこそ人間の表現が生まれ、そこに人間の充溢した意味が育まれていく。

接近したいのに接近できない、この中途半端な未確定の状況は、もちろんある種のフラストレーションをもたらす。目的手段系列で事象をとらえていく新資本主義的な意識からみると、どんなに無駄なことにみえるだろうか。だからといって、適当な枠組みのなかに格納して片づけてしまうという行為は、簡単に安心はもたらすが、それがどんなに暴力的な安全であるかを既に私たちは知っている。だとたら、フラストレーションとかストレスとか失敗とか、効率主義がもたらしたそんな否定的な印象の言葉を、一度捨ててみたらどうだろう。それらは決してマイナスの価値なのではなく、むしろ、そここそが生きる場なのだから。

表現者に求められているのはフラストレーションや失敗や問題を避けるのでも切り捨てるのでもなく、それらと共存することである。しかし共存という言葉は、やや立派すぎるかもしれない。それはちょうど、引力と斥力を同時にあわせもつ球のような存在をイメージすればよい。解き明かしたい問題や惹きつけられてやまない謎にいつも引き寄せられているのだが、それに近づくほどに一体化することを拒否される、でもまた永遠とまとわりつき、離される……といった運動——まるでダンスかじゃれあっているような運動——、そんな感情の運動とともに生きることなのである。それは困難でストレスフルな状況を、その人の人生にとっての真剣な遊びに変えていく。そしてやがて、その人間にしか生み出せない意味や創造を手に入れていくことになるのである。

このような表現者の生き方、すなわち未確定未完成のあいまいさのなかで生きることを、私たちが自分のものとして広く認めていくことは、以下の三点において、重要な社会的効用が認められる。

第一点は、このあり方を肯定する社会環境は、多様性のあるすべての人に意味の豊かな人生への可能性を拓く、ということである。ここにおける意味ある人生の資源は、困難でありフラストレーションである。それはどんな階層のあらゆる人々に同じように与えられている。欲望を叶えさえすれば幸福になれると思いこんでいる人間が不断に犯している過ちを、ますますはびこらせているこの格差社会は、経済的な力を人間の可能性と引き換えにしてしまう暴力そのものである。だからやっぱり豊かにならなければ何も得られないと、また際限ない閉じた競争のなかで疲弊させられていく人間を、私たちはこれ以上見るにたえない。私たちは人間の可能性を経済力とひきかえにしてしまうような考え方から外に出る必要があるが、それには新しい別のもののとらえ方が必要である。表現者の生き方はそのひとつを提案している。——世間のすきまから湧き出てきたような紙芝居屋の親しさと怪しさは、そのまま紙芝居の物語をリアルに伝える力にもなっていたはずである。集まってきた子供たちは、その紙芝居屋をも振り回すほどの才覚で、おっちゃんと対等にやり合っていたではないか。ここに溢れだす生きる力を、私たちは決して軽んじるべきではない。

第二点は、自由の幅を広げその恩恵に浴することができることである。人であれ現象であれ「他」なるものと一緒に生きることはたいてい不安や恐怖をともなうが、しかしこの体験によって多くの恩恵もまた得られることを確認しよう。まず、現実であれ理想であれ、それらが決してひとつではないことを知ることができる。自分の目の前の現実と自分の信じる理想が、連続していないかもしれない可能性を知ることができる。私たちの当たり前から外れていると感じても、それで人間が人間でなくなるわけではないし、世界が壊れるわけでもないことを知ることができる。違和感こそが多様性が生きていることの証しであり、自由の幅そのものであることを了解し、誰であれ可能性を実験していいのだということがわかる。私たちがみずからの相互作用を通じて、私たちの生活を驚きと問いかけに満ちた世界へと創りあげていく道を開く、そのきっかけになることができる。——私たちはトランスジェンダーのスペクトルのような多様なありかたに、どれだけ勇気づけられてきただろうか。もちろんはじめはやや遠巻きに見てたにしても、少しずつ、当事者だけではなく私たちすべてにとっての自由を確実に広げてきたではないか。

第三点は、わかりあえないものや他者と一緒に生きていく、それが可能だ、という自信を少しずつ育てることである。多様であればあるほど、わかりあえないことが多くなり不安も危険も高まる——すると排除と統制が正当化されていく、ということの悪循環から脱出しよう。前述した、引力と斥力を同時にあわせもつ関係性は、多様な個性や分かり合えない存在との共存のひとつのありかたを提示している。わかりあえないから排除するのではなく、わかりえないから手を伸ばしつづける。握手はできないかもしれない、できてもすぐに手は切られてしまうかもしれない。それは終わりのない対話であるが、この無尽蔵のコミュニケーションこそが人生なのだ。そして驚きとともに問いかけ続ける姿勢そのものが、多様性を認め合う時代のエートスとなる。美空ひばりは世間のタブーに触れるたびにパッシングされ続けたが、それは世間がずっと彼女を必要とした証しではなかったか。サーカスは、社会を裏から見せていく構造をもつが、だからこそそれは人びとの身近になければならなかった。そういえば、アンナ・カレーニナは、愛するヴロンスキーとわかりあえない苦しみに絶望して最後は悲劇的な自殺を遂げるのだが、この話には、アンナの兄の友人リョーヴィンとその妻キティの話が対比的に重ね合わされている。この夫婦は、互いに分かり合えないことを了解しつつ、互いにとって不満足な配慮を必死に与えあうのだが、やがて田舎の領地で穏やかな生活を獲得していくのである。

表現がもつ可能性とは、たんに芸術家や作家の域を超えて、広く社会的な意義をもつことをとらえておきたい。

5　承認の相互性——私たちには他者が必要である

> 法の前で私たちは平等を要求する。しかし実際に社会生活のなかで私たちが求めるのは、整然とした無味無臭の平等だけではない。彼らが社会生活において求めるのは、他者の視線によって認められることであり、彼らの存在の是認である。この認知はそれぞれの国によって、それぞれの時代によって異なる文化コードをあやつることによって得られるものであり、無限に続く交渉によって得られるものである。そしてこの無限の交渉こそが人生なのである（傍点は執筆者による付加）（トドロフ 二〇〇八：二五八）。

トドロフはつねに異郷人を意識せざるを得なかった自分の人生——出身地のブルガリアからパリに留学し、やがてそこに職を得てパリが生活の地となるが、しばしば講演でアメリカに行く——を振り返り、異郷人としての感性と思索の世界を著作のなかで記録している。この著作の含意は、社会思想的にも人文学的にも広大で深遠なものであることを認めなければならないが、そのなかに、たびたび登場するメッセージのひとつは、「他者によって認められること／他者によって必要とされること」の重要性である。たしかに、近代人が計算可用性や効率の論理から抜け出すのが難しい最も大きな理由は、それが簡単で確実に承認を得る方法だったからであった。しかしいま、近代的な枠組みに頼るのではない、他者からの承認のあり方が求められている。

別の言い方ではあるが、L・フェリーも現代の芸術について以下のように述べている。

> 現代人においては、作品は個人の単なる表出となるのである。つまり絶対的に特異な個人の様式となるわけである。それはもはや何であれ、世界の鏡となることを望まず、一つの世界を創造することを望む。その世界のなかで芸術家は生きる。そしておそらくわれわれもその世界のなかに入ることを許されている。（しかもその世界は）いかなる意味でも、ア・プリオリに共通な世界として我々に課される世界ではない（フェリー 二〇〇一：一二）。
> ……世界から切り離された今日の芸術はもはや純粋な間主観性以外には属するところがない（同書：一九）。

表現は、もちろん表現者個人のもつ世界の表出ではあるが、それは誰たいしても開かれている。その世界に入り込み共感し愛する人々を拒むことはないし、また批判し理解できない人々をも拒むことはない。表現の享受者たちは、肯定するにせよ批判するにせよ、その世界を共有する自由をもつ。そして、そのような享受者が身近にあることが、表現者を支える承認となる。もちろん予定不調和な時代に、表現者と享受者、あるいは享受者どうしが、共通の何物かに属しているという前提がもはやなく、互いにたいして他者である。世界はもはや分かち合っているものではない。しかし、私たちが同じ世界に生きているはずだという考え方のほうが、そもそも近代以前の世界の政治的必要から信じさせられていただけではなかっただろうか。

恐れることはない。私たちは今、分かり合えなくても共に生きることが可能だ、ということを知っている。引力と斥力を同時に合わせもつ関係性は、私と私のなかの謎とのあいだにだけではなく、享受者と表現者とのあいだにも、私と他者とのあいだにも、同じように機能することができるだろう。いずれにしてもそこには、驚きと問いかけの、終わりのない開かれたコミュニケーションがあり、そのなかで深まっていく理解のかたちがある。その理解に完全なひとつの正解はなかったとしても。

「わたし事をわたしたち事へと転化していく。それが表現活動のはじまり」（萩原、本書五五頁）とあるように、表現には享受者たちが不可欠に求められている。また、表現者と享受者は、可逆的な関係だ。すくなくとも、享受者の受け取り方や理解の仕方とは、まさに享受者の世界の表現でもあろう。たとえばアンダーグラウンド映画の例にあるように、作成者の意図通りに享受者に伝わるわけではないとしても、ひとつの表現をあいだにして世界と世界が触れあい、認め合うことに変わりはない。天井桟敷館に突如としてあらわれた目玉座は、本当のところ、どのように受け止められたのだろう——しかしその奇抜な構想を見守り実現させる粟津チームがあった。まだ無名の『ビックリハウス』の挑戦に、あれこれ批判や叱咤をしながらも、守り続けた増田通二がいた。また、独自の発想と才気で事態を切り拓く少年探偵団もサーカス団も、やはり、集団でなければならなかったはずである。この相互性に認められ支えられながら、創造力は具体的に社会のなかで活性化していくことができる。

小惑星探査機やはやぶさ2の地球への帰還を成功させた、JAXAシニアフェローの川口純一郎は、宇宙開発の今後についてのインタビューのなかで、以下のように語っている。

厳しい時代を生きる若い人には、「無から新しいものを創ることが本質だと心がけて」という言葉を贈りたい。大人たちや政府は、その芽を摘まないような環境を整える努力をしなきゃいけない。何世紀にもわたる教育・伝統の繰り返しはそう簡単には変えられませんが、「変人の中心」を作って、点在させるといいかもしれません。だれも考えない奇抜な発想をして、見向きもされないことを突き詰める「変人」が、躊躇《ちゅうちょ》することなく考えを発言できる機会や場を、あちこちに確保する。変人が議論の中心でも、変人同士が議論できる場でもいい。そんな環境ができあがると、宇宙や科学技術だけにとどまらず、人文社会の分野でも突拍子もないことを考える人が出てきます。「変な人」が語り、考えていることを、きちんと議論できる環境を作ることが大切です。こうした環境からノーベル賞を取るような研究者も出るかもしれない（川口 二〇一四）。

変人たちを育てる責任は私たちの社会の側にある。才能は、発想は、孤独で閉じた人間のなかから生まれるというより、人間の相互作用を通じて生み出されるからである。そして私たちはみな、いくぶんかの「変人」であり、かいぶつなのである。

6 かいぶつたちを抱きしめて——いま、寛容の精神に力を

民主主義とは手間のかかるものであり、実は近代の合理性や効率性とは真っ向から対立する側面をもつものでもある。私たちが求めているのは、整然とした無味無臭の民主主義だけではなく、ごつごつした色も匂いもある民主主義である。あらゆる水準で世界がぶつかり合い、ひしめき合い、それでも力に頼る闘争と排除ではなく、相互補完的な関係性によって結びつくダイナミックな民主主義である。平和は、おそらく私たちが考えているほど、静かで穏やかなものではない。無駄や雑音や衝突や対決さえ抱え込みながらも互いに生かし、生かされあう。そのような他者に対する想像力と寛容の精神が満ちた世界は、決して静かではないかもしれない。

社会学者のR・ベラーは、多様性のある社会のなかで民主主義がいかにして可能なのか、を主要なテーマとした著書のなかで、「民主主義とは注意を払うことである」と述べた（ベラー 二〇〇〇：二六六）。つまり、人間が他

者にたいしてどれだけ注意を払いながら生きることができるかという、関係性のダイナミクスのそのもののなかにこそ民主主義の精神が息づくことを主張したのである。近代が追い求めた民主主義は、万人にとってわかりやすい平等のために人びとが競い合い傷つけあうシステムであった。しかしこれからは、もっと長い期間をつうじて、これまでより質の高い平等を、他者を必要とし、他者に寄り添い、生かし生かされあう関係性のなかに、その達成をめざさなければならなくなるだろう。

篠田正浩監督は昭和サブカルチャーの講義のなかで、映画「瀬戸内少年野球団」の監督を引き受けた際のエピソードを紹介された。原作者である作詞家阿久悠からこの作品の映画化を依頼され、篠田は原作を読んでみたという。終戦当時中学三年で爆撃のなか軍事工場で労役に従事して終戦を迎えた篠田にとって、終戦は悲劇的な体験でしかなかった。しかし、小学三年で爆撃の少なかった淡路島で終戦を迎えた阿久は、進駐軍のジープを追いかけてチョコレートをもらい、終戦ってパラダイスだ、と感じたことを告白している。原作を読みこの体験の違いに驚き、篠田は一度は依頼を断ったという。しかし阿久は言った。「篠田さんの映画『乾いた花』のニヒリズムは私たちにものすごく大きな影響を与えたんです。この感覚なら、私の体験をどのように眺めてくれるのか、それが一番楽しみでお願いしたんです。監督の戦後体験が悲劇だというのと私が目の前にしたコメディが、共存するような映画ができないでしょうか」。篠田はこの言葉にはっとした、という。一つの事実が見る位置によってまったく違って解釈される。「一億総懺悔」という言葉で日本人はこの経験をやり過ごしていくが、様々な視線で、日本人の目だけではなく、中国人の目、朝鮮人の目、アメリカ人の目、さまざまな他者の目を通して複眼的にあの歴史を理解しようという努力が足りなかったのではないか。それこそが一つの戦争責任でもあるのだと、自らに受け止めた、ということを話された。「自分以外の他者に対する大きなトレランス（寛容）と、それを引き受けていこうという阿久の態度に感心し」、この仕事を引き受けることになったという。具体的な他者や異質なものへ注意を払い、想像力をもって接近すること。その手間のかかる手続きが、阿久が篠田に求めたことであり、篠田が映画「瀬戸内少年野球団」を撮ったという行為なのであった。戦後の映画として見逃してはならない意味がここにはあると思う。他者を必要とし、他者に寄り添い、生かし生かされ合う民主主義とは何か。このエピソードは私の記憶に印象的に刻まれている。

篠田に映画を撮らせた阿久の「寛容の精神」。しかしそれは、すべての人びとにとって、そう簡単なものではなく、むしろ葛藤を巻き込まざるを得ないものである。そして、最後に問われるのは、私たちひとりひとりがどれほど寛容の精神をもって、かいぶつたちの挑戦——他なるものの受容——を守ることができるだろうか、ということかもしれない。そこにはいつも、近代主義の力との戦いが待っている。

丸山真男はある対談のなかで、以下のようにいう。

（日本人は）相手を自分とまったく異質的なもの——人間であれ、文化の場合にしてもだよ——と想定して、それに正面から向き合うというのが昔から苦手だ。ヨーロッパに発達した寛容、トレランスの思想というのは、お互いに君とぼくとはどうしても別のものだ、という絶望というか、あるいは確信というか、そういうものをくぐって生まれてくる。人間の経験というのはどこまでもひとりひとりのユニークなもので、そう簡単にツーツーになるもんじゃないということが前提になっているんだね。ところが日本的なトレランスはすぐ「お前の気持ちは分かった、さあ、一杯飲め」とか「まあそう野暮なことを言わんで握手しよう」ってことで、マアマア的トレランスなんだね（丸山 一九九四）。

美しい嘘にお互い騙されていこうという関係性は、政治やマスコミの世界では依然として根強く残されているかもしれないが、日本においてさえ少しずつ難しい時代になっているのではなかろうか。私たちは、簡単にツーツーになることの危うさにも今では薄々気づいてもいるだろう。とはいえ、理解しあえないという絶望を受け止めることは簡単なことではなく、ましてそれを価値観として育てる社会にはほど遠い。近代社会の側の暴力的な不寛容さにたいして正面から対峙することも簡単なことではないことも認めよう。

渡辺一夫は、「寛容を守るために不寛容な人びとにたいして不寛容になるべきか」と題する小論を書いている（渡辺 一九七二）。彼は戦争経験の記憶がまだ冷めやらない戦後一〇年ごろから、自分はきわめて不寛容でありながら自由を叫び戦う人々が登場したことに、震撼したのである。そして彼の専門である文学論を通じながら、この問題に接近している。この小論の豊かな含意を論じる余裕はここにはないが、この問いへの渡辺なりの結論は、「寛容は不寛容にたいしても寛容であらねばならない」であった。

それでは痛めつけられるだけではないか、と誰もが思う。私の授業でも折を見て同様の質問をするが、たいてい過半数は軽く超える学生たちが、不寛容には不寛容で戦う、というほうに賛成する。しかし渡辺は、不寛容たいして寛容であらねばならない理由として、ふたつのことを述べている。ひとつは、戦いの相手の土俵で戦うことの不毛さである。それは永遠に戦い続けることを運命づけられていて、新しい価値観を育てることに繋がらないことである。もうひとつは、理解不能のことや異質なものにたいする暴力への憎しみを、長い時間をかけてでもよい、社会関係のなかに育んでいくことの重要性である。それは、文学と芸術が文化の根底を耕し、新しい価値観を育むために、不可欠な役割として存在するのだという渡辺の自負でもあろう。そしてこの役割は言うまでもなく、表現にかかわる私たちすべてが背負う、大切な使命でもある。

「強くなければ生きてゆけない、やさしくなければ生きていく資格がない」。

フィリップ・マーロウの有名な決めセリフは、私たちへの問いかけであり続ける。私たちにとって戦いは避けられず、勝ち抜くことは必要かもしれない。しかし、人生の意味は、勝つかどうかとは別の、存在の深い叫びとともにある。分かちあうことのできない他者をあらゆるところに認めながらも、それでも他者を理解したい、苦しみを分かち合いたいと求め、愛することができるだろうか。

いつもみずからに確かめていこう。他者に寛容であること、やさしくあることの、こころの深みから湧き出でる力を。――決して、優しさがみじめな敗北でしかないという結果にしないために。

参考文献

加藤周一（一九七二）『稱心獨語』新潮社。

川口淳一郎（二〇一四）「人はなぜ宇宙へ」『朝日新聞』二〇一四年一二月六日。

ギアツ、クリフォード／吉田禎吾ほか訳（一九八七）『文化の解釈学1・2』岩波書店。

作田啓一（一九九九）「芸術におけるエロスとタナトス」『岩波講座現代社会学8　文学と芸術の社会学』岩波書店。

ジンメル、ゲオルグ／居安正訳（一九九九）『貨幣の哲学』白水社。

セネット、リチャード／斉藤英正訳（一九九九）『それでも新資本主義についていくか――アメリカ型経営と個人の衝突』ダイヤモンド社。

鶴見俊輔・日高六郎ほか（一九六七）『現代日本の思想――戦争と日本人』三省堂新書。

鶴見俊輔（一九七一）『北米体験再考』岩波書店。

トドロフ、ツヴェタン／小野潮訳（二〇〇八）『異郷に生きる者』法政大学出版。

フェリー、リュック／小野潮ほか訳（二〇〇一）『ホモ・エステティクス』法政大学出版。

フロム、エーリッヒ／日高六郎訳（一九六五）『自由からの逃走』東京創元社。

ベラー、ロバート／中村圭志訳（二〇〇〇）『善い社会』みすず書房。

丸山真男（一九九四）「精神構造の王道と覇道」埴谷雄高『幻視者宣言――映画・音楽・文学』三一書房。

渡辺一夫（一九七二）『寛容について』東京創元社。

あとがき

本書が完成するまでには、実に多くの人びとのご協力とご支援をいただいた。

この本のきっかけとなった「昭和のサブカルチャー」講座は、武蔵野市の寄付講座として開かれたものだった。武蔵野市は自治体としては全国に先駆けて寄付講座を設け、平成一一年度の最初から成蹊大学で開かれている。今では武蔵野市の他の私立大学にも広がり、地域文化のひとつとなっているが、その歴史の一部に参加するという得がたい機会を私に与えてくださった、武蔵野市と成蹊大学に心から御礼を申し上げたい。

そして、この講座の登壇者および執筆者のみなさまには、慣れない編著の仕事にあたふたとしている私を温かく見守ってくださったこと、そしてひとつひとつの講演や原稿から大きなインスピレーションをいただいたことにも、心からの御礼を申し上げたい。さらに、私とこれらの魅力あふれる人びととの縁を結んでくださった多くの人びとにたいしても感謝の言葉を贈りたい。みな、これまでずっと私の心のなかに多くの種を埋めてくれていた人びとなのである。この本は、その種から育ったひとつの花なのだ。もとより言葉では尽くせない感謝の思いであるが、これからも、また違うかたちでも花を咲かせることができるようにと、自分なりに努力を続けたいと思っている。

最後になりましたが、ミネルヴァ書房の河野菜穂さんには、辛抱強く丁寧に原稿をチェックしていただき、また、私をいつも励ましていただいた。御礼を申し上げたい。

二〇一六年十月

中江桂子

千葉伸夫（ちば　のぶお）　第Ⅲ部第８章

現　在　映画評論家。

著書に，『映像史 Image Media Wars』（映人社，2009年），『小津安二郎と20世紀』（国書刊行会，2003年），『原節子――伝説の女優』（平凡社，2001年），『評伝　山中貞雄――若き映画監督の肖像』（実業之日本社，1999年），『チャップリンが日本を走った』（青蛙房，1992年），『映画と谷崎』（青蛙房，1989年）など。

三橋順子（みつはし　じゅんこ）　第Ⅳ部第９章

現　在　明治大学・都留文科大学非常勤講師。（ジェンダー・セクシュアリティの歴史学）。現代風俗研究会会員。

著書に，『女装と日本人』（講談社現代新書，2008年），共編著に『性欲の研究　東京のエロ地理編』（平凡社，2015年），『戦後日本女装・同性愛研究』（中央大学出版部，2006年）。主な論文に，「日本におけるレズビアンの隠蔽とその影響」（『ジェンダー研究／教育の深化のために――早稲田からの発信』彩流社，2016年），「性と愛のはざま――近代的ジェンダー・セクシュアリティ観を疑う」（『講座　日本の思想　第５巻　身と心』岩波書店，2013年）など。

榎本了壱（えのもと　りょういち）　第Ⅳ部第10章

現　在　クリエイティブ・ディレクター／プロデューサー／（株）アタマトテ・インターナショナル代表。大正大学地域構想研究所特命教授／京都造形芸術大学客員教授／日本文化デザインフォーラム理事・副代表幹事／青森県立美術館パフォーミングアーツ事業推進委員長，など。

現在の活動として，『まつやま EPOX』（松山市）プロデューサー（2008-2011年），JIDF フォーラム『挑発するデザイン』（虎ノ門ヒルズ，2014年）実行委員長ほか，様々なアートシーンのプロデュース，展覧会のキュレーション，作品制作を手がける。近年の作品として，『高丘親王航海記　渋澤龍彦』書・画九〇葉を４年がかりで完成（2016年）。

著書に，『東京モンスターランド』（晶文社，2008年），『脳業手技　榎本了壱のアイディアノート』（マドラ出版，2000年），『春の画集』（新風舎，2007年）など。

山田せつ子（やまだ　せつこ）　第Ⅳ部第11章

現　在　ダンサー／コレオグラファー。京都造形芸術大学舞台芸術研究センター主任研究員。現在の活動として，ダンスカンパニー枇杷系＝BIWAKEI を主宰し，国内外で多くの公演，ワークショップ活動を行う。ダンス作品「踝に四つの翼あり」（1981年），「FATHER」（1989年），「薔薇色の服で」（2003年），「春の祭典」（2015年）など多数。

著書に，ダンスエッセイ『速度ノ花』（五柳書院，2005年）。論考として，「身体の時間，言葉の空間――『嵐の前』をきっかけにして」（『現代詩手帖』2011年６月），「漂流する身体――ダンス公演『恋する虜――ジュネ／身体／イマージュ』を終えて」（『舞台芸術』14，2008年12月），「インタビュー　体と思考が対話する――即興」（『女子体育』50-4，2008年４月）など。

鈴木常勝（すずき　つねかつ）　第Ⅱ部第4章

現　在　紙芝居屋，紙芝居作家。

1983年から中国で，1995年から台湾で，中国語紙芝居を演じて現在に至る。活動地域は，日本各地，ネパール，インドネシア，シンガポール，マレーシア，ハワイ，済州島，ほか。アジア各地で日本の着物の展示・紹介などの活動も続けている。

著書に，『占領期生活世相誌資料Ⅲ　メディア新生活』（共著，新曜社，2016年），『戦争の時代ですよ！　若者たちとみる国策紙芝居の世界』（大修館書店，2009年），『紙芝居がやってきた！』（河出書房新社，2007年），『紙芝居は楽しいぞ！』（岩波ジュニア新書，2007年）など。

中川五郎（なかがわ　ごろう）　第Ⅱ部第5章

現　在　フォーク歌手。

現在の活動として，日本全国を歌って回っている。スケジュールはホームページ，goronakagawa.com にて確認してください。2017年初めには2枚組のライブ・アルバムを発表する予定。

著書に，チャールズ・ブコウスキーの未発表，単行本未収録作品集『ワインの染みがついたノートからの断片』（訳書，青土社，2016年），『言葉の胎児たちに向けて――同調から共感へ』（アドリブ，2014年），訳書『ボブディラン全詩集1962-2001』（ソフトバンククリエイティブ，2005年）など。

市川孝一（いちかわ　こういち）　第Ⅲ部第6章

現　在　明治大学文学部教授（社会心理学，メディア文化論）。現代風俗研究会会員。

著書に，『増補新版 流行の社会心理史』（編集工房・球，2014年），『人気者の社会心理史』（学陽書房，2002年），『増補新版 現代世相風俗史年表』（共著，河出書房新社，2009年），訳書として『モノの意味 大切なものの心理学』（共訳，誠信書房，2009年），『愛することの心理学』（共訳，思索社，1991年）など。

宮脇俊文（みやわき　としふみ）　第Ⅲ部第7章

現　在　成蹊大学経済学部教授（アメリカ文学，比較文学）。

著書に，『グレート・ギャツビーの世界――ダークブルーの夢』（青土社，2013年），『アメリカの消失――ハイウェイよ，再び』（水曜社，2012年），『村上春樹を読む。――全小説と作品キーワード』（イーストプレス，2010年），共編著書に，『ニュー・ジャズ・スタディーズ――ジャズ研究の新たな領域へ』（アルテスパブリッシング，2010年），『レイ，ぼくらと話そう――レイモンド・カーヴァー論集』（南雲堂，2004年），共著に *F. Scott Fitzgerald in the 21st Century : Centennial Essays*（U of Alabama P, 2003）など。

執筆者紹介（担当章順，＊印は編著者；執筆分担）

＊中 江 桂 子（なかえ　けいこ）　プロローグ，エピローグ，あとがき

奥付編著者紹介参照。

夏目房之介（なつめ　ふさのすけ）　第Ⅰ部第１章

現　在　学習院大学大学院教授（マンガ表現論）。

現在の活動として，二松学舎大学漱石アンドロイドプロジェクトへの参加など。

著書に，『書って何だろう』（二玄社，2010年），『マンガ学入門』（共編著，ミネルヴァ書房，2009年），『マンガに人生を学んで何が悪い』（ランダムハウス講談社，2006年），『マンガ学への挑戦』（ＮＴＴ出版，2004年），『漱石の孫』（実業之日本社，2003年）など。

浜 田 雄 介（はまだ　ゆうすけ）　第Ⅰ部第２章

現　在　成蹊大学文学部教授（近代日本文学）。『新青年』研究会会員。

共編著に，『渡辺温—嘘吐きの彗星』（博文館新社，1992年），『定本久生十蘭全集』（国書刊行会，2008-2013年）など。論考に，「大衆文学の近代」（『20世紀の文学２』岩波書店，1996年），「帝都騒然／探偵実話　ピストル強盗を捕縛せよ！」『明治・大正・昭和の大衆文化』（彩流社，2008年），「捕物帖と環境——半七捕物帳「奥女中」を例として」（『環境という視座』勉誠出版，2011年），「江戸川乱歩と笑い——「虫」から「黄金仮面」へ」（『成蹊國文』45号，2012年）など。

萩 原 朔 美（はぎわら　さくみ）　第Ⅰ部第３章

現　在　多摩美術大学教授（映像表現論）。前橋文学館館長。

著書に，『劇的な人生こそ真実』（新潮社，2010年），『死んだら何を書いてもいいわ——母，萩原葉子との百八十六日』（新潮社，2008年），『毎日が冒険』（三月書房，2002年），『思い出の中の寺山修司』（筑摩書房，1992年），『定点観測』（パルコ出版，1987年），『砂場の街のガリバー』（フレーベル館，1995年），『時間を生け捕る』（フィルムアート社，1976年），『演劇実験室・天井棧敷の人々』（フレーベル館，2000年）など。

編著者紹介

中 江 桂 子（なかえ　けいこ）

現　在　成蹊大学文学部教授（文化社会学）。現代風俗研究会会員。

共編著書として，『ダイナミズムとしてのジェンダー』（風間書房，2016年），『メディアと文化の日韓関係』（新曜社，2016年）。論考に，「現代における身体文化論の意義」『21世紀のスポーツ社会学』（日本スポーツ社会学会編，創文企画，2013年），「消費社会の自我」『社会学ベーシックス　日本の文化と社会』（井上俊・伊藤公雄編，世界思想社，2010年），「文化を伝え文化を活かす」『自助・共助・公助のちから』（成蹊大学文学会編，風間書房，2006年）など。

昭和文化のダイナミクス
――表現の可能性とは何か――

2016年11月30日　初版第1刷発行　〈検印省略〉

定価はカバーに
表示しています

編著者　中 江 桂 子
発行者　杉 田 啓 三
印刷者　坂 本 喜 杏

発行所　株式会社　ミネルヴァ書房
607-8494　京都市山科区日ノ岡堤谷町1
電話代表　(075)581-5191
振替口座　01020-0-8076

　冨山房インターナショナル・清水製本

ISBN 978-4-623-07841-7
Printed in Japan